Eduard W. Kleber
Grundzüge ökologischer Pädagogik

Eduard W. Kleber

Grundzüge ökologischer Pädagogik

Eine Einführung in ökologisch-pädagogisches Denken

Juventa Verlag Weinheim und München 1993

Der Autor
Eduard W. Kleber, Jg. 1936, Dipl.-Psych., Dr. phil., ist Professor für Schulpädagogik und Vergleichende Erziehungswissenschaft an der Bergischen Universität-Gesamthochschule Wuppertal. Seine Arbeitsschwerpunkte sind Pädagogische Diagnostik, Pädagogische Beratung, Sonderpädagogik, Allgemeine Didaktik und Umwelterziehung.

Die Deutsche Bibliothek – CIP-Einheitsaufnahme

Kleber, Eduard W.:
Grundzüge ökologischer Pädagogik : eine Einführung in ökologisch-pädagogisches Denken / Eduard W. Kleber. – Weinheim ; München : Juventa Verlag, 1993
ISBN 3-7799-1012-8

Umschlaggestaltung: Atelier Warminski, 6470 Büdingen 8
Umschlagabbildung: Antoine de Saint-Exupéry. Der kleine Prinz
Printed in Germany
Dieser Band wurde auf chlorfrei gebleichtem und säurefreiem Papier gedruckt.

ISBN 3-7799-1012-8

Meinen Enkelkindern Gwendolyn, Maximilian, Johannes und Solvejg – und allen Enkeln, Urenkeln und Ururenkeln dieser Welt

Dieses Buch ist nur durch die Unterstützung meiner Mitarbeiter in der vorliegenden Form möglich geworden. Mein besonderer Dank gilt Oskar BRILLING, Christiane von ZAHN und Gerda KLEBER für Anregungen sowie die Gestaltung der Tabellen und Abbildungen und Claudia AALILI sowie Dora LENKEIT für die Erstellung des Apparates und der redaktionellen Endfassung.

Prolog

Der kleine Prinz hatte, nachdem er auf seiner Reise eine Reihe subjektivistischer Planeten besucht und viele Mitlebewesen getroffen hatte, eine Begegnung mit dem Fuchs. Der Fuchs lehrte ihn einige intersubjektive Weisheiten über das „Vertrautwerden" und über „Brauchtum". Dinge, die bei den Menschen in Vergessenheit geraten sind.

Ein fester Brauch „... ist das, was einen Tag vom anderen unterscheidet, eine Stunde von der anderen . . ."

Zum Vertrautwerden: „Noch bist du für mich nichts als ein kleiner Junge, der hunderttausend kleinen Jungen völlig gleicht. Ich brauche dich nicht, und du brauchst mich ebensowenig. Ich bin für dich nur ein Fuchs ... Aber wenn du mich zähmst, werden wir einander brauchen. Du wirst für mich einzig sein in der Welt . . . Man kennt nur die Dinge, die man zähmt ... Die Menschen haben keine Zeit mehr, irgend etwas kennenzulernen . . ." (SAINT-EXUPERY 1946/1991, S. 66/67).

Später stellt der kleine Prinz fest: „Die Menschen bei dir zu Hause . . . züchten fünftausend Rosen in ein und demselben Garten . . . und doch finden sie dort nicht, was sie suchen ... Und dabei kann man das, was sie suchen, in einer einzigen Rose oder in einem bißchen Wasser finden ... Aber die Augen sind blind. Man muß mit dem Herzen suchen . . ." (SAINT-EXUPERY 1946/1991, S. 79).

SAINT-EXUPERY war Existentialist, er suchte den Weg nach innen. Im französischen Existentialismus ist die Welt absurd. Der in diese Absurdität geworfene Mensch muß „frei", auf sich allein gestellt, seine Existenz entwerfen, – das ist ihm aufgegeben (vgl. SARTRE 1943).

Aus dieser und ähnlichen Positionen wird behauptet, daß der Weg nach innen ein Weg sei, um unsere Probleme in dieser Welt zu lösen.

Der Gegenstand der ökologischen Pädagogik ist der Weg nach außen, und doch bleibt auch dabei das, was der kleine Prinz beim Fuchs gelernt hat, höchst bedeutsam.

Übrigens: Wer sich nicht um seinen Planeten kümmern möchte, sollte, wie der kleine Prinz, mit dem nächsten Vogelzug auswandern.

Inhalt

Einleitung

Ökologische Pädagogik ist *keine* Katastrophenpädagogik, *keine* Drohpädagogik, *keine* Untergangspädagogik; sie ist aber auch *keine* Illusionspädagogik.

Ökologische Pädagogik fragt nicht, ob es in der Menschheitsgeschichte „fünf vor zwölf" oder „fünf nach zwölf" sei. Sie hinterfragt unser Umweltbewußtsein, die Umwelterziehung, unsere Wahrnehmung, unser Denken, unser Handeln und deren kulturellen und gesellschaftlichen Hintergrund.

Die Grundlage einer ökologischen Pädagogik ist ökologisch-pädagogisches Denken. Dieses Buch führt deshalb vor allem in ökologisch-pädagogisches Denken ein.

Dabei werden basale Grundzüge einer ökologischen Pädagogik aus der Analyse unserer Situation im Lebenssystem des Planeten Erde entwickelt.

1) Die Verschränkung der planetarisch/biozentrischen und der anthropozentrischen Perspektive

Pädagogik hat immer mit dem Menschen zu tun. Es gibt keine Pädagogik ohne Mensch. Sie ist immer auf den Menschen bezogen. Sie wurde deshalb aus der anthropozentrischen Perspektive begründet.

Ökologisch, auch als Attribut der Pädagogik, bezieht sich im wissenschaftlichen Gebrauch letztlich immer auf das Lebenssytem unseres Planeten. Ökologisch bezieht sich sprach- und kulturhistorisch aber auch auf den engeren und unmittelbaren Lebensraum (als „oikos" auf denjenigen des Menschen). Es ist darin, je nach Position des Anwenders, bereits eine biozentrische oder anthropozentrische Interpretation angelegt.

Durch Verschränkung beider Perspektiven werden neue Wahrnehmungsmuster, wird ein neues Verständnis, wird daraus neues Handeln und vor allem ein verändertes Wollen möglich.

2) Globale, integrative, nicht auf Konfrontation setzende Konzeptbildungen

Pädagogik ist von jeher als eine auf den Menschen bezogene „Mittlerwissenschaft zwischen den Humanwissenschaften" angesehen worden. Auf dieser Grundlage benötigt sie Hilfe von seiten der Nachbarwissenschaften in Form von Forschungsergebnissen und erklärenden Theorieansätzen.

Als ökologische Pädagogik kommen aufgrund der Lebenssystembezogenheit und der Notwendigkeit, die planetarische bzw. biozentrische Perspektive aufzunehmen, Naturwissenschaften als Nachbarwissenschaften (insbesondere Biologie und Chemie) hinzu.

Als Mittlerwissenschaft auf Erziehung und Bildung, auf Entwicklung der nachwachsenden Generationen und deren Personwerdung hin ergeben sich in eingeschränktem Maße bereits integrative Konzeptbildungen. Aufgrund der globalen Vernetzung des Lebenssystems unseres Planeten, auf das wir angewiesen sind und auf das sich ökologische Pädagogik bezieht, bedarf sie globaler integrativer Konzepte, um über Gruppen und Kulturen hinweg konsensfähig zu sein. Ihr Geschäft ist Vermittlung in Pluralismen (von Weltbildern und Ethiken), immer im Rahmen der Notwendigkeiten des Lebenssystems unseres Planeten.

3) Konsequente kritische Hinterfragung des Verhältnisses Mensch : Lebenssystem (Mensch : Natur)

In allen Beschäftigungen mit Kultur, Zivilisation, Technik, Wirtschaft und Natur wird durch die Hereinnahme der planetarischen Perspektive eine Neubewertung notwendig.

4) Primat der Bewußtseinsbildung (gegen Aktionismus)

Ein unserer Bewußtseinsbildung vorauslaufender, ständig akzelerierender Aktionismus verursacht weitestgehend die Probleme, die wir in der Welt haben. Es scheint ganz und gar unangemessen, wenn sich eine ökologische Pädagogik auch noch dem Aktionismus hingibt.

Ökologische Pädagogik kann die Probleme ohnehin nicht lösen (möglicherweise ist es sogar falsch, wenn sie dieses will).

Die Aufgabe einer ökologischen Pädagogik in ihrer praktischen Anwendung ist Bedingungen im Menschen zu schaffen:

- das Lebenssystem, in das er gestellt ist, verstehen zu lernen;
- einen konstruktiven (nicht zerstörerischen) Platz in diesem einnehmen zu wollen;
- Möglichkeiten hierzu zu erproben;
- Verantwortlichkeit zu übernehmen.

Hierzu ist es notwendig:

- einen Bildungsbegriff in Bindung an das Lebenssystem des Planeten zu entwickeln;
- einen Bildungsbegriff, der auf den anthropologischen und evolutionären Grundlagen des Menschen beruht, zu entfalten.

5) Eigenverantwortlichkeit im Rahmen von „oikos“ (dem eigenen Herd, Lebens- und Wirkenskreis)

Fundamentales Lernen des „Mitlebens“ im Lebenssystem betrifft zuallererst und in jedem Falle die grundlegende Erhaltung des individuellen Lebens: Ernährung, Kleidung, Wohnung. Hieraus sind zentrale Bildungsbegriffe zu entwickeln.

6) Globale Mitverantwortlichkeit als Fakt des unentrinnbaren Eingebundenseins in das Lebenssystem dieses Planeten und die „Oikumene“ (den bewohnten Erdkreis)

Ökologische Pädagogik hat diesen Grundzug herauszuarbeiten, das heißt dann auch, die Einbindung der Friedenserziehung zu leisten. Die konkreteste Begegnung der Pädagogik mit diesem Grundzug ist diejenige mit den Umweltängsten der Heranwachsenden. Hier wird das Eingebundensein schicksalhaft evident und nach Überwinden – der Lähmung durch die Ängste oder deren Leugnung – Mitverantwortlichkeit möglich.

Die praktische Anwendung der Grundzüge könnte zu einer „Mitweltpädagogik“ führen.

Das Ziel des Buches ist es, das ökologisch-pädagogische Denken der Leser zu bestärken und zu vertiefen und die Grundzüge einer ökologischen Pädagogik herauszuarbeiten und damit Grundlagen für „Mitleben-Lernen“, für ein „ökologisches Bewußtsein“ und eine ökologische Pädagogik zu schaffen.

Dabei ist es unumgänglich, die tradierte Pädagogik in ihren verschiedenen Spielarten (auch in den kritischen und „progressiven“) zu kritisieren, obwohl dies nicht Gegenstand dieses Buches ist (vgl. hierzu de Haan 1985). In dieser Schrift soll nicht neben andere pädagogische Theorien eine neue Theorie, die „ökologische Pädagogik“, gestellt werden. Mit der Herausarbeitung basaler Grundzüge soll:

- ökologisch orientierten Zeitgenossen und Pädagogen ein Grundraster geboten werden, an dem sie ihre Wahrnehmungsweise, ihre Denk- und Handlungsmuster überprüfen können, um Mitweltbewußtsein zu entwickeln;
- auf der Grundlage hier vorgelegter Aufschlüsselung unserer Probleme im Lebenssystem des Planeten Erde „Mitleben-Lernen“ angeregt werden;
- Pädagogik vor die Frage gestellt werden, ob sie einen Änderungsbedarf in bezug auf die Grundannahmen ihres Denkens erkennen und einen Änderungswillen entwickeln kann;
- ein Grundrahmen für die Theorie einer ökologischen Pädagogik in die Diskussion gebracht werden.

Ich verbinde mit diesem Band einige Hoffnungen.

I. Aufriß der Problematik und der unmittelbare Lösungsversuch über Erziehung

Ökologische Pädagogik ist keineswegs ein pädagogisches Konzept oder eine Teildisziplin, die in systematischer Bearbeitung des Gegenstandes der Pädagogik als notwendige Differenzierung entstanden ist oder entstehen müßte. Im Gegenteil, sie steht in weiten Bereichen der tradierten Pädagogik entgegen. Sie ist die notwendige Folge der denkenden Analyse unserer Probleme in dieser Welt, die pädagogische Konsequenz der Zerstörung des Lebenssystems unseres Planeten. Umweltkrisen führten zur Entwicklung eines Umweltbewußtseins und zur Konstruktion des Konzeptes einer Umwelterziehung. Die Ursprünge der ökologischen Pädagogik liegen in den Versuchen, systematisch Umweltbewußtsein zu produzieren und der kritischen Analyse und Weiterentwicklung der Umwelterziehung. In den ersten beiden Kapiteln werden deshalb diese beiden Bereiche in der historischen Abfolge der Bemühungen gewürdigt und kristisiert. Ab II. erfolgt dann eine systematische Herleitung einer ökologischen Pädagogik.

1. Zur Entstehung eines Umweltbewußtseins[1]

1.1 Einleitung: Welt – Natur – Umwelt

Wir haben Probleme mit uns in der Welt, die Konsequenzen stören und zerstören die Grundlagen unseres Daseins auf diesem Planeten. In der Regel diskutieren wir nicht diese Probleme – wir verlagern sie; – wir diskutieren Umweltprobleme. Wir leben, vereinfacht betrachtet, in mindestens zwei geschachtelten Evolutionssystemen, der Biosphäre und der

1 Umweltbewußtsein: nach ROCK/SENFT (1987, S. 305) = Umwelt-Wissen + Umwelt-Gewissen. Auf der Grundlage eines umfassenden Verstehens bilden sich Einstellungen, die in je eigener Betroffenheit eine Bewußtseinslage schaffen, in welcher der Mensch zur Aktion bereit ist.

Kultur. Beide nehmen an der planetarischen[2] und der kosmischen Evolution teil. Die Entwicklung des Systems Kultur durchläuft einen evolutionsanalogen Prozeß.

Der blaue Planet ist ein Spezialfall innerhalb der kosmischen Evolution, was durch die Evolution einer Biosphäre ausgewiesen ist. Diese Evolution hat ihrerseits wiederum einen Spezialfall, den Menschen, hervorgebracht.

Der Spezialfall Mensch hat sich zur Ausschaltung seiner Konkurrenten und zum bequemen Überleben in der biosphärischen Evolution ein künstliches System (Kultur, Zivilisation, technische Welt)[3] als Überbausystem geschaffen.

Die Evolution in diesem System (Evolution der Metaebene, VERBEEK 1991) interferiert heftig mit der Evolution der Biosphäre (zerstört zunehmend mehr Natur), aber auch in noch wenig bekannter Größe mit der planetarischen und kosmischen Evolution.

Der Traum des Menschen, sich eine neue, bessere, von der üblichen Evolutionsdynamik abgekoppelte Welt zu schaffen, bleibt Illusion und entpuppt sich zunehmend als gefährliches Trugbild. Das bequemere Leben in der Kultur muß schnellstens begrenzt werden, um Überleben weiterhin zu ermöglichen.

Bei den gegebenen Problemen und der heute möglichen Erkenntnis ist der zentrale Gegenstand einer ökologischen Pädagogik die Biosphäre, die Natur, d.h. Erziehung zum Verständnis der Evolution der Biosphäre, unseres Lebenssystems, von dem der Mensch sich nicht abkoppeln kann. – Dieses Verständnis ist uns durch Entfremdung weitgehend verstellt. Die hochgeschätzte Umwelt des Menschen, seine eigene Schöpfung, die Kultur, entpuppt sich evolutionstheoretisch mehr und mehr als eine Sackgasse.

Sogenannte Umweltprobleme können aus verschiedenen Perspektiven definiert werden. Zunächst die Perspektive von innen: Da sitzt eine Zecke wie in einem Wassertropfen (UEXKÜLL 1930, S. 124 f), in dem sich nur ihren Merk- und Wirkmöglichkeiten gemäße Ausschnitte der Welt widerspiegeln, das ist „ihre Umwelt“. Der Mensch ist in der Lage, seine je

---

2 Geosphäre + Atmosphäre, die Biosphäre ist aufgelagert und mit beiden vielfältig in Wechselbeziehungen verknüpft.

3 Mit diesem künstlichen System gewinnt er zunehmend mehr Vorsprung an Überlebenstechnik gegenüber den anderen Lebewesen; in einer späteren Entwicklungsphase auch gegenüber Bakterien und Viren – das individuelle Leben wird verlängert. Entwicklung, im Sinne dieses künstlichen Systems, wird heute vordergründig durch Bequemlichkeit definiert, je bequemer, desto höher entwickelt. Mit diesem neuen System wurden gleichzeitig neue zusätzliche Machtstrukturen und neue Möglichkeiten für Ausbeutung geschaffen.

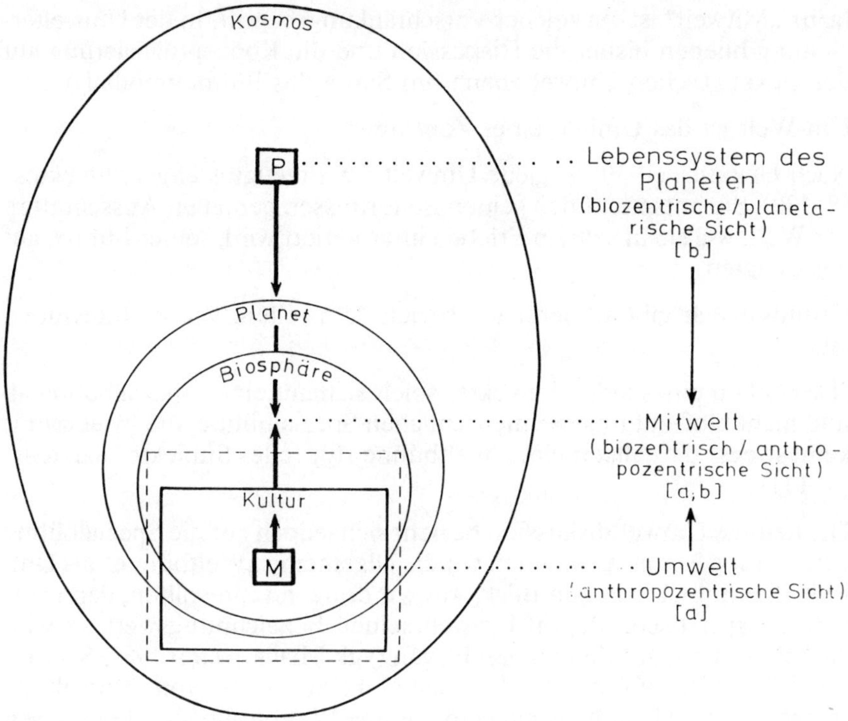

M: menschliche Position (Sicht von innen)
P: Planetarier (Mensch im Weltraum) (Sicht von außen)

Abb. 1: Darstellung der Probleme aus unterschiedlichen Perspektiven

subjektive Umwelt zu verallgemeinern, so gelangt er zur anthropozentrischen Perspektive (a). Umwelt bedingt die Sicht von innen. Der Mensch kann darüber hinaus aufgrund seiner Denkentwicklung theoretisch und neuerdings mit Hilfe der angewandten Weltraumforschung auch konkret einen Standort außerhalb seiner unmittelbaren Systeme einnehmen (P); so gelangt er zu einer biozentrischen bzw. planetarischen Sicht (b). Im letzteren Fall entdeckt er ein wunderbares hochkomplexes Lebenssystem, in dem er nur ein Moment[4] unter vielen ist. Für die Bewältigung der Probleme, die wir mittlerweile mit uns und durch uns in der Welt haben, ist es notwendig, nicht wie die Zecke im „Wassertropfen“ sitzen zu bleiben. Besondere Bedeutung erlangt für eine ökologische Pädagogik die Verschränkung von anthropozentrischer und planetarischer Sicht

4 Mit „Moment“ wird ein der Spontaneität fähiges Element in einem System bezeichnet.

(a/b). „Mitwelt“ ist ein solcher Verschränkungsbegriff. In der Umwelterziehung blieben bisher die Diskussion und die Konzeptualisierung auf der UEXKÜLLschen Umweltebene (im Sinne des Bühnenmodells).

Um-Welt ist das Umfeld eines Zentrums.

Nach UEXKÜLL (1930) ist „jede Umwelt das Erzeugnis eines Subjektes“ (S. 130). Sie entspricht den seinen Bedürfnissen gemäßen Ausschnitten der Welt, wie sie in seinem Erleben interpretiert wird, seiner Bühne, auf der es agiert.

Grundsätzlich gibt es demnach soviele Umwelten, wie es Individuen gibt.

„Das Leben eines jeden Subjektes spielt sich auf einer Spezialbühne ab und nicht bloß auf unserer menschlichen Spezialbühne, die (wiederum) keineswegs die allgemeine Weltbühne für alle Subjekte darstellt“ (S. 131).

Die heutige Umweltdiskussion bezieht sich jedoch auf die Spezialbühne der Gattung Mensch. Nehmen wir die allgemeine „Weltbühne“ als Umwelt aller Subjekte in den Blick, was wir dringend tun sollten, dann verliert der spezifische Begriff Umwelt seinen Bezeichnungswert, es wird deshalb seit einiger Zeit vorgeschlagen (vgl. MEIER-ABICH 1987, S. 42) – wenn wir uns auf diesen Tatbestand beziehen –, von Mitwelt zu sprechen. Die Mitwelt als die gemeinsame Weltbühne aller Lebewesen bezeichnet dann die den Bedürfnissen der Lebewesen entsprechende Interpretation der Biosphäre, bisher häufig als „natürliche Umwelt“ etikettiert.

Die eigentliche Umwelt des Menschen ist das künstliche, bewußtseinsmäßig von der Evolution unseres Planeten weitgehend abgekoppelte, naturentfremdete Kultur-/Zivilisationssystem. Es stellt die dem Produkt seiner „Evolution“, dem zivilisierten Menschen, gemäße Umwelt dar.

Grundsätzlich gibt es nach dem Bühnenmodell eine sehr große Zahl von unterscheidbaren Umwelten. In der Literatur werden in der Regel getrennt:

- die unbelebte Umwelt
- die belebte Umwelt
- die kulturelle Umwelt
- die sozial-gesellschaftliche Umwelt; wird oft noch aus der Umwelt der Kultur ausgegliedert
  (die beiden ersten sind für alle Ökosysteme, die beiden letzten nur für den Menschen zutreffend).

Ferner wurden Gruppen-Umwelten definiert:

- die Umwelt der Familie
- die Umwelt der Peers (Altersgenossen)

– die Umwelt des Berufs
– die Umwelt des Geschlechts usw. (vgl. WINKEL u.a. 1990).

In den folgenden Ausführungen wird in der Auseinandersetzung um Mensch und Natur im Sinne der Verschränkung anstelle von natürlicher bzw. biologisch-ökologischer Umwelt von Mitwelt und anstelle der sozial-gesellschaftlichen bzw. kulturellen Umwelt von Umwelt gesprochen.

Die Mitwelt ist unser eigentliches Umweltthema. Die Umwelt des Menschen (die Kultur) interferiert in zunehmend problematischerer Weise in die Evolution der Biosphäre (Natur) und zerstört dabei mehr und mehr seine Mitwelt. Diese Zusammenhänge werden über zeitliche und regionale Zerstörungen in unser Bewußtsein aufgenommen (Wald-, Fisch-, Vogelsterben u.ä.).

Wir sprechen dann von „Umweltkatastrophen" und appellieren, unsere „Umwelt" besser zu schützen.

Damit haben wir unter der Hand „die Natur" als Umwelt des Menschen zumindest teilweise wieder in unser Denken hineingenommen –, jedoch ohne bereits die Entfremdung überwunden zu haben und uns wirklich auf Natur als unsere Welt einlassen zu wollen. Aufgrund dieser Tatsache ist der zentrale Gegenstand dieses Buches das Lebenssystem unseres Planeten sowie das Verständnis der Evolution der Biosphäre und unseres Planeten und die Auseinandersetzung mit der Position des Menschen in beiden sowie deren Konsequenzen bezogen auf sein Denken, Wollen und Handeln.

Die Umwelt des Menschen (die Kultur) ist immer nur in ihrem Zusammenhang mit der Natur, die sozial-gesellschaftliche Frage immer nur in ihrem Bezug zur Mitwelt unser Gegenstand.[5]

5 Zentrale Begriffe und deren Verwendung, je nach unterschiedlicher Betrachtungsweise:
Lebenssystem unseres Planeten wird als erweiterter Begriff für Natur immer dann verwendet, wenn eine nicht-anthropozentrische Perspektive angestrebt wird (Sicht von außen).
Mitwelt wird dann verwandt, wenn es um eine relativierte anthropozentrische Perspektive geht.
„Umwelt" bezeichnet in bezug auf das Gesamt an Umwelten oder die sogenannte natürliche Umwelt die rein anthropozentrische Perspektive (Sicht von innen). Für die kulturelle und soziale Umwelt des Menschen wird ausschließlich der Begriff Umwelt (ohne Anführungsstriche) verwendet.

1.2 Veränderung – Gestaltung – Zerstörung

Wann haben wir es mit Gestaltung (Umgestaltung) und wann mit Zerstörung zu tun?

Der Strom der Evolution unserer Biosphäre verändert unaufhörlich und unaufhaltsam den Planeten und sich selbst. Andauernde Gestaltung und Umgestaltung nach generell offenem Prinzip ist die definitionsrelevante Kategorie sowohl für Evolution als auch für Biosphäre.

Seit es höheres Leben auf unserem Planeten gibt, ist dieses an der spezifischen Gestaltung unserer Umwelten beteiligt.

So erzeugen z.B. Biber Feuchtgebiete, und die afrikanischen Elefanten schufen unter den in Ostafrika vorherrschenden Rahmenbedingungen die Savannen. Im letzteren Fall bedeutet Überpopulation aufgrund der weitreichenden Veränderungen bereits Zerstörung. – Umgestaltung gehört zum Programm unseres Lebenssystems. Zerstörung betrifft immer die gattungsrelevante Interpretation. Wenn durch Umgestaltung die Lebensgrundlage einer Gattung oder Art extrem reduziert wird, handelt es sich aus deren Perspektive um Zerstörung. Wenn solche Veränderungen viele Arten gleichzeitig betreffen, kann generell von Umwelt-(Mitwelt-) Zerstörung gesprochen werden.

Es gilt als sicher, daß der Mensch bereits auf der Kulturstufe der Jäger und Sammler großflächig das Lebenssystem unseres Planeten veränderte. Belegtes Beispiel sind die Aborigines in Australien, die seit ihrer Einwanderung vor ca. 25 000 Jahren jährlich große Flächen des Waldes abbrannten. Sie erzeugten damit selbst in tropischen Regengebieten eine Art Baumsavanne, um besser jagen zu können und bessere Bedingungen für ihre bevorzugte Jagdbeute zu schaffen.

Sie produzierten dabei am Rande der tropischen Regengebiete auch zunehmend mehr Wüste, weshalb sie in Australien als die ersten Umweltzerstörer bezeichnet werden.

Die Naturveränderungen nahmen selbstverständlich immens zu, als Stämme seßhaft wurden und der Ackerbau eingeführt worden war. Die Frage ob Zerstörung oder Gestaltung vorliegen, ist abhängig von der Perspektive und dem Ausmaß der Eingriffe.

Als die urbanen Kulturen des Mittelmeerraumes die dort vorherrschende Karstlandschaft erzeugten, indem sie wegen Material- und Energiebedarfs die Wälder abholzten, zerstörten sie ohne Zweifel die Natur dieses Raumes.

Als die Europäer den Steppengürtel Nordamerikas erobert, die Büffelherden eliminiert hatten und das Land unter den Pflug nahmen, zerstörten sie mit ihrer intensiven Land- und Viehwirtschaft dort die Natur. Sie verwandelten den Mittelwesten in eine „dust bowl" (Staubschüssel, Trockengebiet) und reduzierten so den Lebensraum ihrer ungeborenen Ururenkel erheblich.

Es wird häufig behauptet, ein Umweltbewußtsein entstehe durch die nicht mehr zu übersehende Umweltzerstörung! – Es besteht dann eine Hoffnung, daß diese neue Bewußtseinsqualität mit der fortschreitenden Zerstörung anwächst, von Katastrophen bzw. Fast-Katastrophen jeweils immer wieder neu angetrieben. – Bisher lernte die Menschheit aus Katastrophen, stellt der „Bericht für die achtziger Jahre" (Botkin u.a. 1979) fest –, dies wird in Zukunft nicht mehr ausreichen; wir brauchen ein neues Lernen (innovatives Lernen).

Rieseberg (1991) behauptet, daß nach der Entwicklung eines rudimentären Umweltbewußtseins in den siebziger Jahren die Menschen nur immer mehr Verdrängungsmechanismen gelernt hätten. In dreißig Jahren Verdrängungslernen haben wir es zumindest darin weit gebracht.

1.3 Frühe Mahner

Bereits bevor zeitliche und regionale Katastrophen als Motor für die Entwicklung eines Umweltbewußtseins zur Wirkung kamen, gab es weitsichtige Menschen, die vor den Konsequenzen des menschlichen Handelns, vor der Automatik, die sich aus Industrialisierung und Bevölkerungswachstum ergibt, warnten.

Als erster Warner, der Geschichte machte, wird oft Rousseau (1712-1778) genannt.

Jean Jacques Rousseau entdeckte nicht die Gefährdung der Natur, sondern er entdeckte die Gefährlichkeit der Kultur, die korrumpierte und korrumpierende Zivilisation. Als Heilmittel konstruierte er einen Gegenbegriff, ein Gegensystem, das er Natur nannte. „Zurück zur Natur" war das Motto gegen die Zivilisation. Sein Rufen verhallte nicht, tönte fort und löste in der Romantik in einer ihrer Facetten dann die Naturschutzbewegung aus, die zunächst allerdings mehr eine Heimatschutzbewegung war und die „Kultur"-Landschaften der Väter bewahren wollte, selbst dann, wenn sie das Ergebnis von Naturzerstörung waren (wie z.B. die Lüneburger Heide).

Der englische Nationalökonom Thomas Malthus (1766-1834) hatte 1789 unter dem Eindruck der ersten industriellen Revolution auf die zu rasch wachsende Bevölkerung und die zunehmende Verarmung der Böden hingewiesen. Er zeigte auf, daß die Bevölkerung geometrisch, die Nahrungsmittelproduktion aber nur linear wachsen könne. Er behauptete damit vor 200 Jahren die Grenzen des Wachstums und forderte Beschränkung der Geburtenzahl.

Justus von LIEBIG (1803-1873) ist als Widerleger von MALTHUS bekannt geworden. Er hatte in Gießen das bestorganisierte chemische Labor der Welt aufgebaut. Um 1830 entdeckte er, daß für das Leben der Pflanze neben Luft, Wasser und Mineralien vier Stoffe unentbehrlich sind: Kali, Stickstoff, Phosphor und Kalzium und daß sich der Ertrag immer nach dem schwächsten Glied der Kette richtet. Damit begründete er die Kunstdüngung und die Agrochemie, wie sie für die sogenannte „Grüne Revolution" verantwortlich sind.

In seiner weiteren Arbeit entdeckte v. LIEBIG die hohe Bedeutung der Biomassebilanz. Von 1844 bis 1847 versuchte er, in seinem chemischen Brief 48 seine früheren Entdeckungen zu relativieren und deren Rezeption zu revidieren – vergeblich! Er warnte: „Wenn der Landwirth die Bedingungen, von welchen die Dauer seiner hohen Ernte abhängt, nicht im Auge behält und sich auf die Wirkung seiner Arbeit und auf die Anwendung von Chilisalpeter, Ammoniaksalz und Kochsalz verläßt, ohne gleichzeitig für den Ersatz der in den Ernten dem Boden entzogenen Bestandtheile Sorge zu tragen, so speculiert er auf den Reichtum seiner Felder, von dem er nichts weiß und über deren Größe niemand Aufschluß geben kann; er eignet sich im Voraus den Gewinn an, der ihm in späteren Jahren sicherlich zugefallen wäre, und der einzige Unterschied zwischen ihm und dem Actienspeculanten auf Eisenbahnunternehmungen ist in der Regel der, daß ihn oder seine Nachkommen die Strafe für seine thörichten Handlungen unzweifelhaft ereilt, welcher der Actienspeculant zuweilen entgeht, indem er sie anderen zuwendet. Es kann auf manchen Feldern die scheinbar gewinnreiche Anwendung dieser Mittel lange dauern, ehe der Landwirth den Schaden gewahr wird, den er sich durch Vernachlässigung des Ersatzes zufügt; allein je länger seine hohen Ernten gedauert haben, desto näher ist er der Grenze, wo sie ein Ende haben müssen" (von LIEBIG 1878, S. 402).

Seine Warnungen verhallten ungehört, dabei hätte er schon damals der Begründer einer biologisch organischen Landwirtschaft werden können.

Rudolf STEINER (1861-1925) verstand sich zuallererst als Kulturkritiker. Er wollte eine Erneuerung der abendländischen Kultur begründen. STEINER hatte sich in seiner Ausbildung und in seinem Studium in besonderem Maße auf die Naturwissenschaften eingelassen. Er sah die Verkürzung der rein analytisch arbeitenden Naturwissenschaften und wollte deren Methoden ergänzen, um über die analytischen Erkenntnisse hinaus wieder eine ganzheitliche Sicht gewinnen zu können.

Er ist im engeren Sinne gescheitert.

Anstatt die Naturwissenschaften oder die Kultur reformieren zu können, entwickelte er die Anthroposophie, die eine esoterische Vereinigung wurde, sich immer weiter von den Naturwissenschaften entfernte und schließlich eine Gegenposition zu den analytischen Naturwissenschaften einnahm. – Aus der ganzheitlichen Sicht des Kulturkritikers, der sich zum Menschenführer weiterentwickelt hatte, kritisierte STEINER vielfältig die vorherrschende Kultur und Zivilisation, in besonderem Maße auch die Landwirtschaft.

Er legte unter anderem für Medizin und Landwirtschaft neue Konzepte vor, die bis heute Bestand haben und weltweite Anerkennung genießen. Artgerechte Tierhaltung als STEINERsches Konzept (vgl. STEINER 1924) steht heute an der Spitze aller naturverträglichen Tierhaltungsmethoden. Die von ihm ins Leben gerufene biologisch-dynamische Wirtschaftsweise ist in ständiger Ausbreitung rund um die Welt begriffen –, sie ist bei mancher Kritikwürdigkeit unzweifelhaft eine naturverträglichere Landwirtschaft.

Auf dem Ökomarkt sind die Anthroposophen die verläßlichsten Partner, da sie nicht neuerlich aufgetretene Marktlücken füllen wollen, sondern ihre naturverträgliche Wirtschaftsweise aus tiefer Überzeugung von jeher betreiben.

Sir HOWARD warnte 1930: „Der Boden ist das Kapital der Nationen ... Die Böden der Erde werden zur Zeit ausgemergelt oder ruiniert verlassen, oder werden langsam vergiftet. Überall in der Welt wird unser Kapital verschwendet. Die Wiederherstellung und Aufrechterhaltung der Bodenfruchtbarkeit ist ein universelles Problem geworden ... Die langsame Vergiftung des Bodenlebens durch künstliche Dünger ist eines der größten Unglücke, das die Landwirtschaft und die Menschheit betroffen hat. Die Verantwortung für dieses Unheil muß in gleicher Weise von den Schülern Liebigs und unserem heutigen Wirtschaftssystem getragen werden“ (HOWARD 1979, S. 214/215).

Bis in die sechziger Jahre dominierten die Ignoranten, wichtige Appelle wurden generell überhört – objektive Fakten nicht zur Kenntnis genommen.

„Nicht der Wahrheitsgehalt, sondern die faktische Akzeptanz durch den berühmten Zeitgeist ist das Selektionskriterium“ (VERBEEK 1991, S. 217) für Ideen, Gedanken und Erkenntnisse. Ideen einer technologischen Welt, die ein Paradies auf Erden schaffen werden, die das bequeme Leben noch viel bequemer machen, entsprechen dem, was die genetisch vorstrukturierten Gehirne begierig kultivieren (vgl. VERBEEK 1991). AXELROD (1987) will aus dieser Falle einen Ausweg gefunden haben. Er stellt fest, daß der „Schatten der Zukunft“, wenn er genügend groß ist, verläßliche Kooperation in einer durch und durch feindlichen Welt schaffen kann (AXELROD 1987, S. 113). Wird die Zukunft nicht berücksichtigt, dann ist dies nicht möglich. So kann auch unbequemen Ideen und Erkenntnissen mit Hilfe des Schattens der Zukunft möglicherweise zum Durchbruch verholfen werden. Die frühen Mahner mußten, ohne daß der Schatten der Zukunft auf ihre möglichen Hörer fiel, Rufer in der Wüste bleiben.

1.4 „Der stumme Frühling“

Mit dem berühmt gewordenen Buch der US-amerikanischen Biologin Rachel CARSON „Der stumme Frühling“ (1962) gelang ein solcher Durchbruch. Durch Zitate soll die Konkretisierung des Schattens der Zukunft versucht werden. Das Buch beginnt mit: „Ein Zukunftsmärchen. Es war einmal eine Stadt im Herzen Amerikas, in der alle Geschöpfe in Harmonie mit ihrer Umwelt zu leben schienen. Die Stadt lag inmitten blühender Farmen mit Kornfeldern, deren Gevierte an ein Schachbrett erinnerten, und mit Obstgärten an den Hängen der Hügel, wo im Frühling Wolken weißer Blüten über die grünen Felder trieben. Im Herbst entfalteten Eiche, Ahorn und Birke eine glühende Farbenpracht, die vor dem Hintergrund aus Nadelbäumen wie flackerndes Feuer leuchtete ... Zahllose Vögel kamen dorthin, um sich Beeren als Futter zu holen und aus den vertrockneten Blütenköpfchen der Kräuter, die aus dem Schnee ragten, die Samen zu picken. Die Gegend war geradezu berühmt wegen ihrer an Zahl und Arten so reichen Vogelwelt, und wenn im Frühling und Herbst Schwärme von Zugvögeln auf der Durchreise einfielen, kamen die Leute von weither, um sie zu beobachten ...

Dann tauchte überall in der Gegend eine seltsame schleichende Seuche auf, und unter ihrem Pesthauch begann sich alles zu verwandeln. Irgendein böser Zauberbann war über die Siedlung verhängt worden: Rätselhafte Krankheiten rafften die Kükenscharen dahin; Rinder und Schafe wurden siech und verendeten ... Es herrschte eine ungewöhnliche Stille ... Die wenigen Vögel, die sich noch irgendwo blicken ließen, waren dem Tode nahe; sie zitterten heftig und konnten nicht mehr fliegen ... Die Apfelbäume entfalteten ihre Blüten, aber keine Bienen summten zwischen ihnen umher, und da sie nicht bestäubt wurden, konnten sich keine Früchte entwickeln ... Kein böser Zauber, kein feindlicher Überfall hatte in dieser verwüsteten Welt die Wiedergeburt neuen Lebens im Keim erstickt. Das hatten die Menschen selbst getan.

Diese Stadt gab es in Wirklichkeit nicht, aber ihr Ebenbild könnte sich an tausend Orten in Amerika oder anderswo in der Welt finden“ (CARSON 1962/1987, S. 15/16).

Rachel CARSON berichtet dann von einem tatsächlich durchgeführten einzigartigen chemisch-biologischen Krieg gegen den Japankäfer.[6]

6 Der Japankäfer (Popillia japonica): ein 1,2 cm langer Blatthornkäfer mit grünem Halsschild und braunen Flügeldecken. Er greift als Schädling Blätter, Knospen und Früchte vieler Pflanzen an. Die Larven vernichten Rasenflächen und andere Pflanzen durch Wurzelfraß. Ausbreitung: 1916 Osten der USA; 1952 England; 1959 Frankreich. Merkblatt 26 der Biol. Bundesanstalt für Land- und Forstwirtschaft (1963): Bekämpfung mit insektiziden Spritz-Stäube- und Bodenbehandlungsmitteln. – Eine künstliche Infektion mit Bakterien bietet eine ökologische Bekämpfung.

Der Käfer tauchte 1916 an der Ostküste der USA auf; er hatte als Eingewanderter zunächst keine natürlichen Feinde und breitete sich kontinuierlich nach Westen aus. Um 1950 erreichte er die Linie Michigan/Illinois/Iowa/Missouri.

In Zusammenarbeit zwischen den Landwirtschaftsorganisationen, der Verwaltung und der chemischen Industrie wurde 1953 dem Käfer der totale Krieg erklärt. Ich zitiere aus dem „Japankäfer-Krieg 1953-1960" (CARSON 1987, S. 96 f): „Im Jahre 1959 wurden im Laufe des Herbstes rund 110 Quadratkilometer im südöstlichen Michigan, einschließlich zahlreicher Vorstädte von Detroit, aus der Luft mit Aldrin, einem der gefährlichsten aller chlorierten Kohlenwasserstoffe, bestäubt ... Wie man bekanntgab, sollte damit der ‚Japanische Käfer' bekämpft werden ... Die Maßnahme in Michigan war einer der ersten Großangriffe auf den ‚Japanischen Käfer' aus der Luft. Daß man gerade Aldrin, eines der tödlichsten chemischen Mittel, wählte, geschah nicht, weil es sich zur Bekämpfung des Käfers besonders gut eignete, sondern man wollte einfach Geld sparen, da Aldrin von den verfügbaren chemischen Mitteln am billigsten war ... Die Gifte, die man benützte, und die Geschehnisse, die dadurch ausgelöst wurden, schufen genau die richtigen Bedingungen, um insektenfressende Vögel zu vergiften. Bei den ersten Maßnahmen in Sheldon verwendete man Dieldrin im Verhältnis von 1,36 Kilo auf je 4047 Quadratmeter. Um zu begreifen, wie sich das auf die Vögel auswirkte, braucht man sich nur daran zu erinnern, daß bei Laboratoriumsversuchen mit Zahnwachteln wie den Kalifornischen Schopfwachteln Dieldrin sich als ungefähr fünfzigmal so giftig wie DDT erwiesen hat ... Als die Chemikalie in den Boden eindrang, krochen die vergifteten Käferlarven an die Erdoberfläche, wo sie einige Zeit liegenblieben, ehe sie verendeten und insektenfressende Vögel anlockten ... Braune Spottdrosseln, Stare, Lerchenstärlinge, Purpurgrackeln und Jagdfasane wurden im wesentlichen ausgerottet. Wanderdrosseln wurden nach dem Bericht der Biologen, nahezu vernichtet'. Nach einem milden Regen hatte man Unmengen toter Regenwürmer beobachtet; wahrscheinlich hatten die Wanderdrosseln die vergifteten Würmer aufgepickt ... Von den Säugetieren wurden die Baumhörnchen im wesentlichen ausgemerzt; man fand ihre Kadaver in einer Haltung, die für einen gewaltsamen Tod infolge einer Vergiftung kennzeichnend ist ... 90 Prozent aller Katzen auf Farmen fielen während der ersten Zeit der Sprühmaßnahmen dem Dieldrin zum Opfer ... In Sheldon wurden bei dem Feldzug gegen eine einzige Insektenart nicht allein die wildlebenden Geschöpfe und die Hausgenossen geopfert. Wie man an einigen Herden von Schafen und Rindern beobachten konnte, drohte allen Anzeichen nach auch dem Vieh Vergiftung und Tod ... Obwohl unter dem Vorwand, den ‚Japanischen Käfer' auszumerzen, so ungeheure Verwüstungen angerichtet worden waren, scheint die Behandlung von mehr als 400 Quadratkilometern im Landkreis Iroquois über einen Zeitraum von acht Jahren das Auftreten des Insekts nur vorübergehend unterdrückt zu haben, denn es setzt seine Wanderung nach dem Westen fort. Das volle Ausmaß an Opfern, die dieses reichlich unwirksame Bekämpfungsprogramm als Tribut gefordert hat, wird vielleicht nie bekanntwerden" (CARSON 1962/1987, S. 96, 97, 100–104). Nun der Clou: „Die östlichen Staaten hatten das Glück, der Invasion der Käfer in einer Zeit standhalten zu müssen, in der die synthetischen Insektizide noch nicht erfunden waren ... Nachdem der Käfer in die Vereinigten Staaten eingedrungen war, vermehrte er sich in den ersten zwölf Jahren schnell, denn hier fehlten die hemmenden Einflüsse, die ihn in seinem Heimatland in Schach gehalten hatten. Trotzdem war er bis 1945 in vielen Gegenden der Region, in der er sich ausgebreitet hatte, nur zu einem unbedeutenden Schädling geworden. Seine Zahl war vor allem deshalb wieder zurückgegangen, weil man aus dem Fernen Osten parasitische Insekten und Organismen einführte, die bei ihm tödliche Krankheiten hervorriefen" (CARSON 1962, S. 105).

Obwohl also das Japankäferproblem in den Oststaaten vor 1945 erledigt war, wurde zehn Jahre später dieser „chemische Krieg" durchgeführt.

1.5 Den Schatten der Zukunft sichtbar machen

Zukunft ist eine menschlich höchst wichtige Kategorie. Wir sparen für die nahe Zukunft – wir erwarten von der nahen Zukunft, daß sie uns das bringt, was wir uns in der Gegenwart nicht leisten können. Wir haben uns daran gewöhnt, daß Zukunft Fortschritt heißt. Die Zukunft ist für uns, die „Nordeuropäer", offen, der Fortschritt garantiert – sie ist ein illusionäres Konstrukt unseres technologisch-zivilisatorischen Denkens. Die reale Zukunft ist aus unserem Denken verbannt, unterdrückt, verdrängt.

Spielt reale Zukunft keine Rolle, dann herrschen die Egoismen ungebrochen, die Ausbeutung kennt keine Grenzen, kulturelle Werte verblassen. Man muß den Schatten der Zukunft erweitern, ihn ausreichend sichtbar machen, dann können Egoismen relativiert, überdauernde Wertvorstellungen aktiviert, Ignoranz und Bequemlichkeit überwunden werden (vgl. AXELROD 1987; VERBEEK 1991). In den siebziger Jahren war das Erweitern des Schattens der Zukunft Programm: Die siebziger Jahre waren das Jahrzehnt der Berichte über den Zustand unseres Planeten und die Zukunft der Menschen, der Katastrophenszenarien und der Auswegliteratur.

In diesem Zusammenhang können nur einige zentrale, für die Pädagogik bedeutsame Fakten den Berichten entnommen werden.

Zur Lage der Menschheit (MEADOWS u.a. 1972): Mit Hilfe eines Modells der Welt werden für fünf wichtige Trends Hochrechnungen angestellt. Die untersuchten Trends:

Berichte der siebziger Jahre:

1972 Bericht des Club of Rome[7] zur Lage der Menschheit: MEADOWS, D. u.a.: „The Limits of Growth“, dt.: Die Grenzen des Wachstums, Stuttgart 1974

1973 Kritische Antworten zum „Bericht des Club of Rome“: NUSSBAUM, H. von: Die Zukunft des Wachstums, Düsseldorf 1973

1974 2. Bericht an den Club of Rome zur Weltlage: MESAROVIC, M./ PESTEL, E.: Menschheit am Wendepunkt, Stuttgart 1974

1976 Der RIO-Bericht an den Club of Rome: TINBERGEN, J.: Reshaping the International Order, dt.: Wir haben nur eine Zukunft, Opladen 1977

1979 Club of Rome – Bericht für die achtziger Jahre: BOTKIN, J.W. u.a.: No Limits to Learning, dt.: Das menschliche Dilemma, Wien 1979

1981 Bericht an den Präsidenten der USA: „Global Future“, dt.: Global 2000, Hamburg
(Selbstverständlich folgten auch weiterhin in größeren Abständen ähnliche Berichte, z.B. „Global 1990“ hrsg. von STREICH 1989 oder „Zur Lage der Welt 1992“ hrsg. vom Worldwatch Institute 1992)

1) beschleunigte Industrialisierung

2) rapides Bevölkerungswachstum

3) Ausbeutung der Rohstoffreserven

4) Zerstörung des Lebensraumes

5) weltweite Unterernährung

Es handelt sich dabei um zwei grundlegende und drei Folgetrends.

Alle fünf Trends zeigten eindeutig auf rasches Wachstum, um nicht zu sagen auf „Explosion“. Dieser Begriff wurde für das Bevölkerungswachs-

---

7 Club of Rome: Informeller Zusammenschluß von Wissenschaftlern verschiedener Disziplinen, Industriellen und Humanisten aus 25 Staaten (1972: 70 Mitglieder). Die Vereinigung wurde 1968 in der Academia dei Lincei in Rom gegründet. Der Bericht zur Lage der Menschheit wurde auf Anregung der Clubmitglieder von der Stiftung Volkswagen finanziert und am MASSACHUSETTS INSTITUTE OF TECHNOLOGY (MIT: Erste Adresse in der Welt) erarbeitet.

tum eingeführt und kann in exponentiellen Wachstumskurven dargestellt werden. Diese Kurven beginnen flach und steigen dann zunehmend steiler (explosionsartig) an.

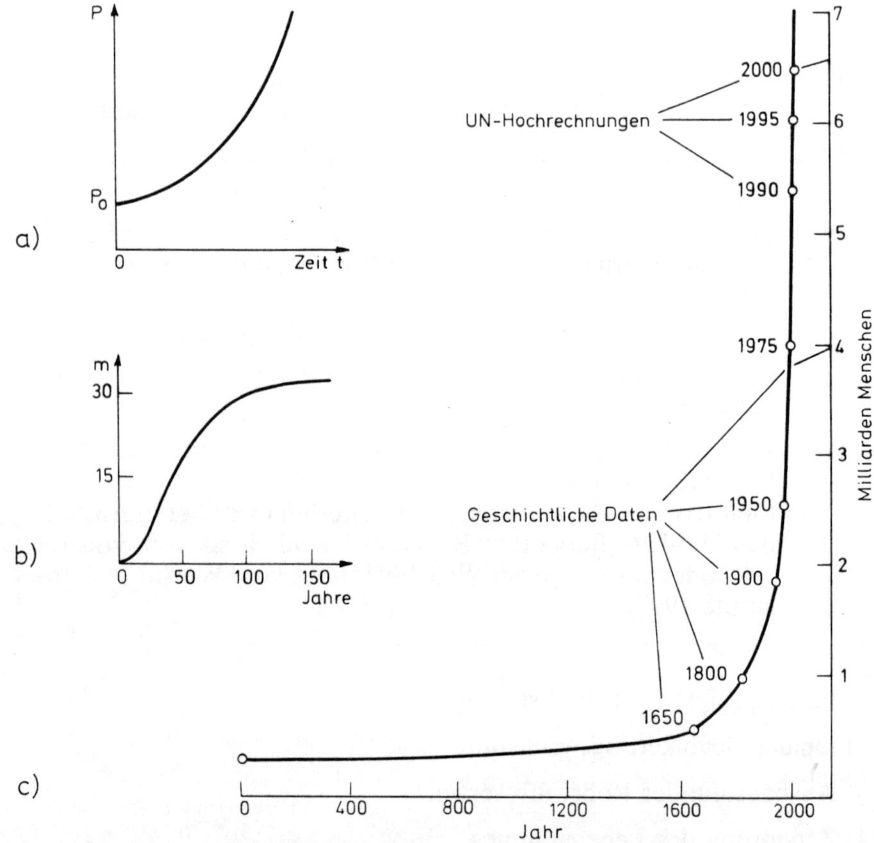

Abb. 2: Exponentielle Wachstumskurven (n. MESAROVIC/PESTEL 1974, S. 36 u. 71)

a) Exponentielles Wachstum, wie es in vielen Vorgängen beobachtet werden kann, wenn die Wachstumsrate konstant bleibt.

b) Kurve des Pflanzenwachstums. Jede Pflanze (sie wächst generell lebenslang) hat eine exponentielle Wachstumsphase, nach dieser wird das Wachstum mit fortschreitendem Alter jährlich geringer (abklingendes Wachstum = abflachende Wachstumskurve).

c) Wachstum der Erdbevölkerung in den letzten 2000 Jahren. Bis 1660 hielt sich die Zahl der Menschheit deutlich unter einer halben Milliarde. Zwischen 1650 und 1800 verdoppelte sich die Erdbevölkerung (auf eine Milliarde, bis 1930 weitere Verdoppelung auf 2 Milliarden).

Das Wachstum der Erdbevölkerung nimmt mit so rasanter Beschleunigung zu, daß auch Optimisten nicht mehr an eine Abflachung der Wachstumskurve vor der viel beschworenen Katastrophe glauben. Es dürfte, wenn es den Menschen nicht gelingt, selbst einen Regulationsmechanismus durchzusetzen, zu einer Zahl kommen, die auf der Erde nicht leben kann, das Lebenssystem unseres Planeten wird total überfordert. Eine schleichende, ständig zunehmende Verschlechterung der Lebensmöglichkeit, durchsetzt mit lokalen, kleineren Katastrophen, wird das Lebenssystem unseres Planeten für uns und viele Arten dramatisch verändern.

Konkretisierung der bereits akuten Probleme:

Von 1951 – 1966 nahm die Bevölkerung um ca. 34% zu –, im gleichen Zeitraum konnte durch große Anstrengungen der Agrarwirtschaft die Nahrungsmittelproduktion ebenfalls um 34% erhöht werden. Trotzdem verhungerten 1966 mehr Menschen als 1951, und die weltweite Unterernährung nahm zu. Gleichzeitig explodierte der Energiebedarf der Landwirtschaft. Für die Erzeugung von Nahrungsmitteln entstand eine sich ständig erhöhende negative Energiebilanz, und die Schädigung unserer Böden und des Grundwassers wuchs in gleicher Weise an.

34% Erhöhung der Nahrungsmittel bedurften:

63% Erhöhung des Maschinenparks

146% mehr Kunstdünger

300% mehr Pestizide

Eine weitere Erhöhung um 34% hält der Club für möglich, allerdings mit den doppelten Kosten (d.h. noch einmal 300% mehr Kunstdünger). Dabei geraten wir in Kürze an einen katastrophalen Wendepunkt. Bisher konnte für das Land, dessen Boden zerstört war, neues gerodet werden. Demnächst wird die Verwüstung die Neurodung überholen und wahrscheinlich eine exponentielle Wachstumskurve annehmen.

Die FAO[8] ist in unverantwortlicher Weise an der Zerstörung unserer Boden- und Wasser-Ressourcen beteiligt (Sesmou 1991, S. 47 f; Shiva 1991, S. 57 f). Sie verbucht die vorher genannte Steigerung der Nahrungsmittel um 34% als „grüne Revolution"; legt dar, daß wir die jetzige Weltbevölkerung leicht ernähren könnten, wenn wir nur weltweit auf Primärnahrungsmittel (Körner statt Fleisch) zurückgingen und das Verteilungsproblem lösten. Sie behauptet, daß wir auf diesem Planeten auch die doppelte Zahl (zehn Milliarden Menschen) ernähren könnten, wenn wir nur alle agrartechnischen Möglichkeiten voll nutzten. Sie arbeitet an der

---

8 FAO: Food and Agriculture Organization, die Tochter der Vereinten Nationen für Welternährung und Landwirtschaft.

mehrfachen Wiederholung der sogenannten „grünen Revolution“ – übersieht die unmittelbaren Folgen und erst recht die Langzeitfolgen, zieht bei ausreichender Ernährung die mögliche Beschleunigung des Wachstums der Weltbevölkerung und damit die enorme Verstärkung der Probleme in nur wenigen Jahrzehnten nicht in Betracht. Sie liefert damit die „moralischen“ Argumente für die vielen Wachstumsfanatiker. – Die Bevölkerungswachstumskurve, heißt es dann, wird sich radikal abflachen, wenn alle Menschen den Lebensstandard der westlichen Industrienationen erreicht haben, deshalb zunächst einmal viel mehr Wachstum weltweit.

Alle zu ernähren, es allen gutgehen zu lassen, das ist human, das sind kaum widerlegbare moralische Argumente, auch wenn sie von Geschäftemachern und Ausbeutern vorgetragen werden. – Dies ist eine bösartige Vortäuschung (nicht nur eine Illusion). – Dieser Planet kann auf Dauer keine zehn Milliarden Menschen ernähren, nicht einmal in primitivster Weise, und er kann schon überhaupt nicht auch nur einer Anzahl von fünf Milliarden Menschen einen Lebensstandard, wie wir ihn haben, bieten (ohne in 50 Jahren verbraucht zu sein). Ein nicht unerheblicher Teil unserer Maßnahmen, die heute durchgeführt werden, um die Lage der Bevölkerung in der sogenannten Dritten und Vierten Welt zu verbessern, ist nicht nur wertlos, sondern sogar destruktiv, weil sie auf Wachstum in einer Dimension beruhen und andere Dimensionen und Seiteneffekte außer acht lassen.

Beispiel Sahara-Brunnen:

Mit Hilfe großzügiger Gaben eines niederrheinischen Rotary Clubs wurden in den siebziger Jahren einige Brunnen in der Sahelzone gebohrt. Der dort unter Wasser- und Nahrungsmittelmangel leidenden Bevölkerung wurde geholfen.

Aufgrund ausreichenden Wassers, das bereits als Überfluß empfunden wurde, wurden die Herden vergrößert, so daß auch die letzten Pflanzenreste mit den Wurzeln abgeweidet werden konnten –, die Bevölkerungsrate stieg steiler an als im Jahrzehnt davor. Die Kapazität des Brunnens wurde überlastet, verbleibendes Restwasser war jetzt nach kurzer Zeit versalzen. Das Vieh verdurstete, und die Menschen mußten das Gebiet verlassen. Ein Lebensraum-Bereich in einer Trockenzone war durch die Ignoranz der Helfenden zur Wüste gemacht worden.

Der Bericht „Zur Lage der Menschheit“ befaßt sich des weiteren mit verschiedenen Rohstoffen, deren Begrenztheit und dessen exponentiell beschleunigtem Verbrauch, und er warnt vor deren Ende.

Zur Freude unserer Wachstumspolitiker stimmen die hochgerechneten Zeitperioden nicht (z.B. Öl wird viel länger reichen). Dies ist aber eher ein Fluch als ein Segen für unser Lebenssystem. Weil das Öl soviel länger reicht, steigen wir nicht sofort in die Solar-Wasserstofftechnologie ein –, es gibt keinen Markt für naturverträglichen Verkehr und Verpackung; nur petrotechnische Produktion „rechnet sich“.

Die zentralen Faktoren des Berichtes sind:

Die Grenzen des Bevölkerungswachstums und der Industrialisierung.

Der Club schlug Wege zu einer Stabilisierung des Niveaus auf den Stand der siebziger Jahre vor. Seine zentralen Forderungen sind:

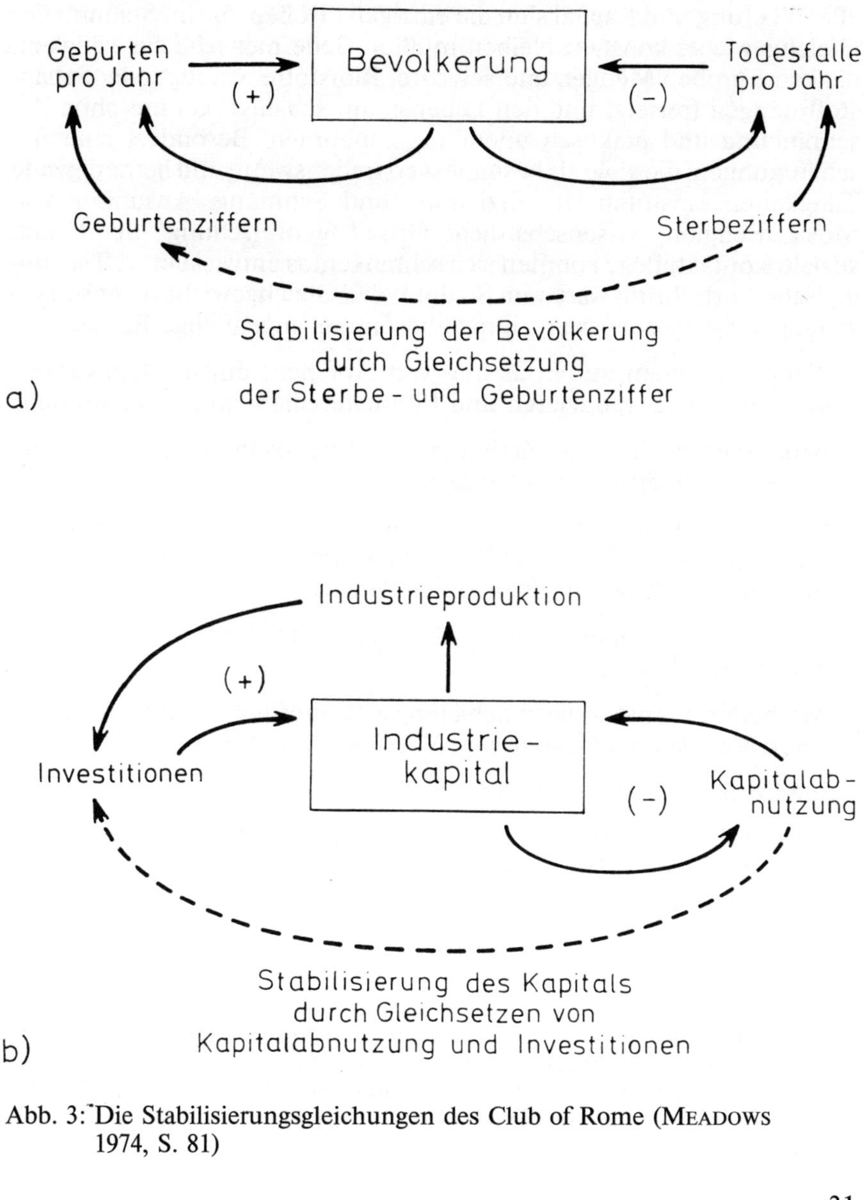

Abb. 3: Die Stabilisierungsgleichungen des Club of Rome (Meadows 1974, S. 81)

– Stabilisierung der Bevölkerung durch Gleichsetzen von Sterbe- und Geburtenrate;
– Stabilisierung der Industrieproduktion durch Gleichsetzen der Kapitalabnutzung und Investitionen.

Die Mitglieder des Club of Rome zeigen auf, daß Gleichgewicht (fehlendes Wachstum) nicht Stagnation sein muß und in vielfältiger Weise den menschlichen Bedürfnissen entgegenkommen kann.

„Bevölkerung und Kapital sind die einzigen Größen, die im Stadium des Gleichgewichts konstant bleiben müßten. Jede menschliche Tätigkeit, die keine großen Mengen unersetzbarer Rohstoffe benötigt oder Schadstoffmengen freisetzt und den Lebensraum schädigt, könnte ohne Beschränkung und praktisch unendlich zunehmen. Besonders jene Beschäftigungen, die viele als besonders erstrebenswerte und befriedigende Tätigkeiten einstufen wie Erziehung und Schulung, Ausübung von Musik, Religion, wissenschaftliche Grundlagenforschung[9], Sport[9] und soziale Kontaktpflege könnten sich schrankenlos entwickeln ... Technologische Fortschritte wären im Stadium des Gleichgewichts ebenso notwendig wie begrüßenswert. Einige besonders augenfällige Beispiele:

– Neue Methoden zur Erfassung von Abfällen, um die Umweltverschmutzung zu reduzieren und Rohmaterialien zurückzugewinnen;
– wirksamere technische Methoden zur Rückgewinnung, um die Rate des Rohstoffverbrauchs zu senken;
– bessere Konstruktionen von Produkten, um deren Nutzungsdauer zu erhöhen und die Reparaturfähigkeit zu verbessern und entsprechend die Kapitalverringerungsrate zu verkleinern;
– Nutzung der Sonnenstrahlung als Energiequelle, die praktisch keine Schadstoffe freisetzt;
– Methoden zur natürlichen Schädlingsbekämpfung, die auf einem besseren Verständnis ökologischer Vorgänge beruhen;
– medizinische Fortschritte, um die Todesrate zu senken;
– Fortschritte bei der Empfängnisverhütung, um die Angleichung der Geburten- an die Sterberate zu erleichtern“ (Meadows u.a. 1972/74, S. 157 und S. 159).

9 Die MIT-Studie versucht einen durchaus optimistischen Bericht vorzulegen. Es ist zumindest problematisch die wissenschaftliche Grundlagenforschung ohne Einschränkungen hier mit aufzuzählen, vgl. die aktuelle und virulente Diskussion über die Gentechnologie und die Kommerzionalisierung des Sports.

Die MIT-Studie provozierte eine weltweite kontroverse Auseinandersetzung (vgl. von NUSSBAUM 1973: Die Zukunft des Wachstums).

Einwendungen gab es:

- zur Begrenztheit des Modells betreffs der Anzahl der Variablen und deren Wechselwirkungen;
- technischer Fortschritt für Lösungen sei nicht genügend berücksichtigt;
- Rohstofflager seien noch nicht alle erfaßt;
- zu technokratisch, andere neue Wertvorstellungen könnten viel ändern;
- die Bevölkerungsfrage sei zu global gefaßt, regionale Berücksichtigungen täten not (vgl. JÜRGENS 1973, S. 211).

Viele glaubten, daß die Natur Gegenmaßnahmen entwickelt (und arbeiten schon daran, diese außer Kraft zu setzen –, wie es der Mensch von jeher tat).

Andere glaubten an einen qualitativen technischen Sprung (z.B. Kernfusion und die dabei gewonnene Energie zum Nulltarif).

Als nächstes erschien 1974 der Bericht: Menschheit am Wendepunkt.

Der Prolog beginnt mit einem Zitat von GREGG (1955): „Die Welt hat Krebs, und der Krebs ist der Mensch" (S. 681). – Sein Wachstum zerstört die Biosphäre des Planeten, das ist das Hauptthema. Es wird ein differenzierteres Modell verwendet, und es werden weitere differenziertere Lösungsansätze für die zentralen Probleme erarbeitet.

Von einem unausgeglichenen, undifferenzierten müssen wir zu einem organischen Wachstum kommen, ist die zentrale These. In der Tendenz liefert er die gleichen Ergebnisse.

Nach wiederum zwei Jahren erscheint der RIO-Bericht (R-eshaping of I-nternational O-rder, 1976).

Behandelt werden die gleichen Probleme. Die Teilnehmer sehen für eine Problemlösung eine neue internationale Ordnung als Vorausaufgabe (die neue Weltordnung).

Allgemeine Perspektive der Vorschläge in Auszügen:

„Insbesondere in den Industrieländern sollten koordinierte und intensive Anstrengungen unternommen werden, um der Öffentlichkeit deutlich zu machen, daß es notwendig ist, eine neue internationale Gesellschafts- und Wirtschaftsordnung zu schaffen, die von allen Völkern als gerechter angesehen werden kann. Es kann überhaupt kein Zweifel darüber bestehen, daß, solange sich die öffentliche Meinung nicht der Notwendigkeit eines Wandels sowie der Vorteile für die gesamte Menschheit aus der Errichtung einer gerechteren Welt bewußt ist, nur sehr langsame Fortschritte in Richtung auf eine neue internationale Gesellschafts- und Wirtschaftsordnung erzielt werden können und daß die gegenwärtigen Spannungen und Konflikte leicht in eine akute Weltkrise einmünden können. Die Hauptaufgabe vieler nicht-staatlicher Organisationen sollte es daher sein, diese vorgeschlagenen Anstrengungen auf sich zu nehmen ... Souveränität und das gemeinsame Erbe der Menschheit: Wenn alle in einer besseren und stabileren Welt leben sollen, in der alle Mitglieder der internationalen Gemeinschaft als selbständige, gleichberechtigte Partner miteinander umgehen, dann muß das erste Ziel darin bestehen, daß die Länder der Dritten Welt die volle Verfügungsmacht über ihre Ressourcen in Übereinstimmung mit der UN-Charta der wirtschaftlichen Rechte und Pflichten der Staaten erhalten. Erst wenn dieses Ziel erreicht ist, kann das ‚Konzept des gemeinsamen Erbes der Menschheit' – das traditionell nur auf solche Ressourcen, die als res multius wie die Weltmeere und das Weltall angesehen werden, begrenzt wird – auf neue Gebiete ausgedehnt werden wie z.B. auf mineralische Rohstoffe, Wissenschaft und Technologie, Produktionsmittel und andere Quellen des Wohlstandes. Nachdem die Ausübung der nationalen Souveränität zur Schaffung einer gerechteren internationalen Ordnung beigetragen hat, sollte das Ziel darin bestehen, die Ressourcen der Welt – die materiellen und die immateriellen – zusammenzufassen, um eine effektive Planung und ein effizientes Management der Weltwirtschaft und der weltweiten Nutzung der Ressourcen zu gewährleisten, die der doppelten Zielsetzung von Gerechtigkeit und Effizienz genügen. Unter dieser Perspektive müßten dann die Ressourcen auf der Grundlage einer dezentralisierten planetarischen Souveränität verwaltet werden" (TINBERGEN 1977, S. 139-141).

Hatte der erste Bericht des Club of Rome „Limits of Growth" geheißen und war dieser eher pessimistisch, so hieß der zweite (1979) „No Limits to Learning" und war überwiegend optimistisch.[10]

Der Optimismus wurde im deutschen Titel gebrochen, der Übersetzer wählte „Das menschliche Dilemma" mit dem Untertitel „Zukunft und Lernen", oft auch kurz „Lernbericht" genannt.

Die Lösung der Probleme erscheint möglich durch Umlernen, Neulernen, lebenslanges, innovatives Lernen. „Wir müssen wenigstens zwei Dinge verstehen lernen. Das erste ist, daß die Menschheit sich einem Scheideweg nähert, an dem kein Fehler mehr gestattet ist. Das andere ist,

10 Drei Arbeitsgruppen (mit 18 Mitgliedern in 14 Ländern) in Bukarest, Cambridge und Rabat haben die Grundlagen erarbeitet; in sechs Diskussionsrunden in Bukarest, Madrid, Wien, Fez, Paris und New York wurde der Bericht erstellt.

daß wir den Teufelskreis von zunehmender Komplexität und unzureichendem Verständnis durchbrechen müssen, so lange es noch möglich ist, unser Schicksal und unsere Zukunft zu beeinflussen" (Botkin u.a. 1979, S. 18).

Komplexität ist der zentrale Begriff im Bericht „Das menschliche Dilemma":

Unsere Aufgabe ist es, „den Teufelskreis von zunehmender Komplexität" zu durchbrechen. – Unsere Situation ist höchst gefährlich, da sie „uns mit einer unerwarteten Komplexität konfrontiert . . ."

„Die wachsende Komplexität, durch menschliche Aktivitäten verursacht, stellt eine Herausforderung an Gesellschaft und Menschen dar" (Botkin u.a. 1979, S. 41).

„Das menschliche Dilemma ist die Diskrepanz zwischen der zunehmenden Komplexität aller Verhältnisse und unserer Fähigkeit, ihr wirksam zu begegnen" (S. 25).

Das Lebenssystem unseres Planeten ist von jeher hochkomplex und hat auch ohne spezielles Zutun des Menschen seine Komplexität fortlaufend gesteigert. Zunächst einmal haben wir, die Menschen, indem wir die Vielfalt der Natur reduzierten (Zehntausende von Arten und Gattungen ausrotteten) diese Komplexität reduziert; dann haben wir durch synthetische Stoffe, eine Vielzahl von Giften und deren Wirkzusammenhänge die vorhandene Komplexität auch wieder erhöht.

Wir haben die Komplexität unseres Lebenssystems nie verstanden und werden nur in unserer Ignoranz mit *„unerwarteter"* Komplexität konfrontiert.

Durch Vergrößerung unseres Wissens und den Wunsch und die Notwendigkeit, das Lebenssystem unseres Planeten schließlich doch zu verstehen, geraten wir in die im Bericht herausgearbeitete Konfrontation. Was wächst, ist die Fülle der Daten, die unser Wissen ausmachen, weniger die Komplexität. Was nur sehr langsam zunimmt, ist die Vernetzung in unserem Denken. Am wenigsten Fortschritt machen wir in der Überwindung der hohen Spezialisierung unserer Kompetenzen und im spezialisierten Wahrnehmen.

Das Dilemma besteht weniger darin, daß wir die komplexen Zusammenhänge erst zu spät erkennen, um ungünstigen Entwicklungen wirkungsvoll zu begegnen, sondern daß wir uns nicht beschränken wollen, wir nichts an Bequemlichkeit und Wohlleben aufgeben mögen, deshalb auf weiteres Wachstum setzen und die Lebensgrundlage unserer Enkel verbrauchen bzw. vergiften.

Nicht die Begrenzung der Rohstoffe und die Wachstumsfrage sind das Problem, sondern der Mensch – wir haben keine Umweltprobleme (das sind nur notwendige Konsequenzen), *wir haben Probleme mit uns in der Welt, deshalb müssen wir*

lernen – umlernen – neu lernen, wenn die Menschheit für die ihr von der Natur zugedachte Spanne überleben soll.

Bisher haben wir meist aus unseren Fehlern so viel gelernt, daß wir Zerstörtes notdürftig reparieren oder übertünchen konnten; jetzt nähern wir uns dem Punkt, an dem ein Fehler das Ende sein kann oder so schwere Konsequenzen hat, daß für die folgenden 10 000 Jahre daraus nichts Wesentliches mehr gelernt werden kann. Wir haben bisher überwiegend expansiv gelernt: immer mehr, immer spezialisierter, immer gezielter auf Werkzeugentwicklung bezogen. Das machte exponentielles Wachstum möglich, führte aber auch zu einem exponentiellen Wachstum der Daten, der Information, des Wissens, ohne daß mehr von der Komplexität verstanden wurde.

Das expansive Wissen ist grenzenlos und doch beschränkt – es kann nicht nur die Komplexität, sondern auch notwendige Grenzen nicht erkennen, es vergrößert dadurch das menschliche Dilemma.

Expansives Lernen allein führt uns direkt in das Verderben!

Deshalb fordert der Bericht ein neues Lernen, „innovatives Lernen".

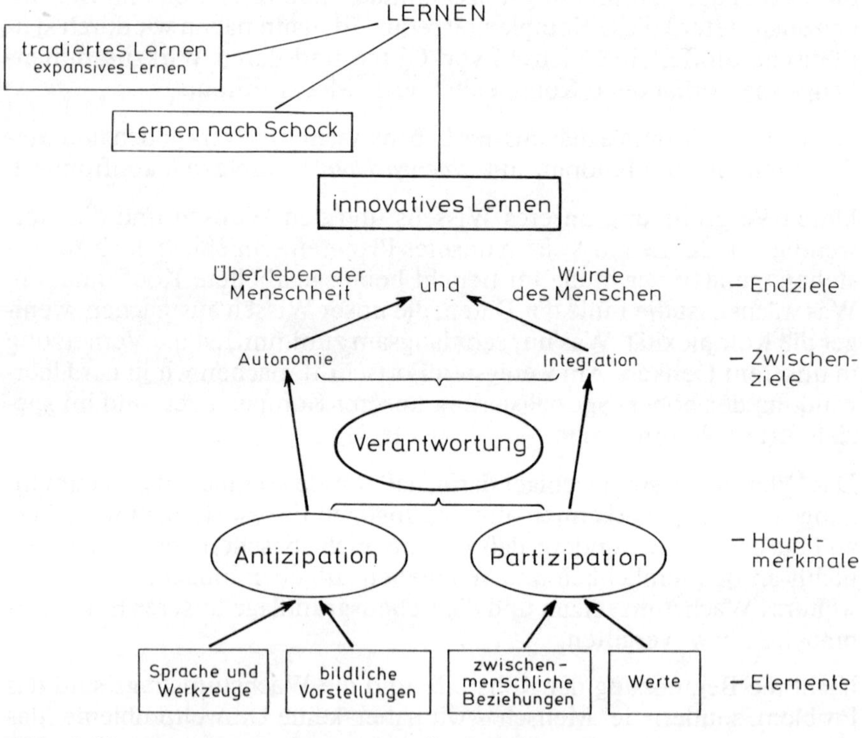

Abb. 4: Hauptmerkmale „innovativen Lernens"

Lernen erfolgte bisher in erdgeschichtlich stabilen Perioden als expansives Lernen (immer mehr spezielleres Wissen für beschleunigtes Wachstum) oder durch Schock. Nach einer Katastrophe begannen diejenigen, die überlebt hatten, unter Schock ihr Wissen zu revidieren und z.B. auch gegen die entwickelten ökonomischen Maximen zu verstoßen –, sie waren bereit, große Opfer zu bringen, um das Risiko zu verringern (z.B. bei Flutkatastrophen, Vulkanausbrüchen u.ä.). – Wir verschieben immer mehr Risiken immer weiter in die Zukunft, deren Auswirkungen labilisieren unser Lebenssystem, die tatsächlichen Folgen sind letztendlich unbekannt und höchstens in Jahrtausenden wieder revidierbar.

Das „neue" Lernen, notwendig in Krisenzeiten, wie sie auf uns zukommen, hat als *Endziele*: Das „Überleben der Menschheit" und die „Würde des Menschen". *Zwischenziele* und Hilfsmittel sind Autonomie und Integration.

Autonomie (läßt sich auf das Individuum und die Gesellschaft anwenden) ist die „Fähigkeit, auf eigenen Füßen zu stehen . . . Autonomie ist das Recht und die Fähigkeit, ein zusammenhängendes System von Zielen, Strategien, Mitteln und Wegen und alternativen Entscheidungsmöglichkeiten aufzubauen. Gesellschaftliche Lernprozesse verbessern ständig diese Aktivität" (Botkin u.a. 1979, S. 65).

„Autonomie allein läuft Gefahr, einseitig, engstirnig und isoliert dazustehen" (S. 67).

Integration beinhaltet die Vorstellung, der Mensch sei Teil des Ganzen, und sie trägt dazu bei, daß man menschliche Beziehungen eingeht und das Ganze, dessen Teil man ist, sieht. „Für die Gesellschaft impliziert die Integration Interdependenz; für den einzelnen ist sie der Schlüssel zu zwischenmenschlichen Beziehungen" (S. 68).

„Gesellschaftliche Autonomie beinhaltet kulturelle Identität; individuelle Autonomie ist eine Waffe, um nicht überwältigt zu werden" (S. 66).

„Globale Interdependenz sollte die Autonomie nicht ignorieren, ebensowenig sollte die Autonomie die globale Integration außer acht lassen" (S. 69).

Hauptmerkmale des innovativen Lernens sind „Antizipation" und „Partizipation".

Antizipation ist die Fähigkeit, künftige Ereignisse vorauszusehen . . . (S. 52). Antizipation ist nicht nur ein intellektuelles, sondern auch ein personales Phänomen: In intellektueller Hinsicht bedient sich antizipatorisches Lernen bestimmter Techniken wie Prognosen, Simulationsmodelle, Szenerien . . . (S. 35), . . . andererseits aber auch der Fähigkeit der Imagination . . . Zugleich ist Antizipation mehr, nämlich eine grundlegende Einstellung, die letztlich Verantwortung impliziert . . . (S. 54 f).

„Partizipation ist mehr als die formale Beteiligung an Entscheidungen, sie ist eine Haltung, die durch Kooperation, Dialoge und Empathie gekennzeichnet ist . . ." (S. 36).

Der Bericht bezeichnet:

Partizipation als „. . . das Gefühl für räumliche Zugehörigkeit", Antizipation als „. . . das Gefühl für zeitliche Zugehörigkeit".

Gefühle und Einstellungen haben zentrale Bedeutung in dem Konzept des innovativen Lernens, deshalb nehmen Werte einen hohen Stellenwert ein. „Werte sind die echten Fermente der Lernprozesse" (Botkin u.a. 1979, S. 74).

Kritik und Würdigung des „Lernberichtes":[11]

Der Lernbericht gibt viele wichtige Anregungen für die Pädagogik und jedes Individuum in bezug auf sein eigenes lebenslanges Lernen: spezieller für seine Wertehierarchie, seine Einstellungen usw. Autonomie und Partizipation sind nichts Neues in der Pädagogik, doch wie sie hier miteinander verknüpft werden, ist neu.

Der Lernbericht wird aufgrund seiner hochkomplexen Anlage (sicher ein Versuch, dem Gegenstand in dessen Komplexität gerecht zu werden) den geweckten Erwartungen nicht gerecht. In seiner komplexen Begrifflichkeit verstellt er möglicherweise sogar manche Probleme, anstatt sie klar herauszustellen. – Er hat denn auch keine Auswirkungen auf unser tradiertes schulisches Lernen und dessen Organisation gehabt – doch dies ist nicht primär sein Fehler, sondern derjenige der Institution bzw. des Systems. Die Autoren des Berichtes benennen selbst die Widerstände gegen innovatives Lernen, an denen es scheitern kann:

„Die größte Barriere für innovatives Lernen: Mißbrauch von Macht und strukturelle Barrieren" (Botkin u.a. 1979, S. 92) und „Zentralisierung und unnötige Hierarchie schränken innovatives Lernen ein" (S. 75).

Der letzte hier erwähnte Bericht „GLOBAL 2000" wird vom US-amerikanischen Präsidenten in Auftrag gegeben und vom Außenministerium und einer Regierungskommission für Umwelt erstellt. Kein Wunder, daß dieser Bericht optimistischer ausfällt als die meisten anderen – aber auch sein Ergebnis ist an der Basis gleich. Falls es nicht zu einem radikalen Wandel in Ökonomie, Politik und Technologie komme, werde dieser Planet binnen weniger Jahrzehnte der Menschheit keine Lebensbasis mehr bieten, heißt es am Schluß (vgl. Global 2000 1980, S. 498 und 667).

---

11 Für eine breitere Auseinandersetzung werden empfohlen:
Treml, A.K.: Entwicklungspädagogik, 1980;
Treml, A.K.: Lernen oder Untergehen, 1981;
Kern, P./Wittig, H.G.: Der Lernbericht des Club of Rome, 1981;
Kleber, E.W.: Ökologische Pädagogik oder Umwelterziehung, 1985

Im Zwischen- und Prüfbericht Global 1990 (Streich 1989) wird festgestellt, daß alle zentralen Daten der Vorhersagen nach zehn Jahren stimmen (die Prognose ist verläßlich).

In der Politik ist festzustellen, daß der zehn Jahre später amtierende Präsident der USA es kategorisch ablehnt, den CO_2-Ausstoß durch Regierungsvorgaben zu verringern. Die Regierung der Bundesrepublik Deutschland beschließt zwar die Senkung des CO_2-Ausstoßes bis Ende des Jahrhunderts, setzt aber andererseits verstärkt auf konventionelles Wachstum.

Die Vereinigung und der Aufbau Osteuropas können nach der Meinung unserer Politiker nur durch ein aufs neue beschleunigtes „Quantitatives Wachstum" für das nächste Jahrzehnt bewerkstelligt werden. Sie reden vom Teilen, geteilt werden soll aber überwiegend nur der Zugewinn. Durch die Berichte der siebziger Jahre und auch alle folgenden ist der Schatten der Zukunft zwar erweitert worden, jedoch finden wir anscheinend immer wieder Möglichkeiten, ihn aus unserem Bewußtsein zu verdrängen.

Parallel zu den Berichten und Trendanalysen entstand eine Flut neuer Literatur. Einerseits erhielt das Genre der Katastrophenliteratur eine neue Qualität – die Katastrophen treffen uns bzw. unsere Kinder, Enkel, Urenkel ab jetzt real. Die Spannung steigt, das literarische Geschäft blüht. Andererseits entstanden die Auswegbücher.

Auswahlliteratur

Illich, I.: Selbstbegrenzung (Org. 1973), dt. Reinbek 1975

Schumacher, E.F.: Small is Beautiful (Org. 1973). Die Rückkehr zum menschlichen Maß, Reinbek 1975

Lovins, A.B.: Soft Energy Paths (Org. 1977). Sanfte Energie, Reinbek 1978

Callenbach, E.: Ökotopia, Berlin 1978

Amery, C.: Natur als Politik. Die ökologische Chance des Menschen, Reinbek 1980

Jungk, R.: Menschenleben. Der Aufstand gegen das Unerträgliche, München 1983

Lutz, R.: Die sanfte Wende, München 1984

Ditfurth, H. von: So laßt uns denn ein Apfelbäumchen pflanzen, Hamburg 1985

1.6 Die Ölkrise – Lernen nach Schock?

Zur Popularisierung der Diskussion trug ein Ereignis enorm bei:

Am 16. Oktober 1973, nach Ausbruch des Jom Kippur-Krieges, schnellten die Ölpreise in die Höhe (sie vervierfachten sich), Tankstellen mußten wegen leerer Tanks vorübergehend geschlossen werden, an anderen bildeten sich lange Schlangen. Stundenlanges Warten auf eine Tankfüllung Kraftstoff war keine Seltenheit. Das in den USA völlig Unvorstellbare war passiert. Für einen Kanister Bezin wurde ein Mann erschossen. In der BRD wurden Sonntagsfahrverbote verhängt – Autobahnen standen Radfahrern zur Verfügung. Die Wirtschaft war angeschlagen. Inflations- und Rezessionsschübe folgten.

Überall traten Propheten auf, die es schon immer vorausgesagt haben wollten – vielen fiel es wie Schuppen von den Augen – man konnte es schon immer wissen: Unsere Ressourcen sind endlich, viele sind auf lange Hand gesehen ohnedies sehr knapp. Es schien völlig unvorstellbar, wie eine „blinde" Menschheit, anstatt die Knappheit vernünftig zu verwalten und sehr früh nach Alternativen zu suchen, die Rasanz der Ausbeutung ständig nur steigern konnte. Wie war die Öl-Katastrophe, die bald in Öl-Krise umbenannt wurde, zustandegekommen?

Die arabischen Länder wollten damit einerseits Israel und seine Freunde schlagen, andererseits hatten die OPEC-Staaten in den Jahren zuvor, insbesondere 1971, gelernt, daß der Weltmarkt erhebliche Preiserhöhungen hinnehmen konnte, und sie sahen in der drastischen Beschränkung der Fördermenge und den dadurch bedingten Preisanstieg ihre Einkommen steigen und ihre ökonomische Macht wachsen (vgl. TIETZEL 1978). Die OPEC-Staaten hatten sich getäuscht, sie gerieten aufgrund des bei ihnen bereits eingeleiteten enormen wirtschaftlichen Wachstums selbst in Schwierigkeiten, und einige begannen sehr bald, die Produktionsmenge wieder anzuheben.

Die forcierte Erschließung neuer Reservefelder in der Nordsee, in Mexiko und Alaska und parallel der erhöhte Finanzbedarf der Araber, nicht zuletzt zur Finanzierung des militärischen Ausbaus und des ersten Golfkrieges, führten zur Produktionssteigerung und zur Ölschwemme in den achtziger Jahren – und damit zum Preisverfall.

Der Rückschlag für die junge ökologische Bewegung war gewaltig (nichts rechnete sich mehr außer Erdöleinsatz) –, was sehr viele 1973, als ihnen die Schuppen von den Augen fielen, erkannten, und was man schon immer wußte – wurde vergessen.

Nachdem generell viel sparsamere Motoren entwickelt worden waren, wurden diese enorm aufgerüstet, um wieder an alte Verbrauchszahlen heranzukommen. 1990 lief der erste Sechszylinder Golf vom Band (Sechszylinder bedeutet im Schnitt 50% mehr Verbrauch). Wir schwimmen in Öl, und alternative Energien lohnen nicht. – Die Folgen (Schäden und Kosten) treffen unsere Enkel und Urenkel.

Der Zukunftsbezug und der Vernunftsschub, die sich als „ökologische Bewegung" in und nach der Ölkrise manifestierten, scheinen heute von geringerer Bedeutung als die Einbuße dieser Vernunft in den folgenden Ölschwemmen; in diesen ertrank allem Anschein nach mehr als zuvor im Schock der Krise aufgetaucht war.

2. Die Konstruktion einer Umwelterziehung

2.1 Die Ausgangssituation

Nach 1962 bildete sich eine zaghafte „ökologische Bewegung" – der Schatten der Zukunft war sichtbar geworden. Diskussionen über unsere Zukunft, die Konsequenzen unseres Handelns und Wirtschaftens nahmen über die folgenden Jahrzehnte ständig zu. Zukunft kann nicht mehr länger als garantiert gelten. Sie ist im Denken zu berücksichtigen. Ab diesem Zeitpunkt sollte sich auch unser Handeln entsprechend verändern. Aufgrund dieser neuen Sachlage unter dem Schatten der Zukunft bilden sich, sobald es eine Diskussion um ökologische Fragen gibt, zwei Lager, die sich auf den gegenüberliegenden Ufern eines Flusses etablieren. Die ökologischen Aktivisten und die Verzögerer sind eigentlich nicht sehr weit auseinander, aber ein Zusammenkommen scheint nicht möglich (keine Brücken, keine Boote).

Die Diskutanten aus beiden Lagern sehen die gleichen Probleme, jedoch nehmen sie diese unterschiedlich wahr bzw. interpretieren sie sehr unterschiedlich. Die einen sind besorgt und verlangen unmittelbare Aktion (Veränderung) für die Rettung der Zukunft der Menschen – sie wollen nicht länger auf ungedeckte Schecks leben.

Die anderen haben die Illusion, daß sich die Probleme teilweise von selbst lösen werden, daß wir zwar einen Umbau unserer Wirtschaft brauchen, es aber reicht, wenn wir morgen damit beginnen. Sie argumentieren, daß wir in Sachen Umweltschutz bereits sehr viel tun, daß mehr Umweltschutz sehr viel Geld kostet und daß wir nur über mehr Wachstum mehr tun können. Sie führen weiter ins Feld, daß sich für zukünftige Generationen immer wieder neue zukünftige Möglichkeiten eröffnen werden.

Die Diskussionen laufen sich fest zwischen „ökologischen Aktivisten" und den „Verzögerern". Die Aktivisten verzweifeln oft noch mehr über die Haltung der „Verzögerer" als über die Probleme selbst. Die Verzögerer haben bisher die Mehrheit und die Wirtschaft hinter sich. Die Verzögerer wünschen „keine Experimente", keine Veränderung ihrer Lebensumstände, sie sind in allen gesellschaftlichen Gruppierungen zu finden – sie sind für die Natur – aber beim Status quo.

Heute werden ökologische Fragen zwar generell für wichtig gehalten, die Parteien spicken ihre Programme mit ökologischen Bekenntnissen; aber auch nach vierzig Jahren „Schatten der Zukunft“ haben zum Ende dieses Jahrtausends ökologische Themen noch keine wahlentscheidende Bedeutung.

Zu Beginn der siebziger Jahre liegen für die Fachleute und diejenigen, die es wissen wollen, ausreichend Analysen vor, die besagen: Wir zerstören unsere Lebensgrundlage, wenn wir so weiter wirtschaften oder gar unsere Wirtschaftsweise über die ganze Welt ausbreiten.

Umweltschutz ist das erste Gebot der Stunde. Veränderung unseres Verhaltens unserer Wirtschaftsweise scheint unumgänglich – strittig sind nur die projizierten Zeiträume: müssen wir sofort, haben wir noch Zeit, oder ist es gar schon zu spät?

Nachdem die wachsenden Probleme nicht mehr zu übersehen waren, übernahmen die Katastrophen-Manager ihre Rolle. Nach einem frühen Anfang in England (vgl. Keele Konferenz über Erziehung und Naturschutz 1965) gründeten die UN eine neue Tochterorganisation: die UNEP (United Nations Environmental Programme). Diese übernahm zusammen mit der UNESCO (United Nations Educational Scientific and Cultural Organization) ihren Part.

Für 1972 wurde die Konferenz über die „Umwelt des Menschen“ nach Stockholm einberufen und dort neben der Umweltforschung und der Umweltgesetzgebung die Forderung nach einem weltweiten Bewußtseinswandel auf dem Gebiet des Umweltschutzes formuliert. Das war die Geburt des UNESCO-Programms für Umwelterziehung. – Aus einer Befragung von 80 Mitgliedstaaten der UNO im Jahre 1975 wurde ein Programm entworfen. Nach einer Reihe von staatlichen und regionalen Konferenzen der UNESCO und der UNEP folgte die zwischenstaatliche Konferenz über Umwelterziehung in Tiflis (1977).

2.2 Der Versuch der weltweiten Implementierung einer Umwelterziehung

Auf der Konferenz in Tiflis (1977) wurde das Umwelterziehungsprogramm der UNESCO verkündet und Strategien seiner weltweiten Durchsetzung erarbeitet.

In den Schlußfolgerungen heißt es unter anderem (UNESCO-Konferenzbericht Nr. 4, 1979):

„Eine richtig verstandene Umwelterziehung sollte einen umfassenden, lebenslangen Prozeß darstellen . . . Sie sollte jeden einzelnen fürs Leben so vorbereiten, daß er die wesentlichen Probleme der heutigen Welt begreifen kann . . . Umwelterziehung muß sich auf die Gemeinschaft richten. Sie sollte den einzelnen aktiv in die Lösung spezifischer

Probleme einbeziehen und dabei Initiative, Verantwortungsbewußtsein und Verpflichtung zur Schaffung einer besseren Zukunft fördern. Als Folge ihres ureigenen Wesens kann Umwelterziehung einen kraftvollen Beitrag zur Erneuerung des Erziehungswesens leisten" (UNESCO 1979, S. 71/72).

Die Konferenz stand insoweit unter keinem guten Stern, als viele Länder der Dritten Welt nicht konstruktiv mitarbeiteten. Die afrikanischen Länder nahmen an der Konferenz nicht teil und ließen wissen, daß sie andere Probleme hätten, wenn diese gelöst wären, könnten sie sich den westlichen Staaten anschließen und über Umwelterziehung diskutieren.

Die zentrale Empfehlung der Konferenz:

„Empfehlung 1

1. Biologische und physische Gegebenheiten bilden die natürliche Grundlage der menschlichen Umwelt. Ethische, soziale, kulturelle und wirtschaftliche Gesichtspunkte dagegen bestimmen die Ansätze und Instrumente, mit welchen die Menschen ihre Umwelt interpretieren und deren natürliche Ressourcen für ihre Bedürfnisse nutzen können.
2. Umwelterziehung ist das Ergebnis einer Neuorientierung und Verbindung verschiedener wissenschaftlicher Fachrichtungen und pädagogischer Bereiche, durch die ein integrierter Zugang zu den Problemen der Umwelt erleichtert und die Anwendung einer auf die sozialen Bedürfnisse abgestimmten Handlungsweise ermöglicht werden.
3. Ein grundlegendes Ziel der Umwelterziehung ist es, den einzelnen und die gesellschaftlichen Gruppen das komplexe Wesen der natürlichen und künstlichen Umwelt, das sich aus dem Zusammenwirken ihrer biologischen, physischen, sozialen, wirtschaftlichen und kulturellen Aspekte ergibt, verstehen zu lehren . . .
4. Ein weiteres Ziel der Umwelterziehung ist es, die wirtschaftliche, politische und ökologische Interdependenz der modernen Welt deutlich aufzuzeigen . . .
5. Besondere Aufmerksamkeit sollte dem Verständnis für die komplexen Beziehungen zwischen der sozio-ökonomischen Entwicklung und der Verbesserung der Umwelt gewidmet werden . . .
6. Um diese Aufgaben auszuführen, sollte die Umwelterziehung eine enge Verbindung zwischen Erziehungsmaßnahmen und dem wirklichen Leben herstellen" (UNESCO 1979, S. 73/74).

Des weiteren empfiehlt die Konferenz

- „der Schule eine zentrale Aufgabe zuzuweisen und für diesen Zweck systematische Maßnahmen im Primar- und Sekundarbereich zu veranlassen;

– in den Hochschulen das Angebot umweltbezogener Studienmöglichkeiten zu erweitern“ (S. 80).

In Empfehlung 4 wird darauf hingewiesen,

– „daß die menschliche Umwelt ein System darstellt . . .

– daß die menschliche Umwelt wie jedes andere Ökosystem ihre eigene Struktur, Wirkungsweise und Geschichte hat,

– daß die Ursachen für die ökologische Krise tiefer in bestimmten Aspekten dieser sozio-ökonomischen Faktoren zu suchen sind, nämlich
  – in einer mißverständlichen ethischen Auffassung der Beziehungen zwischen Mensch und Natur,
  – in einer dank einem extremen Positivismus erfolgten Unterschätzung einer einheitlichen Natur“ (UNESCO 1979, S. 81).

2.3 Aktivitäten in der Bundesrepublik Deutschland

In Tiflis wurden die Mitgliedstaaten verpflichtet, regionale Nachfolgekonferenzen, welche die Umsetzung des Umwelterziehungsprogramms einführen und an die lokalen Begebenheiten anpassen sollten, und regionale Zentren zu begründen, durch welche die Umsetzung gefördert und gegebenenfalls auch kontrolliert werden könnte.

Bereits 1978 fand die erste Nachfolgekonferenz in München statt.

Es wurden ein Umweltbundesamt in Berlin und eine regionale Zentralstelle in Essen eingerichtet.[12]

Auf der Konferenz in München (1978) wurden die große Verantwortung der Massenmedien herausgestellt und konkrete Forderungen für die Ausbildung von Journalisten, Herausgebern und Produzenten erarbeitet. Der Austausch von Filmen und Produktionsprogrammen zwischen den Ländern wurde verabredet. Auf dem Gebiet der Aufklärung durch die Massenmedien wurden in der Folge ohne Zweifel erhebliche Fortschritte verzeichnet. Auf Nachfolgekonferenzen in den Entwicklungsländern (z.B. 1981 in Neu Delhi) wurden die Sorgen der Dritten Welt, die sich großenteils in Tiflis abstinent verhielt, in den Vordergrund gerückt.

---

12 Bei der regionalen Zentralstelle können gegen Schutzgebühr Berichte und Dokumentationen über Nachfolgekonferenzen, Tagungen, Modellversuche, Schul-, Erziehungs- und Bildungsprojekte nachgefragt werden: Zentralstelle für U.E. Universität Essen-GHS, Fb 9, Universitätsstr. 5, 4300 Essen 1.

„Die Konferenz stellt vor allem fest, daß die Ziele der U.N. Entwicklungsdekaden ebensowenig wie die neue Weltwirtschaftsordnung ohne eine Beschleunigung der Wirtschaftsentwicklung in den Entwicklungsländern erreicht werden können ...

... Während die Hälfte der Erde bzw. zwei Drittel der Weltbevölkerung unterhalb des Existenzminimums lebt, geht der Rest der Welt gedankenlos und verschwenderisch mit den Ressourcen ... um ...

Arme Menschen sind in hohem Maße mit der Erde verbunden. Sie werden Umweltprogramme nur dann unterstützen, wenn sie von ihrem Nutzen für sich selbst überzeugt sind ..." (ZUE-INFO 11 1982, S. 15 f), danach werden viele der Forderungen von Tiflis aufgegriffen.

Das Institut für die Pädagogik der Naturwissenschaften[13] hatte bereits die erste Nachfolgekonferenz von Tiflis in München organisiert und übernahm zentrale Verantwortung für die Entwicklung der schulischen Umwelterziehung in der BRD.

Zu Beginn der achtziger Jahre wurde eine große Zahl von Modellversuchen in unserem Land finanziert (vgl. Bibliographie des Umweltbundesamtes).[14] Die dort erzielten Ergebnisse wurden nicht koordiniert. In einem Versuch in Kassel-Baunatal in der Sekundarstufe z.B. wurde insbesondere der fächerübergreifende Unterricht als tragendes Element der Umwelterziehung erprobt. Es gab in den Ergebnissen dieses Modells Argumente für und gegen eine fächerübergreifende Umwelterziehung in der Sekundarstufe. Nach m.E. wurde ohne die notwendige Stringenz das Projekt für gescheitert bzw. nicht fortführungswürdig erklärt.

Mir scheint, daß hier die nicht diskutierte Windhundrennsituation am Weltmarkt den Ausschlag gab. Um die Nasenlänge Vorsprung am Weltmarkt zu gewinnen oder zu halten, scheint derzeit noch immer die Forcierung von mehr Spezialisierung die größeren Chancen zu bieten.

2.4 Die Einführung der Umwelterziehung in deutschen Schulen

Die Kultusminister nahmen sich auf ihrer 200. Plenarsitzung 1980 der Thematik an. Die KMK betonte in ihrem Beschluß „Umwelt und Unterricht", daß angesichts der bedrohlichen Situation aufgrund steigender Umweltbelastung das Thema Umwelt eine besondere Aufgabe der Schule sei.

---

13 IPN Ohlshausenstr. 62, 2300 Kiel 1. Siehe auch: Veröffentlichungskatalog des IPN.

14 Umweltbundesamt (Hg.): Bibliographie Umwelterziehung, Bezug: UBA/UNESCO, Bismarckplatz 1, 1000 Berlin 33

„Die Schule soll durch Vermittlung von Einsichten in die komplexen Zusammenhänge unserer Umwelt die Probleme aufzeigen, die aus ihrer Veränderung entstehen. Der Mensch ist sowohl Verursacher als auch Betroffener von Umweltveränderungen. Da die von ihm verursachten Belastungen auf ihn zurückwirken, ist er auch verantwortlich für die Folgen der Eingriffe in das System der Umweltbedingungen. Er darf seine Eingriffe nicht allein am kurzfristigen Vorteil für den heute lebenden Menschen orientieren. Er muß in der Verantwortung für die nachfolgenden Generationen die Ausgewogenheit zwischen Aneignung und Nutzung von Naturgütern einerseits und Erhaltung und Schutz der Naturgrundlagen andererseits gewährleisten.

Es sollte versucht werden, durch solche Einsichten ein Umweltbewußtsein zu entwickeln. Nur daraus kann die Bereitschaft erwachsen, Naturgüter verantwortungsvoll zu nutzen und Gefährdungen der Lebensgrundlagen abzuwehren. Erziehung zu Umweltbewußtsein und Umweltschutz kann damit Verständnis und eine positive Einstellung für die zu lösenden Probleme gleichermaßen fördern. Es soll dem Schüler dabei auch deutlich werden, daß zum Schutz der Lebensgrundlagen der Anspruch des einzelnen, sich individuell zu entfalten, mit dem Anspruch der allgemeinen Wohlfahrt in Einklang gebracht werden muß" (KMK 1981, S. 1).

Die KMK nimmt dabei folgende Umweltproblemdefinition vor: Verursacher von Umweltgefährdungen ist der Mensch – er ist gleichzeitig der Betroffene. Deshalb können die Menschen durch Verzicht, höhere Preise und Steuern zur Verantwortung gezogen werden.

Der einzelne und seine Verantwortung werden immer in den Vordergrund gerückt, die staatliche Wirtschaftspolitik wird in der Regel ausgespart, das ist eine Verschleierung. „Das produktionsverursachte und produktionsgefährdende Problem zunehmender Umweltbelastungen wird deshalb umdefiniert: Produktion von Umweltbewußtsein statt umweltverträglicher Produktion" (Becker 1987, S. 12).

Ferner heißt es, die Ziele der Umwelterziehung können: „... an verschiedenen Inhalten in mehreren Fächern oder in fächerübergreifenden Unterrichtsveranstaltungen verwirklicht werden" (KMK 1981, S. 1).

Ein Minimalkanon ist formuliert, die Kultusminister wollen für die Umsetzung Sorge tragen.

„Im Rahmen dieser Ziele soll der Schüler insbesondere

– die durch Verfassung und Gesetz gegebenen Rechte und Pflichten des Bürgers kennenlernen und dadurch bereit werden, an den Aufgaben der Sorge für die Umwelt und des Umweltschutzes mitzuwirken;
– zu einer gezielten Beobachtung und Untersuchung seiner Umwelt bewegt werden;

– Einblick in ökologische Zusammenhänge gewinnen und die Wirkung von Störungen kennenlernen;

– Ursachen von Umweltbelastungen und teilweise nicht wieder rückgängig zu machenden Umweltveränderungen kennenlernen;

– die Verflechtung ökologischer, ökonomischer und gesellschaftlicher Einflüsse erkennen, die zum gegenwärtigen Zustand unserer Umwelt geführt haben;

– erkennen, daß die Erhaltung der Vielgestaltigkeit von Lebewesen und Landschaft nicht nur zur Sicherung der natürlichen Lebensgrundlagen für die gegenwärtige, sondern auch für die zukünftigen Generationen erforderlich ist;

– erkennen, daß Umweltbelastung ein internationales Problem und eine Existenzfrage für die gesamte Menschheit ist und daß Sorge für die Umwelt somit eine internationale Aufgabe darstellt, bei der den hochentwickelten Industriestaaten eine besondere Verantwortung zukommt;

...

– zur Einsicht gelangen, daß verantwortungsbewußtes Handeln des einzelnen und der Gesellschaft notwendig ist, um dem Menschen die Umwelt zu sichern, die er für ein gesundes und menschenwürdiges Dasein braucht;

– erkennen, daß Sorge für die Umwelt die Auseinandersetzung mit Interessengegensätzen einschließt und deshalb eine sorgfältige Abwägung von ökonomischen und ökologischen Gesichtspunkten notwendig ist;

...

Dieser Beschluß tritt an die Stelle des Beschlusses der Kultusministerkonferenz vom 30.9.1953 über Naturschutz und Landschaftspflege sowie Tierschutz“ (KMK 1981, S. 2).

Die KMK folgt damit in sehr verkürzter Form – der Beschluß umfaßt insgesamt nur 1 1/2 Seiten – der Konferenz von Tiflis. Damit ist Umwelterziehung formal in den Schulen der BRD implementiert. Natur- und Tierschutz werden durch das umfassendere Konzept einer Umwelterziehung ersetzt. In Schulen und Unterricht sind Möglichkeiten eröffnet, individuelles Engagement von Lehrern kann sich leichter durchsetzen, jedoch bleibt sonst alles offen.

„Der Katalysator (Umwelterziehung) für die Erneuerung des Bildungswesens“ (UNESCO 1979, S. 58) wird für die Schulpraxis entschärft, die Erneuerung verschoben. Die Kritik des Club of Rome (Das menschliche Dilemma) an den überlieferten Formen des Lernens bleibt ungehört bzw. ungenutzt. Als menschliches Dilemma bezeichnet die Vereinigung den Zwiespalt zwischen einer durch den tatsächlichen oder nur vermeintlichen Fortschritt gesteigerten Komplexität der Konsequenzen unseres wissenschafts-technologischen Handelns und den nicht in gleichem Maße wachsenden Fähigkeiten des Menschen zur Bewältigung dieser Komplexität (vgl. BOTKIN u.a. 1979, S. 11 und 25).

Da die Menschen „sich der Veränderungen, die sie in ihrer Umwelt und in ihren eigenen Lebensbedingungen vornehmen, nicht bewußt sind, wird der Zwiespalt zwischen Mensch und realer Umwelt immer größer" (S. 11). Gefordert wird: die spezialisierten und zersplitterten Hochschulcurricula durch disziplinenübergreifende Themen abzubauen, um so zur Lösung gesellschaftlich relevanter, lokaler Probleme beitragen zu können. In der Konzentration auf lokale Probleme wird eine vergrößerte Chance gesehen, globale Probleme zu identifizieren und einzuschätzen.

Aus pädagogischen Gründen kämpften Peter PETERSEN u.a. schon in den zwanziger Jahren gegen die „Fetzenstundenpläne" und die Zersplitterung des Lernens – auch die neue Chance der Umwelterziehung wird keineswegs konsequent genutzt.

Die Offenheit, die Erneuerungsenthaltung spricht denn auch in gleicher Weise aus den Richtlinien und Lehrplänen der Länder. Selbst der integrative Lernbereich Sachunterricht in der Primarstufe wird in den Lehrplänen meist wieder sauber gesplittet und gegliedert oder zerfetzt. Jedoch mit etwas Interpretationsmut, mit pädagogischer Kompetenz und Umweltengagement können Lehrer zumindest in der Primarstufe und der Sekundarstufe I auch anders unterrichten.

Ab 1982 wird Umwelterziehung als Unterrichtsprinzip in die Richtlinien und Lehrpläne der Länder der BRD aufgenommen. Beispiel NRW: Richtlinien, Sachunterricht 1985: In dem allgemeinen Teil der Richtlinien werden Grundlagen für Umwelterziehung geschaffen: fächerübergreifender Unterricht und Projekte werden empfohlen.

Die Richtlinien beginnen mit Art. 7 der Landesverfassung. Dort heißt es: „Die Jugend soll erzogen werden . . . zur Verantwortung für die Erhaltung der natürlichen Lebensgrundlagen" (RICHTLINIEN 1985, S. 4). Die Grundschule ist die Schule des Kindes, der sozialen Koedukation und ein Ort der Einheit von Erziehung und Unterricht. Von zwölf explizit genannten Bereichen des Sachunterrichts ist einer „Natur": „. . . Naturvorgänge beobachten und erklären, Mitverantwortung für Erhaltung und Pflege von Natur und Umwelt übernehmen . . ." (RICHTLINIEN 1985, S. 12). „Kinder wenden sich Menschen, Tieren, Pflanzen und Sachen zu. Sie beobachten Naturerscheinungen und deuten Sachverhalte der gestalteten Umwelt" (RICHTLINIEN 1985, S. 22).

Aufgabenschwerpunkte werden wie folgt gebildet: „Schule und Schulweg – Zu Hause und auf der Straße – Kleidung und Körperpflege – Essen und Trinken – Pflanzen und Tiere – Arbeitsstätten und Berufe – Werkstoff und Werkzeug – Zeiteinteilung – Ich und die anderen – Mädchen und Jungen“ (S. 27 und 28).

Für die Klassen 1 und 2 gibt es von 32 inhaltlichen Empfehlungen vier, die sich unmittelbar auf Natur beziehen (nicht auf Umwelterziehung):

„Pflanzen und Tiere

- mit Erscheinungsbildern von Pflanzen und Tieren des Heimatraumes vertraut werden;
- Lebensbedingungen von Pflanzen und Tieren kennen und bei der Versorgung beachten;
- die Bedeutung der Pflanzen und Tiere für Menschen einschätzen;
- Gefährdungen kennen, die beim Umgang mit Pflanzen und Tieren auftreten können“ (S. 28).

Für die Klassen 3 und 4 gibt es unter 39 inhaltlichen Empfehlungen drei, die sich auf Umweltthemen beziehen:

„Natürliche und gestaltete Umwelt

- die Abhängigkeit des Menschen, der Tiere und Pflanzen von Umweltbedingungen (Wasser, Boden, Wärme, Licht, Luft) erkennen;
- Möglichkeiten und Grenzen der Anpassung von Pflanzen und Tieren an den Lebensraum feststellen;
- Eingriffe in die Umwelt auf mögliche Folgen für Menschen, Tiere und Pflanzen bedenken; sich umweltbewußt verhalten“ (S. 29).

Bis in die jüngste Zeit schlägt sich die Offenheit und Unbestimmtheit, mit der die KMK die Frage von Umwelt und Unterricht behandelt hat, oftmals nachgerade als Enthaltung in den Lehrplänen nieder. In NRW für die Primarstufe beziehen sich nur 4% (3 von 71) der inhaltlichen Empfehlungen für den Sachunterricht auf Umwelterziehung.

Dies steht ganz im Gegensatz zu der Bücherflut, die gleichzeitig entstand.

Erst im Jahre 1990 erläßt das Land Bayern als erstes Bundesland Richtlinien für Umwelterziehung.

„Sie wenden sich an alle bayrischen Lehrerinnen und Lehrer, nehmen aber auch die Lehrplangestalter sowie die Verantwortlichen in Lehrerbildung und Lehrerfortbildung in die Pflicht“ (Zehetmair 1990, S. 9).

Nachdem die Ziele aus der Landesverfassung spezifiziert wurden, wird besonders darauf hingewiesen, daß

„... Neben der Vermittlung von ökologischem Grundwissen ... es die Hauptaufgabe der Umwelterziehung (ist), bei den Schülern Werthaltungen zu schaffen, wie sie in den obersten Bildungszielen unserer Verfassung zusammengefaßt sind. Auf dieser Grundlage ist das Bewußtsein für Umweltfragen zu wecken und die Bereitschaft für einen verantwortlichen Umgang mit der Natur zu fördern. Die Schüler müssen zu einer ethischen Einstellung gelangen, die den Umweltschutz nicht nur um menschlicher Gesundheit und legitimer Interessen und Bedürfnisse wil-

Richtlinien U. E. (Prozentuale Verteilung)

Unterrichtsfächer		PS	Sek I	Sek II	Berufl. Schulen
Biologie	Sachkunde	57	13	19	12
Erdkunde			13	21	7
Chemie			12	12	5
Physik			4	7	2
Deutsch		10	4	6	7
Kunst		3	5	2	-
Musik		7	2	1	1
Geschichte		-	5	4	6
Wirtschaft / Recht		-	9	12	5
Sozialkunde		-	6	4	14
Hauswirtschaft		-	7	-	-
Arbeitslehre		-	2	-	-
Sport		10	4	6	6
Religion / Ethik		13	7	5	7
Erziehungskunde		-	6	-	-
Philosophie		-	-	1	-
Fremdsprachen		-	1	2	1
Fachlicher Unterricht		-	-	-	27

Tab. 1: Richtlinien für die Umwelterziehung in Bayern (prozentuale Aufteilung auf die einzelnen Fächer)

len als notwendig erachtet, sondern in der zutiefst verankert ist, daß alle Mitgeschöpfe dieser Erde ein Recht auf Achtung und auf Leben um ihrer selbst willen haben" (RICHTLINIEN 1990, S. 178).

Im folgenden werden Umweltthemen den einzelnen Schulfächern zugeordnet.

Entsprechend der Verteilung in Tab. 1 sollen in der Primarstufe 57% der Umwelterziehung in Sachkunde erfolgen. Bezieht man die 15 inhaltlichen Empfehlungen auf den Lehrplan für Heimat- und Sachkunde mit ein, dann sollen mindestens 30% des Unterrichts dieses Lernbereiches explizit Umwelterziehung sein.

Trotz notwendiger inhaltlicher Kritik (es geht in den bayrischen Richtlinien mehr um ein Umweltschutz- denn um ein Konzept ökologischer Pädagogik) stellt der hohe offizielle Stellenwert von Umwelterziehung, der hier erstmals in diesem Umfang ausgewiesen wird, einen beachtlichen Fortschritt dar. Der Versuch der Implementierung einer Umwelterziehung führte zu einem breiten Angebot an didaktischen Materialien. Anregungen und Projektvorschläge, die von einfachen Maßnahmen des Umweltschutzes bis zu ersten Konzepten einer ökologischen Pädagogik reichen:

Auswahl didaktischer Materialien und Handreichungen

HÄFNER, M.: Umweltschutz. Das öko-Testbuch zur Eigeninitiative, Niedernhausen 1987

INSTITUT für ökologische Forschung und Bildung (Hg.): Kommentierte Umweltspieleliste, Hafenweg 26, 4400 Münster o.J.

MUNKER, J.: Die Welt in 100 Jahren. Wie Kinder die Zukunft sehen. Ein Bilderbuch für Erwachsene, Göttingen 1985

ARBEITSGRUPPE Oberkircher Lehrmittel (Hg.): Das AOL-PROJEKT-BUCH. 250 Projekte und Ideen, Reinbek 1986

ARBEITSGRUPPE Oberkircher Lehrmittel (Hg.): Unterrichtsmaterialien Umwelt 2000, Lichtenau 1985

WERBER, B./STÄUDEL, L.: Ökologische Schulerkundung – Materialien für den Unterricht, Marburg 1990

FORKEL, J./LIEDTKE, A.: Anders essen als bisher, Reinbek 1989

GÖPFERT, H. (Hg.): Naturbezogene Pädagogik, Weinheim 1988

BUDDENSIEK, W.: Wege zur Ökoschule, Göttingen 1991

de HAAN, G. (Hg.): Ökologie-Handbuch Grundschule, Weinheim/Basel 1989

GREISENEGGER, I./KATZMANN, W./PITTER, K. (Hg.): Umweltspürnasen (Serie: Wald – Wasser – Boden u.a.), Wien 1987 – 1992

KLEBER, E.W.: Schulgarten-Handbuch (Anwendung der Grundzüge ökologischer Pädagogik), Weinheim 1993

II. Systematische Herleitung einer ökologischen Pädagogik

1. Systematische Problemreflexion und deren Beziehung zur Pädagogik

Die Probleme, die wir in der Welt haben (Mitweltzerstörung), beginnen bereits in der Art und Weise, wie wir elementar der Welt begegnen, in unseren Wahrnehmungsweisen.

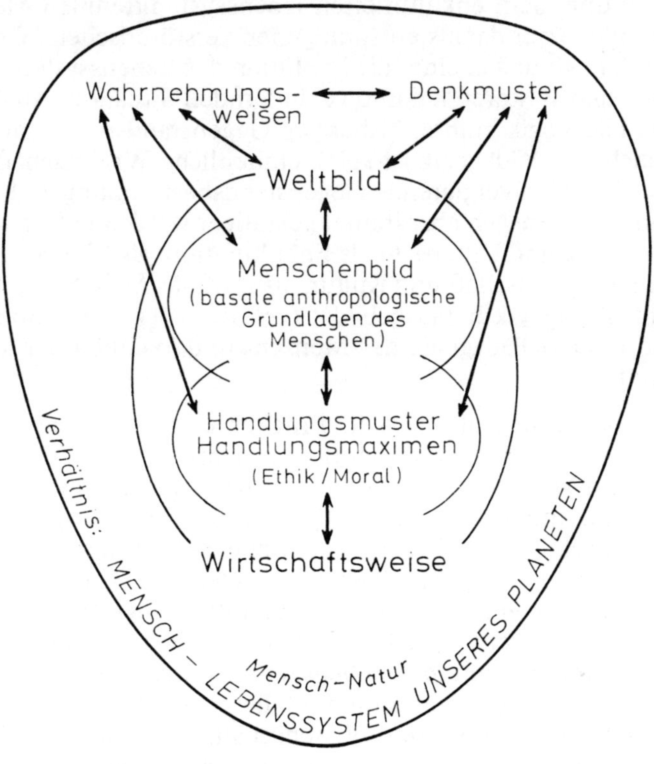

Abb. 5: Die konstituierenden Grundlagen unserer Mitweltprobleme

Das unter bestimmten selektiven Mechanismen Wahrgenommene (vgl. anthropozentrische Perspektive S. 17) verdichtet sich zu Denkschemata bzw. wird in vorliegende Denkmuster eingegliedert. Diese Denkmuster sind etabliert in einem bestimmten Menschen- und Weltbild, sie stabilisieren, richten die Selektivität der Wahrnehmung und bauen das sie tragende Weltbild aus. Das Welt- und Menschenbild in Verbindung mit den ihnen inhärenten Denkmustern führt in einer kaum reflektierten Vernetzung mit den basalen anthropologischen Grundlagen zu Handlungsmustern (bzw. dieses Gemisch wird handlungsleitend). – Von den unmittelbaren Handlungsmustern abgehoben, die basalen anthropologischen Grundlagen gering achtend oder gar negierend, aus dem gleichen Menschen- und Weltbild hergeleitet, doch sittlich aufgerüstet, entwirft die Ethik Handlungsmaximen, welche die Aufgabe haben, allgegenwärtige, nicht als sittlich eingeschätzte Handlungsmuster (dies dürfte die Majorität sein) zu kontrollieren bzw. zu unterdrücken. – Aus diesen Gesamtkräften und Anschauungen entwickeln wir als Menschen im Plural Wirtschaftsweisen, für die zur Kontrolle eine ebenso wenig wirksame Ethik der Ökonomie entwickelt wird.

Beginnend mit der verzerrten Sicht einer anthropozentrisch gerichteten Wahrnehmung, dem enkulturierten lebenssystemfremden Menschen- und Weltbild, einer daraus entsprungenen zerstörerischen Wirtschaftsweise, finden wir uns in einer die Evolution des Lebenssystems unseres Planeten explosiv störenden und verändernden Situation. An dieser arbeitet die Pädagogik in ihrer bisherigen Gegenstandsbestimmung nicht unerheblich mit. Pädagogik ist keine einheitliche Wissenschaft, und es gibt deshalb auch divergierende Gegenstandsbestimmungen. Im letzten Jahrhundert haben sich aber immer geläufiger werdende Vorstellungen über Erziehung und Unterricht als Enkulturation, als Einverleibung des einzelnen in Gesellschaft und Kultur, als zentrale Aufgabenstellung angewandter Pädagogik herausgebildet (vgl. Ruhloff 1992). Somit kultiviert und tradiert Pädagogik das Mensch- und Weltbild der je spezifischen Kultur.

Pädagogik sieht sich als Anwalt, Erhalter und Weiterentwickler der menschlichen Welt, der zivilisatorischen Umwelt, sie versteht sich in überzogenem Maße oft als eine treibende Kraft der „Evolution“ der Kultur (vgl. S. 16) und der Durchsetzung der fundamental angelegten Freiheit des Menschen. Dazu bedarf es der Beherrschung der Natur bzw. der Unterschlagung deren nicht zu beherrschender Determinanten, um dem Heranwachsenden eine Offenheit an Zukunft zu suggerieren, die er zur Einlösung seiner Freiheit, seiner Selbstverwirklichung braucht. Da der Mensch als Komponente des Lebenssystems unseres Planeten sich zu diesem nicht nicht verhalten kann und dieses für Pädagogik als persönlichkeitsbildende Methode und Wissenschaft, bisher auf den Menschen und seine Kultur fixiert, auch gilt, kann dieses Verhältnis für die Evolution unseres Lebenssystems, bezogen auf uns, kein konstruktives sein

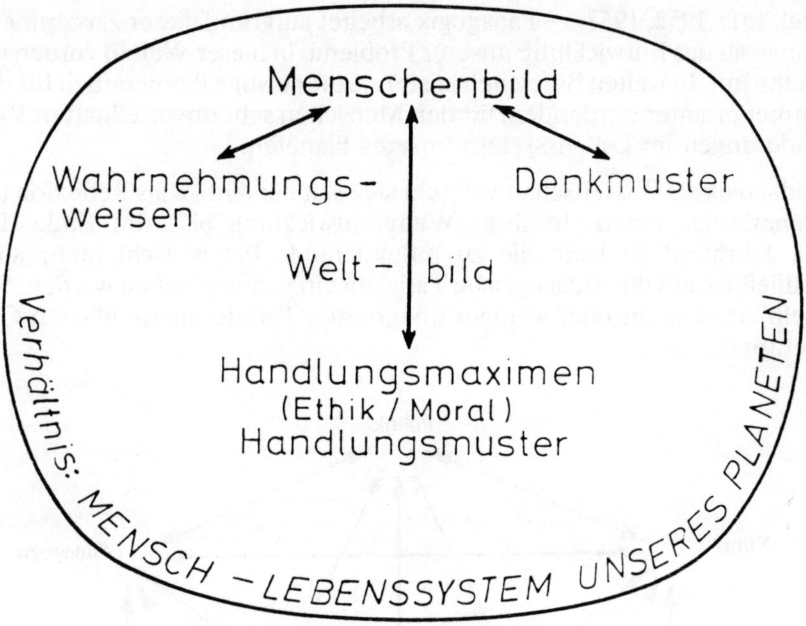

Netzwerk der Aufgabe der Pädagogik

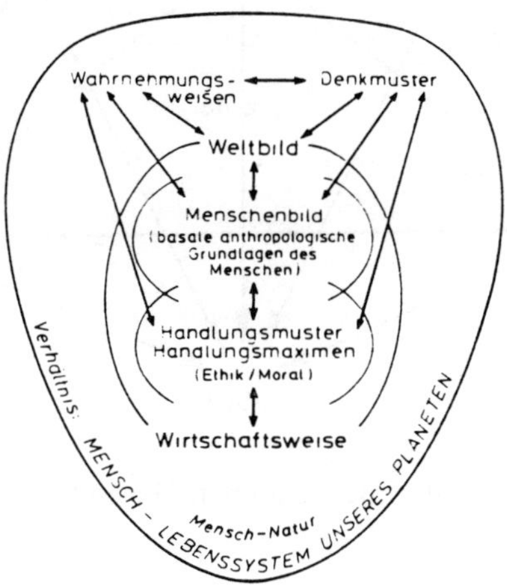

Netzwerk der Mitweltprobleme

Abb. 6: Pädagogische Aufgabe und unsere Mitweltprobleme

(vgl. LITT 1952, 1957). – Pädagogik arbeitet aufgrund dieser Zusammenhänge an der Entwicklung unserer Probleme in dieser Welt in vorderster Reihe mit. In weiten Bereichen leistet sie die geistige Pionierarbeit für die immer rasanter werdenden, für den Menschen sehr unvorteilhaften Veränderungen im Lebenssystem unseres Planeten.

Pädagogik als Wissenschaft versteht sich seit der Antike als Reflexion erzieherischer Praxis. In ihrer Weiterentwicklung bis zum Ende des 20. Jahrhunderts kann die zu reflektierende Praxis nicht mehr ausschließlich auf die pädagogische Tätigkeit eingeengt gesehen werden. Sie stellt einen mehr oder weniger integrierten Teil der menschlichen Gesamtpraxis dar.

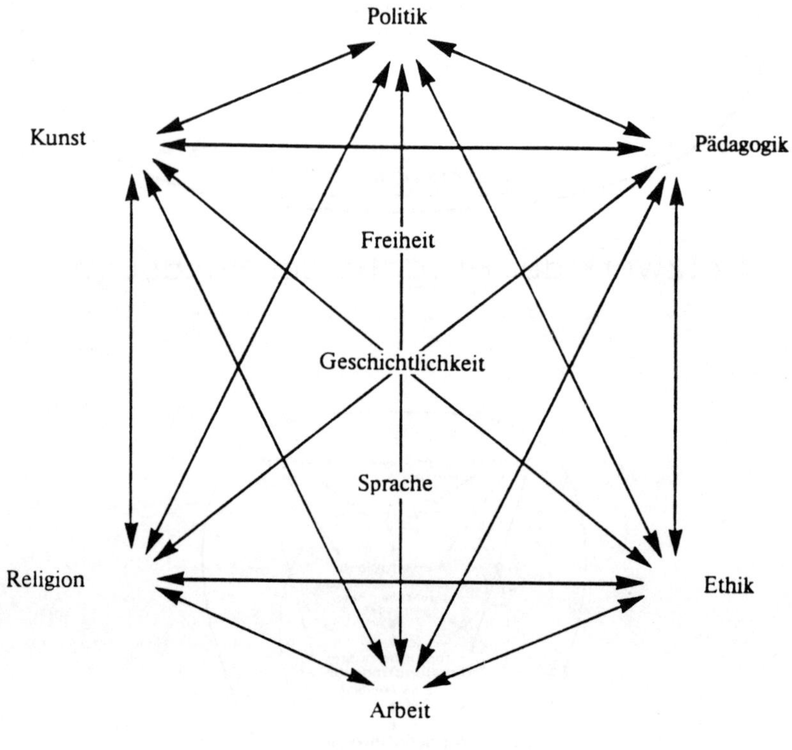

Abb. 7: Strukturschema der menschlichen Gesamtpraxis (n. BENNER 1983, S. 288)

Die Fragestellungen der Pädagogik resultieren aus der Praxis und sind auch auf Praxis zurückgerichtet.

Auf diesem Hintergrund formuliert BENNER (1983) vier aus der pädagogischen Tradition und Theoriebildung hergeleiteten Prinzipien pädagogischer Fragestellungen.

1) Der Mensch ist als ein Wesen aufzufassen, das gleichermaßen bildungsbedürftig und bildsam ist.

Darin liegt die Möglichkeit der Freiheit über die Notwendigkeit der Selbstbestimmung, das Fundament einer Emanzipation von Herrschaft durch das Unabhängigwerden von Natur.[15]

2) Aufforderung zur Selbständigkeit

ist die notwendige Folgerung zur Aktivierung der o.g. Möglichkeit.

3) Überführung der gesellschaftlichen Determinanten in pädagogische Determinanten.

Erziehung inmitten der gesellschaftlichen Praxis unterliegt in vielfältiger Weise der Determination durch die Gesellschaft, der Erzieher schrumpft unter diesen Bedingungen fast bis zur Bedeutungslosigkeit. Deshalb wurde wiederholt versucht, Erziehung und Gesellschaft zu trennen.

Die Utopie, die gesellschaftlichen Determinierungen des Bildungsprozesses und Bildungsgeschäftes durch das Auswandern des Heranwachsenden und seines Lehrers in eine „pädagogische Provinz" (GOETHE 1795/1954) aufzulösen, scheint heute uneinlösbar und gar eine unangemessene Lösungsstrategie. Pädagogik würde dann zu einer kompensatorischen Tätigkeit verkümmern – nur die Überführung scheint ein kritisch-pädagogischer Weg. Überführung der gesellschaftlichen in pädagogische Determinanten heißt:

- Widerstand gegen die den pädagogischen Berufen zugemuteten Aufgaben;
- die Gesellschaft nicht von der Aufgabe, selber erzieherisch zu sein, zu entlasten;
- Pädagogen und Heranwachsende sollten im Gegenteil diese Aufgabe von der Gesellschaft einfordern.

Die Überführung ist nur möglich, wenn die pädagogische Praxis in die anderen Richtungen menschlicher Gesamtpraxis auf die sittliche, ökonomische, religiöse, künstlerische und politische hin kritisch über-

15 FICHTE formuliert dies in idealistischer Tradition als den „menschlichen Trieb zur Freiheit" und als „Bestimmtsein des Menschen zur Selbstbestimmung" (FICHTE 1962, S. 37).
HERBART faßt es in seinen Begriff der „Bildsamkeit" (HERBART 1965, S. 165 f); „Emanzipation, Freisetzung und Entbindung der Einzelnen" nach (BALLAUFF 1984, S. 341).

schritten wird und die ökonomische Determination, welche den Primat beansprucht, gebrochen wird. Sie ist nur in Verbindung mit dem vierten Prinzip möglich.

4) Konzentration der menschlichen Gesamtpraxis auf die Aufgabe der Höherentwicklung der Menschheit

Wie läßt sich eine ökologische Pädagogik, deren Grundzüge hier entwickelt werden sollen, dieser pädagogischen Systematik zuordnen?

	Individuelle Seite	Gesellschaftliche Seite	*Ökologische Seite*
A) Theorie der Erziehung	2) Aufforderung zur Selbständigkeit	3) Überlieferung gesellschaftlicher in pädagogische Determination	*5) Überführung biologisch/planetarischer in eine pädagogische Determination*
B) Theorie der Bildung	1) Bildungsbedürfnis und Bildsamkeit	2) Konzentration der menschlichen Gesamtpraxis auf die Höherentwicklung der Menschheit	*6) Konzentration der menschlichen Gesamtpraxis auf die Aufgaben des 'Mitlebens'*
			C) Theorie einer Ökologischen Pädagogik

Tab. 2: Prinzipien pädagogischer Fragestellungen

Zur systematischen Klärung des Verhältnisses ökologische und tradierte Pädagogik wird die Prinzipienmatrix (Tab. 2) um eine Spalte erweitert; zusätzlich zur individuellen und gesellschaftlichen – wird die ökologische Seite hinzugefügt.

Dann ist das *5. Prinzip* durch die Überführung der planetarisch/biologischen- bzw. Lebenssystemdeterminanten in pädagogische Determinanten gekennzeichnet. Bisher ist Pädagogik aus dem Lebenssystem unseres Planeten ausgewandert in eine ‚pädagogisch-gesellschaftliche Provinz' für die der Planet nur ein neutraler Ort und Steinbruch ist.

Das *6. Prinzip* wird durch die Konzentration der menschlichen Gesamtpraxis auf die Aufgabe des ökologischen Konzeptes des Mitlebens im Lebenssystem unseres Planeten bezeichnet.

Danach zeigt nun Tab. 2 drei theoretische Ansätze: A) die Theorie der Erziehung, B) die Theorie der Bildung und C) die Theorie einer ökologischen Pädagogik.

Selbstverständlich kann eine noch zu entwickelnde Theorie einer ökologischen Pädagogik zu den beiden anderen Theorien nicht additiv sein. Hierauf wird nach der systematischen Entwicklung von Grundzügen einer ökologischen Pädagogik aus ökologisch-pädagogischem Denken noch näher einzugehen sein.

Eine erste Annäherung an das komplexe Netz der Problemgrundlagen kann über die kritische Auseinandersetzung des Verhältnisses Mensch : Natur erfolgen.

Ökologische Pädagogik will nicht weiter detailliertere Umweltbewußtsein produzieren, sondern ein neues Verhältnis Mensch-Natur begründen. Dies ist ihre zentrale Aufgabe. Aus der kritischen Analyse dieses Verhältnisses, vorherrschender Weltbilder, des menschlichen Handelns, im Rahmen von Ethik und Moral sucht sie Strategien für Umdenken, Verstehenlernen und Kontrolle des menschlichen Handelns. Hierzu werden in den folgenden Kapiteln Grundzüge einer ökologischen Pädagogik entwickelt. Diese Grundzüge können dann für pädagogisch praktisches Handeln, für menschliches Handeln allgemein und für eine Weiterentwicklung ökologischer Pädagogik sowie eine kritische Überprüfung der Leitziele der Pädagogik allgemein verwendet werden.

2. Das Verhältnis Mensch – Natur[16] und der lange Weg zu einer ökologischen Pädagogik

Der Mensch, eine in der Evolution unseres Lebenssystems aufgetauchte Komponente dieses Systems, steht notwendigerweise in einem bestimmten Verhältnis zum Lebenssystem des Planeten, der Natur. Er kann sich der Natur gegenüber nicht „nicht verhalten“. Im Laufe seiner Geschichte war dieses Verhältnis oft mit starken Affekten belegt. Es reichte von Furcht und existentieller Angst über Gleichgültigkeit, Liebe und Haß und war dann wieder von hohen Erwartungen (von Heilserwartungen) erfüllt.

Je in Abhängigkeit von seinem vorherrschenden Verhältnis zur Natur hat der Mensch Kulturprogramme entwickelt, die nicht selten auch als Konzepte zur Angstreduktion und als therapeutische Programme aufgefaßt werden können. Solche Programme sind gleichzeitig Heils- und Überlebenskonzepte und bezeichnen Abschnitte der menschlichen Geschichte in der kulturellen Evolution.

16 Zu einer detaillierten Geschichte ökologisch bedeutsamer Naturvorstellungen (in deutschen Bildungskonzepten) s. TROMMER 1990.

2.1 Das schamanische Konzept: Beschwichtigung und Beschwörung der Natur

Das früheste solcher Kulturprogramme war durch die Emotionen Furcht, Angst, Unterlegenheit und Verehrung gekennzeichnet.

Der Mensch stand in der Frühzeit einer übermächtigen Natur gegenüber, in deren Vernetzungen er bestehen mußte. Er war deren oft völlig unerklärlichen Kräften ausgeliefert und mußte sich ständig gegen die Natur insgesamt und seine Mitbewerber im besonderen behaupten. Bedrohliche Ereignisse und kleinere Naturkatastrophen wie auch Krankheiten erfüllten ihn mit Furcht und existentieller Angst, und er suchte nach Hilfsmitteln zu deren Bewältigung.

Den für ihn nicht erklärlichen Kräften der Natur begegnete er mit Anthropomorphisierung – er erklärte sie sich vermenschlicht als übermächtige Personen. So legte er über die objektive Welt der Natur eine Geisterwelt (als einem mächtigen Analogon zur Menschenwelt), mit der er dann in Kontakt treten konnte. So kam der Dualismus in die Welt, und die Menschen hatten sich eine Gelegenheit geschaffen, jetzt mit den Naturkräften, d.h. mit der Geisterwelt, in Verhandlung treten zu können.

Sie entwickelten ein zunehmend differenzierter werdendes Programm für den Verkehr mit der Natur-Geister-Welt. Das Programm war angelegt, die Natur (bzw. deren Geister) zu beschwichtigen, durch Geschenke (Opfer) und Beschwörung deren Wohlwollen und Duldung zu gewinnen. Die wachsende Kompliziertheit machte bald Vermittler bzw. Experten für die richtige und erfolgreiche Durchführung der Kommunikation mit der „Natur“ nötig. Der Schamane trat auf den Plan, und neben der diffusen Herrschaft der Natur und der unmittelbaren physischen Überlegenheit der Hordenführer wurde ein neues Herrschaftssystem auf der Basis des Wissens und der Überlieferung, ein mächtiges Kulturprogramm begründet.

Das Verhältnis des Menschen zur Natur war damit ein dualistisches, ein unmittelbares und mittelbares geworden. Im unmittelbaren reagierte er mit Anpassung, im mittelbaren versuchte er mit Beschwichtigung, Beschwörung und Opfern sein Heil zu suchen und sein Überleben und das der Art zu sichern.

Mit der Begründung einer dualistischen Abbildung der Natur bzw. Welt war die Möglichkeit eröffnet, sich aus der Herrschaft der Natur zu befreien, indem sich der Mensch auf die Seite der Geister schlug, er sich in die Geist-Welt definierte (seine Sonderstellung in der Natur begünstigte dies). Der Höhepunkt dieser Entwicklung ist in dem religiös-klösterlichen Konzept zu sehen.

2.2 Das religiös-klösterliche Konzept: Negation der Natur

Die vorherrschenden Emotionen sind Ablehnung und Gleichgültigkeit bis Ignoranz und Überheblichkeit.

Der Mensch tritt in diesem Kulturprogramm in ein verkehrtes Verhältnis zur Natur. Er überwindet die Natur, indem er sie negiert. Er ist nicht von dieser Welt, oder sein Heil liegt jenseits dieser Welt; die Unbilden der Natur verlieren dadurch ihre Bedeutung – sein Leib kann zwar, da letzterer naturgebunden bleiben muß, aufgrund der Herrschaft der Natur untergehen, aber das bedeutet nicht das Verderben, sondern es bedeutet jetzt Erlösung. Die Herrschaft der Natur über den Menschen löst jetzt weniger Ängste aus, bzw. die durch sie ausgelösten Ängste werden durch das Bewußtsein der Geistigkeit entkräftet bzw. beseitigt. Jedes der Kulturprogramme zum Heil bzw. Überleben der Menschheit ist auch immer und zuallererst ein therapeutisches Programm zur Überwindung der Angst. Ängste dürften außer in Kriegen in den Ansammlugnen der Menschen, den frühen Städten, und dem damit in Verbindung stehenden regelmäßigen Ausbruch von Seuchen, in der Seuche- und Sterbezeit, ein für uns heute kaum vorstellbares Ausmaß angenommen haben, das Ausgeliefertsein des Menschen war total. Wirksame Programme gegen diese Ängste waren gefragt, und nachdem der Dualismus in der Welt war, feierten Programme mit dem Versprechen einer besseren Welt, frei von den Grausamkeiten der Natur, einer Gegenwelt zu der natürlichen, Triumphe.

Das religiös-klösterliche Konzept hat in den verschiedenen Religionen sehr unterschiedliche Ausprägungen erfahren. Es ist im Buddhismus noch mit dem Schamanischen verknüpft und sehr viel naturnäher.

Das Verhältnis des Menschen zur Natur ist aber letztlich in diesem Konzept durch das Überwinden der Natur, durch ihre Negation durch die Negation der Welt und das völlige Ausrichten des Menschen auf die jenseitige, die geistige Welt, bezeichnet. Am prägnantesten wird dieses Verhältnis in der christlich-pietistischen Ausprägung sowie bei den „Ersten Baptisten“ in den USA oder Gruppierungen wie den Zeugen Jehovas.

Aus dieser religiösen Perspektive wird die Welt zu einem Jammertal, und je früher diese Welt (das Lebenssystem unseres Planeten) zerstört sein sollte, desto besser, denn erst dann und nur dann erscheint das „ewige Reich“. Der unter dieser Perspektive religiöse Mensch braucht sich folgerichtig nicht an der Zerstörung zu stören.

Im Calvinismus erfolgte eine Neukalibrierung des Verhältnisses Mensch-Natur – die Natur wird jetzt im Sinne eines Gottesdienstes, d.h. zur Ehre Gottes, ausgebeutet. Gotteswohlgefälligkeit zeigt sich öffentlich an dem Menschen durch von Gott gegebenen weltlichen Reichtum. Die Problematik des ausbeuterischen Verhaltens und dessen Konsequenz „Reichtum“ wird dadurch verbrämt, daß er mit einer religiösen, moralischen und sozialen Verpflichtung belegt wird. Nach dem Motto: Gott schenkt uns (den Reichen) die Armen, damit wir Wohltätigkeit üben und dadurch in den Himmel eingehen können. Je größer die Ausbeutung, desto gottgefälliger das Leben. Ausbeutung wird umgedeutet. Der Reiche, der Grundbesitzer oder Fabrikant beutet nicht aus – er gibt seinen Mitmenschen Arbeit und Brot – er sorgt gewissermaßen in Vertretung Gottes für die Armen.

Wurden zunächst im religiös-klösterlichen Kulturkonzept die Natur negiert und das Heil im Jenseits gesucht, war die Natur, als Jammertal, zunächst eine unvermeidliche überharte Prüfung der Geduld, so wurde sie im folgenden instrumentalisiert zu einem Mittel für das Heil, bereits im Diesseits und endgültig im Jenseits. Damit war ein neuer Anspruch auf Beherrschung und Unterwerfung der Natur begründet (vgl. „Puritanismus“ bei AMERY 1972, S. 97 f).

2.3 Das naturwissenschaftlich-technologische Zivilisationskonzept: Kampf gegen die Natur bis zur Eliminierung

Die in diesem Konzept vorherrschenden Emotionen im Verhältnis des Menschen zur Natur sind Gleichgültigkeit und Ablehnung – gestützt durch Ignoranz und Überheblichkeit.

Hatte PROTAGORAS den Menschen, um ihn aus Unterdrückung und/oder Fatalität zu befreien, zum Maß aller Dinge erhoben und damit die Herrschaft des Olymp gebrochen, die Götter entthront, so trat damit der Mensch notwendigerweise, wenn auch in modifizierter Form, an die Stelle der Götter, – er wurde selbst zum Kreator. Kreativ und befreit, wurde es seine Aufgabe, sich zu vervollkommnen und der Welt ihren Sinn zu verleihen. Im jüdisch-christlichen Denken begegnen wir dieser Bestimmung als einer Interpretation der „Ebenbildlichkeit Gottes“ und der Unterordnung der Schöpfung. In jüdisch-christlich-griechischer Tradition, säkularisiert im Menschenbild der Renaissance, treten die „Freiheit des Menschen“ und die „Offenheit seiner Zukunft“ sowie seine, die anthropozentrische, Sinnschöpfung der Welt in den Mittelpunkt des Denkens und somit auch ins Zentrum der Bildung (vgl. de HAAN 1985, S. 41 f).

Die Freiheit des Menschen, zu der eine offene Zukunft notwendig ist, in der seine Selbstverwirklichung realisiert werden kann, ist zuallererst einmal die Loslösung aus seiner „Natürlichkeit“. Sie impliziert entweder Jenseitigkeit oder Naturbeherrschung, die totale Unterwerfung der Natur.

Auf der Grundlage der Idee der Befreiung des Menschen in Verbindung mit der Säkularisation des religiös-klösterlichen Konzeptes brachten die

Entwicklung der analytischen Naturwissenschaften und die aus deren Anwendung entstehende Technologie die Mittel zur Unterwerfung der Natur.

Der Mensch kann nun, erstmals in seiner Gechichte aus dem Mangel und seiner Abhängigkeit von der Natur befreit, sich eine ständig wachsende künstliche Welt (eine diesseitige gut funktionierende Gegenwelt), die zivilisatorische Umwelt des Menschen, schaffen, die durch exzessiven Konsum und ansteigende Entfremdung von der Natur gekennzeichnet ist. Durch Beherrschung der Natur scheint das Paradies auf Erden greifbar nahe.

Das Überleben der Menschheit wird durch technologischen Fortschritt gesichert, die totale Ablösung vom Lebenssystem des Planeten wird Programm – das Überleben des Individuums (Abschaffung des Todes) ist gängige, auch naturwissenschaftliche Phantasie –, ewige Jugend wird konkrete Utopie, an deren Verwirklichung nicht mehr nur Alchimisten, sondern auch gediegene Naturwissenschaftler arbeiten.

Das bedeutet Kampf gegen die Natur bis zu ihrer Eliminierung und die Schaffung einer technologischen Gegenwelt, einer bequemen Welt außerhalb einer grausamen Natur. Die „schöne Natur" ist die exotische, von Landschaftsarchitekten geschaffene Parklandschaft mit blühenden Pflanzen à la mode – viel teppichweichem saftig grünem Rasen, der am Tropf hängt, natürlich insektenfrei und gefegt (siehe Kurparks und Gelände teurer Touristen-Ressorts oder Vorstadt-Vorgärten).

Es gibt viele Anzeichen dafür, daß wir derzeit in eine Übergangsphase eingetreten sind. Das bisher vorherrschende Kulturprogramm (naturwissenschaftlich-technologisches Zivilisationskonzept) reicht nicht mehr aus – ja, noch schlimmer, es ist selbst überwiegend für die Probleme, in die wir uns gebracht haben, verantwortlich. Das Aufgeben eines tradierten Kulturprogramms ist in jedem Fall ein enorm schwieriges und nicht ungefährliches Unterfangen. Wenn es durch Herrschaft und Tradition nicht mehr gesichert ist, wird es weiterhin durch die Trägheit der Menschen aufrechterhalten. Die letztere stellt eine um so größere Macht dar, je größer die Bequemlichkeit war, die durch das vorherrschende Programm geboten wurde. Die den Wechsel auslösenden Ängste müssen groß bzw. der Schatten der Zukunft muß unübersehbar und mächtig sein, wenn eine Ablösung erfolgen soll. Übergangsphasen sind Zeiten für Propheten – Zeiten der Rückwendung zu älteren Kulturprogrammen: „Neoschamanismus in den 80er Jahren" (vgl. GENGLE 1983), Jugendsekten, neue Mystik u.ä., – Zeiten der Suche, der Verirrungen, der militanten Restauration und, hierauf beruht unsere Hoffnung, der Neuentwicklungen für die Problemlösung.

2.4 Übergang oder Untergang: Rehabilitation der Natur in unserem Bewußtsein

Das Heil der Menschheit und ihr Überleben wurden in diesem Jahrhundert jäh in Frage gestellt!

Nach zwei Weltkriegen und dem dabei Offenbarwerden eines bis dahin unvorstellbar hohen Entwicklungsstandes der weltweiten Waffentechnologie waren die plötzliche und sofortige Zerstörung der gesamten menschlichen Kultur und die Ausrottung allen höheren Lebens mögliche Realität geworden. – Die menschliche Existenz auf diesem Planeten war durch den Anbruch des Atomzeitalters das erste Mal innerhalb des naturwissenschaftlich-technologischen Zivilisationskonzeptes fraglich geworden. Bildung als unendlich gedachter Fortschritt zur Vollkommenheit wurde nach Auschwitz und den Kriegsereignissen suspekt. Aus den kaum noch erträglichen Vernichtungsängsten, zu deren Unterdrückung die dem Menschen evolutionär eignende Illusionsfähigkeit (vgl. Verbeek 1990, S. 206 f) nicht mehr ausreichte, folgte die Konstruktion einer Friedenserziehung als die unmittelbare Antwort auf die neue globale Gefahr für das individuelle Leben und das Überleben der Menschheit.

Sobald der Schatten der Zukunft in Gestalt des drohenden finalen Weltkrieges verblaßte, wurde erst die gesamte Gefahr unseres rasanten technologischen Fortschritts und unseres ökonomischen Gebahrens erkennbar. Die Konsequenzen unseres Krieges gegen die Natur warfen ihre ersten Schatten in Gestalt von regional begrenzten Katastrophen voraus, und wir haben zu lernen, daß die meisten regionalen Katastrophen sehr wohl auch globale Auswirkungen haben. Die Gefahr für das individuelle Leben und das Überleben der Menschheit auf dem Planeten ist auch ohne Ausweitung der Kriege und ohne Waffeneinsatz unübersehbar. Als unmittelbare Antwort erfolgte alsbald die Konstruktion einer Umwelterziehung.

Friedens- und Umwelterziehung als unmittelbare Antworten auf die neuen akuten globalen Gefahren sind erste Ansätze, oft nur auf der Ebene von Notreparaturprogrammen für ein neues Kulturkonzept, welches das naturwissenschaftlich-technologische Zivilisationskonzept ablösen könnte. – Es ist nicht mehr ernsthaft zu diskutieren, ob wir das alte, vorherrschende Kulturprogramm halten können oder halten wollen. Wir müssen ein neues ökologisches Programm entwickeln, dabei sind wir bei Strafe des Untergangs zum Erfolg verurteilt.

Das neue, folgende Programm, welches nun demjenigen der Beherrschung der Natur und dem Kampf gegen die Natur folgen könnte, möchte ich mit „Rehabilitation der Natur“ bezeichnen. Gemeint ist die Rehabilitation der Natur im Bewußtsein des Menschen. Die vorherrschenden Emotionen im Verhältnis Mensch-Natur könnten sein: Akzeptanz und Verständnis. Die generelle Aktion wäre dann Kampf für die Natur. Doch ist vorerst, während sich ein Übergang heraus aus dem naturwissenschaftlich-technologischen Zivilisationskonzept andeutet und es ganz und gar fragwürdig ist, ob die Menschheit den Übergang schafft, das neue ökologische Kulturprogramm nur schattenhaft erkennbar.

Im Bereich der Bildung sind die Ansätze der Friedens- und der Umwelterziehung zu einer ökologischen Pädagogik weiterzuentwickeln.

	Zentrale Begriffe im Titel		
	Umweltschutz	Umwelterziehung	Naturbezogene Päd. Ökopädagogik Ökologische Päd.
Zeiträume: 1970 bis 1974	●●		
1975 bis 1979	●●●●	●●●●●●	
1980 bis 1984	●	●●●●●●●●●●●●	●●
1985 bis 1989	●●	●●●●●●●●●●●	●●●●●●
1990 und danach		●●●●	●●●
Autoren	MAASEN LUFT PHILLIPP SEYBOLD WINKEL BECKER SCHALLIES	UNESCO JANSSEN/MEFFERT BOLSCHO EULEFELD BECK SEYBOLD KLEIN SCHMACK KOCH WINKEL LOB GESING MIETHAMMER	KÖTZLI BEER de HAAN KLEBER GÖPFERT GUDJONS BUDDENSIEK

Abb. 8: Trends in der Formulierung von Buchtiteln (Schwerpunktsetzung der Autoren)

2.5 Vom Umweltschutz zur ökologischen Pädagogik: Kampf für die Natur – Frieden mit der Natur?

Umwelterziehung ist zunächst einmal Ausweitung des Umweltschutzes. Das Oberflächenphänomen ist: Unsere Mitwelt/Umwelt geht mehr und mehr kaputt, ihre selbstregulierende Kraft scheint nicht mehr auszureichen; sie erscheint schwach, schutzbedürftig. Wir müssen sie schützen, mehr schützen. Die Publikationsflut, die seit der ersten programmatischen Konstruktion der Einbeziehung der Umwelt in die Erziehung an die Schultüren schwappt, weist bereits in der Titelformulierung einen darüber hinausführenden Trend aus.

Von 1970 bis 1979 befaßt sich eine Reihe der Publikationen mit Umweltschutz im Unterricht. Ab 1975 überwiegen die Titel mit Umwelterziehung. Diese Entwicklung wird durch die weltweiten Konstruktionsbemühungen um eine Umwelterziehung (vgl. UNO-Programme und -Konferenzen) gestützt. Ab 1984, noch auf dem Höhepunkt der Umwelterziehungstitel, tauchen dann neue Titelformulierungen auf:

Ökopädagogik, Naturbezogene Pädagogik und ökologische Pädagogik.

Ökopädagogik und Naturbezogene Pädagogik befassen sich zunächst mit der natürlichen Umwelt des Menschen als zentraler Erziehungsaufgabe: „Aufstehen gegen den Untergang der Natur" (BEER/de HAAN 1984). BEER und de HAAN fragen, ob die übliche Konstruktion Umwelterziehung nicht nur ein weiteres Mittel für die Perfektionierung der Naturbeherrschung sei (vgl. S. 78 f).

Die „Naturbezogene Pädagogik" will dem jungen Menschen die Natur als etwas Faszinierendes und Schönes erschließen. „Sie vermittelt Kindern und Jugendlichen die Erfahrung, daß dieser Bereich der Wirklichkeit zu ihrer täglichen Lebenswelt gehört, in der sie stets Neues beobachten und erleben, in der sie sich wohl, ja, glücklich fühlen" (GÖPFERT 1988, S. 128). Sie sieht den „... Menschen zwischen Haß auf die Natur und Sehnsucht nach der Natur" (GÖPFERT 1988, S. 129). Naturbezogene Pädagogik gibt sich kritisch und romantisch. – Die Ökopädagogik geht weiter in ihrer kritischen Haltung und ihren Zielsetzungen. Sie setzt sich für die Ablösung des naturwissenschaftlich-technologischen Zivilisationskonzeptes ein.

„Ökopädagogik heißt dann, den Lernenden ihre eigene Zukunftshoffnungen zur Prüfung aufzugeben. Ökopädagogik heißt dann auch, diese Entwürfe der Lernenden dort zu kritisieren, wo in ihnen die Naturbeherrschung nur fortgesetzt wird. Ökopädagogik schließt damit ein, den Lernenden die Möglichkeit einer Wissenschafts- und Technikkritik ebenso zu bieten wie eine Aufklärung über die Geschichtlichkeit von Natur und Gesellschaft, Aufklärung über die Aufklärung zu betreiben.

Ökopädagogik heißt letztlich, die Lernenden zu unterstützen bei der Suche nach dem Neuen, das dem Untergang entkommt" (BEER/de HAAN 1984, S. 91).

Mit dieser Zielbeschreibung sind wir bei der „ökologischen Pädagogik" angelangt. Eine klare begriffliche Trennung liegt nicht vor.

In einigen Fällen tendiert die Ökopädagogik zu einem krassen Naturalismus. „In der Ökopädagogik wird hingegen tendenziell jegliche Differenz zwischen Mensch und Tier verwischt" (Beer/de Haan 1984, S. 84). Die „ökologische Pädagogik" darf meiner Auffassung nach die anthropozentrische Interpretation der Natur nicht negieren, sondern muß sie ständig kritisch im Bewußtsein halten und den anthropozentrischen Normen dieses überhaupt nicht auf den Menschen angewiesenen Lebenssystems planetarisch/biozentrische Normen als notwendigen Lebensrahmen und weiterreichende Wertbestimmung entgegensetzen.

Ökologische Pädagogik hat demnach ihren Schwerpunkt im Verstehenlernen des Lebenssystems dieses Planeten und des Mitlebenlernens in diesem System; hierzu ist der erste Grundzug: Verschränkung planetarischer und anthropozentrischer Perspektiven notwendig. Ökologische Pädagogik kann dabei Umwelterziehung aufnehmen, sie muß sie aber überschreiten. – Sie sollte entsprechend dem sechsten Grundzug: globale Mitverantwortung als Fakt des unentrinnbar Eingebundenseins auch die Friedenserziehung mit einbeziehen. Da das Verhältnis des Menschen zur Natur bisher überwiegend von Ignoranz und Gleichgültigkeit bestimmt war, geht es in der Übergangsphase, in der wir uns befinden, der ökologischen Pädagogik zuallererst um das Verstehenlernen des Lebenssystems unseres Planeten und des Mitlebenlernens in diesem System. Im Vordergrund steht zunächst die Ökologie als Wissenschaft von den Beziehungen des Organismus zur umgebenden Außenwelt (Haeckel 1866, S. 286) als Zugang des Verstehens des Lebenssystems unseres Planeten.

Die Synökologie, die sich mit heterotypischen Organismenkollektiven in ihrer Beziehung zur Mit- und Umwelt befaßt (Biozönose), verdient besondere Beachtung, denn in die heterotypischen Organismenkollektive hat sich der Mensch einzuordnen, wenn er *Mitleben* lernen will. Weiterhin ist die sogenannte holographische Stufe[17], auf der die Ökologie die biotischen und abiotischen Wechselbeziehungen in der gesamten Biosphäre erforscht, von großer Bedeutung für das Verstehen des Lebenssystems unseres Planeten.

Erst auf dem Hintergrund des Verstehens des Lebenssystems unseres Planeten (verkürzt: Natur) kann bei anthropozentrischer Betrachtung

---

17 Der Limnologe A.F. Thienemann (Hydrobiol. Inst. Phön) hatte bereits 1926 die ökologische Forschung in drei aufeinander aufbauende Stufen gegliedert.: Die idiographische Stufe, auf der die Angehörigen einer Art betrachtet werden, die zönographische Stufe mit den Biozönosen und die holographische Stufe, auf welcher die biotischen und abiotischen Wechselwirkungen der Biosphäre untersucht werden. Lovelock (1991) verlangt dafür eine neue Wissenschaft, eine Geophysiologie.

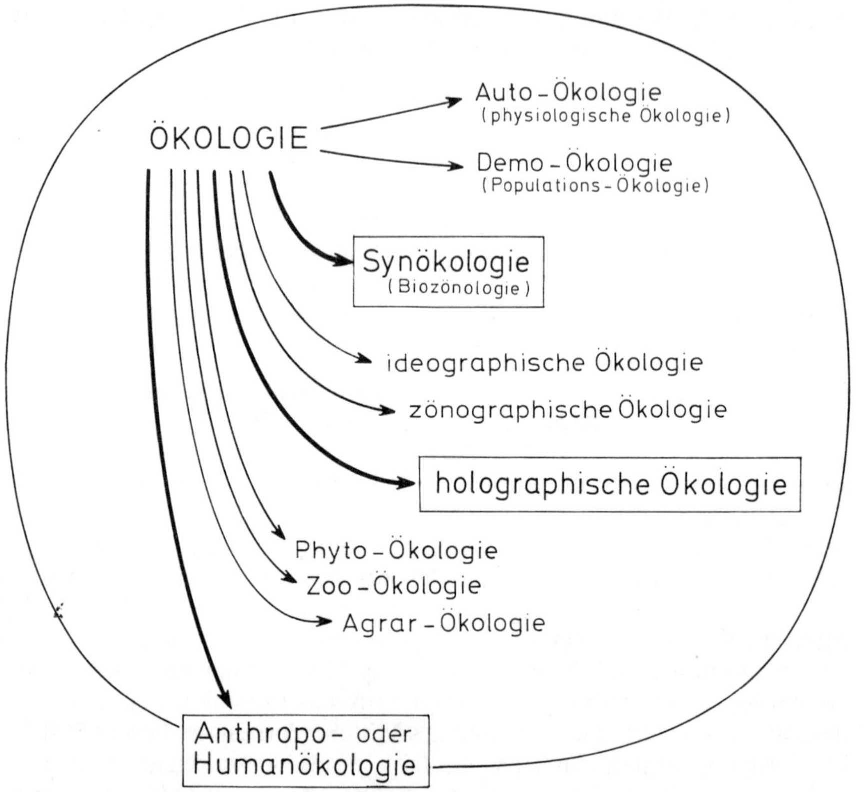

Abb. 9: Naturwissenschaftlicher Rahmen einer ökologischen Pädagogik (Gliederung des Wissenschaftsbereiches Ökologie)

dann die Anthropoökologie oder Humanökologie kritisch einbezogen und gewürdigt werden. Im Sinne einer stringenten ökologischen Pädagogik wird die Humanökologie in die synökologische Betrachtung einbezogen.

Soweit ist der ökologische Wissenschaftsbereich der Biologie eine Leitwissenschaft für die ökologische Pädagogik. Nur mit ihrer Hilfe und unter Assistenz der Chemie kann die biozentrische Perspektive voll in pädagogisches Denken hineingenommen werden (vgl. S. 17). Ökologische Pädagogik bezieht sich aber auch außerhalb dieser Grundlagen auf den ursprünglichen Ausgangsort ihrer Begrifflichkeit. Oikos (griechisch): das Haus, der Haushalt, davon abgeleitet Ökologie (entsprechend: der Haushalt der Natur). Mit Haushalt werden in der griechischen Tradition auch die Familie und das Miteinanderleben in der Familie mitgedacht – Oikos bezeichnet den Kernbereich der „sozialen Umwelt" –. In der ökologischen Pädagogik ist auch die soziale Umwelt planetenweit, global einzubeziehen, so kommt zu Oikos die Oikumene (griechisch): „der bewohnte Erdkreis". Die Verschränkung unserer eigenen sozialen Verhältnisse mit denen des gesamten Erdkreises (zentraler Gegenstand der Friedenserziehung) ist nach dem Lebenssystem Erde auch der Gegenstand der ökologischen Pädagogik (vgl. DAUBER/SIMPFENDÖRFER 1981).

Die ökologische Pädagogik entwickelt zunächst ein umfassendes Verständnis des Lebenssystems unseres Planeten. Auf dieser Grundlage, die allein Mitwelt und reale Welt für uns möglich macht, setzt sie sich mit den verschiedenen Evolutionssystemen auseinander, auch mit der Kulturrevolution. Sie redet nicht einem platten Naturalismus das Wort –, aber sie befaßt sich zuvorderst, und wie wir heute erkennen können notwendigerweise mit der Natur, dann erst mit der Mitwelt des Menschen, danach mit ihm selbst, seiner sozialen und kulturellen Umwelt. Sie kritisiert und bewertet die Umwelten des Menschen und ihn selbst mit den Kriterien seiner Mitwelt, dem Lebenssystem unseres Planeten (Programm Erde). Ökologische Pädagogik muß dazu notwendigerweise einen Bruch mit ihrer eigenen Tradition als Pädagogik und dem dort vorherrschenden Denken vollziehen. Wir brauchen eine neue Bildung.

„Der klassische Bildungsbegriff der bürgerlich-humanistischen Tradition hatte das gesellschaftliche Naturverhältnis in einer spezifischen Fassung reflektiert: In ihm steht das Herausarbeiten der Menschen aus der Natur und das Überwinden von Naturschranken und Naturzwängen im Zentrum. Dieser Gedanke der Emanzipation aus Naturverbindungen wurde dann übertragen auf die Emanzipation von Herrschaft. Das Herausbilden eines autonomen, sich seiner selbst bewußten und gegen seine Abhängigkeiten angehenden Subjektes sollte sich in einer Dialektik von Bildung und Herrschaft vollziehen“ (BECKER/RUPPERT 1987, S. 14).

Ist dann, wenn der protagoreische Mensch aufgegeben wird, Bildung überhaupt noch möglich? Zerfällt nicht alle Pädagogik in Anpassungsregulationen über Halbbildung in Unbildung? Spätestens mit der Formulierung der ökologischen Pädagogik ist der Pädagogik diese Frage gestellt und die Aufgabe aufgegeben, ihre Leitziele und ihr Denken zu überprüfen und zu entscheiden, ob sie eine Untergangspädagogik werden will oder ob es ihr gelingt, wie der Vogel Phönix aus ihrer eigenen Asche noch einmal aufzuerstehen, um an einer neuen Zukunft für die Menschheit mitzuarbeiten.

Ein interessantes Konzept entwickelt MERTENS (1991), obwohl sein anthropozentrischer Ansatz oft an den fundamentalen Grundlagen unserer Probleme vorbeigeht bzw. er diese ignoriert, das Konzept der „ökologischen Mündigkeit“.

„Ökologische Mündigkeit erfordert somit die Befähigung des Menschen, dieses Ganze in seinen Sinn-, Wert- und Sachstrukturen als Aufgabe anzunehmen und verantwortlich planend anzugehen“ (MERTENS 1990, S. 89). Die ökologische Mündigkeit ist unter Aufgabe des Primates der anthropozentrischen Perspektive weiterzuentwickeln.

Der ökologische, mündige Mensch hat gemäß dem Grundzug 4: „Primat der Bewußtseinsbildung“ die verschiedenen Stufen der Bewußtseinsänderung durchlaufen. – Seine Wahrnehmungsweisen und Denkmuster generell auf die Verschränkung planetarischer und anthropozentrischer Perspektiven eingestellt. Er hat die konsequente kritische Hinterfragung des Verhätnisses Mensch : Lebenssystem für sich zu einem Kontrollsystem entwickelt. – Er unterliegt in seinem Handeln nicht mehr einem unkritischen fragwürdigen Aktionismus, hat ein vertieftes Verständnis für das Lebenssystem unseres Planeten gewonnen, an dem er weiterarbeitet, und bemüht sich ständig, einen konstruktiven (nicht zerstörerischen) Platz in diesem einzunehmen – soweit seine Bewußtseinslage.

Er erprobt dies bei jeder sich bietenden Gelegenheit (bei Mißlingen reagiert er nicht mit schlechtem Gewissen und Schuldgefühlen, sondern er praktiziert kompensatorisches Handeln). Er übernimmt Verantwortung für sein Denken und Handeln.

Ein so ökologisch-pädagogisch gebildeter Mensch ist willens und in der Lage, Mitglied in einer ökologisch wirtschaftenden Gesellschaft zu werden. In dieser Umschreibung wird ökologische Mündigkeit zu einem zentralen Bildungsbegriff ökologischer Pädagogik.

3. Die Durchsetzung eines neuen Weltbildes?

3.1 Dimensionen der Weltbilder

Das Weltbild ist die Gesamtvorstellung der Welt, wie wir sie geordnet und bewertet in unserem Bewußtsein repräsentieren. Unsere Wertvorstellungen und unsere Moral sind in unserem Weltbild begründet, unser Denken ist einerseits am Aufbau und Ausbau der individuellen Spielart unseres Weltbildes beteiligt, andererseits bildet das Weltbild den Denkrahmen und den Grundrahmen für unser Verhalten und unser Handeln. Erziehung und Bildung sind über die soziale Anpassung, den Erwerb von Wissen und Fertigkeiten hinaus auf den Aufbau und Ausbau eines Weltbildes ausgerichtet.

Andererseits hängt das, was uns interessiert, neben primären und akuten Bedürfnissen wiederum mit unserem Weltbild zusammen, und wir lernen das, was mit ihm vereinbar ist, leichter.

Es herrscht generell auf diesem Globus und in gleicher Weise in einer offenen Gesellschaft eine Pluralität der Weltbilder. In nicht offenen Gesellschaften wird versucht, jeweils ein Weltbild als allgemein verbindlich durchzusetzen, das bedeutet, die Pluralität wird reduziert und geht in den Untergrund (Weltbilddiktatur). Da, wie im vorangegangenen Kapitel begründet, die Auseinandersetzung mit Weltbildern zum Gegenstand ökologischer Pädagogik wird, ist eine systematische Betrachtung angeraten. In einem Weltbild lassen sich verschiedene Dimensionen unterscheiden: Universalität – Zentrierung – Schichtung.

Von besonderer Bedeutung für die ökologische Diskussion sind die Dimensionen Zentrierung und Schichtung.

Jedes Individuum übernimmt ein in seiner Gruppe und zu seiner Zeit vorherrschendes Weltbild, oder es entwickelt seine subjektive Weltbild-Spielart durch Kombinationen und Modifikationen.

3.2 Ökologische Pädagogik und Weltbild

Wenn wir die für uns günstigen Bedingungen im Lebenssystem unseres Planeten zerstören, so hängt das nicht nur von unserer Ignoranz und unserem Egoismus ab, sondern es hängt auch mit unserem Weltbild zusammen.

Wir haben heute in unserer Kultur bzw. in der westlich industriellen Zivilisation ein naturfremdes, naturunverträgliches bzw. naturzerstörerisches Weltbild. Auf letzteres weisen Kritiker immer wieder hin (vgl. z.B.

UNIVERSALITÄT		
kulturimmanent	↔	kulturübergreifend
epochal	↔	epochenübergreifend
mythisch und/oder religiös	↔	wissenschaftlich: - geisteswissenschaftlich - naturwissenschaftlich
ZENTRIERUNG		
theozentrisch		
heliozentrisch	↔	**anthropozentrisch**
planetarisch (geo-, biozentrisch)		
SCHICHTUNG		
monoistisch	↔	dualistisch: - gleichwertige Welten - ungleichwertige Welten

Tab. 3: Dimensionen der Weltbilder

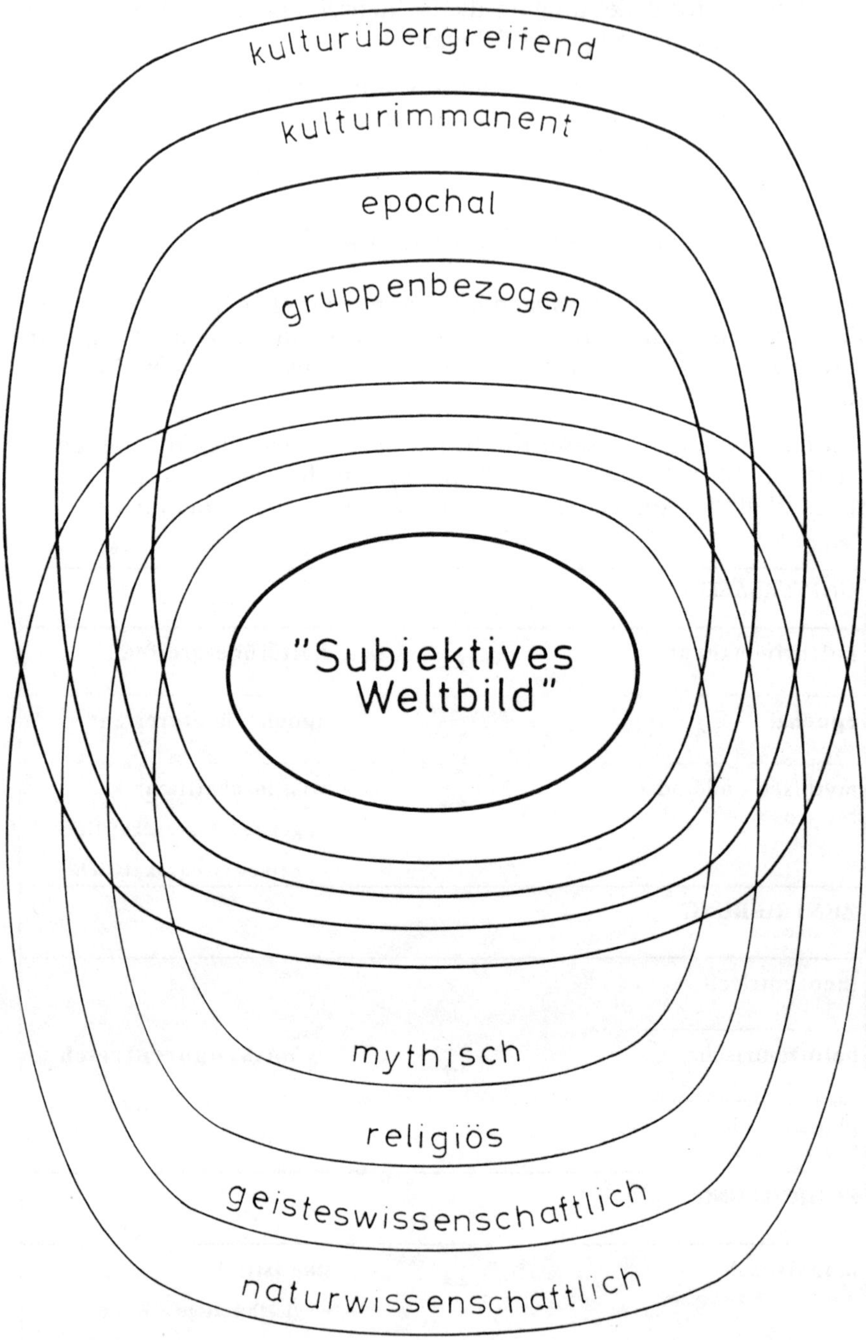

Abb. 10: Schachtelung von Weltbilddimensionen und die subjektive Spielart

Amery 1972). Weltbilder sind kulturabhängig und geschichtlich. Sie sind durch Mythologien oder Weltanschauungen, durch Religionen oder Wissenschaften geprägt und manchmal aus Komponenten dieser verschiedenen Bereiche zusammengesetzt.

Carl Amery kritisiert, daß wir in der jüdisch-christlichen religiösen Tradition ein anthropozentrisches Weltbild aufgebaut haben, das nur um das Wohl des Menschen, der in der Schöpfungsgeschichte als Ebenbild Gottes zum Beherrscher des Erdkreises bestimmt wird, kreist. Unser Weltbild ist dualistisch, d.h. es gründet in der Vorstellung einer Dualität zweier Welten: einer materiell-natürlichen und einer geistigen. – Die geistige Welt ist die wahre Welt des Menschen, die wertvolle Welt, – die materiell-natürliche ist nur ein Substrat, sie ist nicht wertvoll, wird nicht besonders geschätzt, und es ist unerheblich, wenn sie in dieser mehr oder minder großen Geringschätzung beschädigt und/oder zerstört wird. Diese zentralen Denkmuster der Anthropozentrierung und der ungleichen Dualität des jüdisch-christlich religiösen Weltbildes wurden über die Säkularisierung erhalten. Amery tritt deshalb für einen konsequenten ökologischen Materialismus (monistisches Weltbild) ein.

Im Profan-Materialismus werden sowohl die geistige Welt als auch die Natur gering geschätzt. Es herrscht die künstliche Welt, der technologische Markt, in dem sich Bedürfnisse in fast beliebiger Weise erzeugen und manipulieren lassen und Konsum anscheinend unbegrenzt gesteigert werden kann. Dort, wo dies offensichtlich nicht möglich ist, sprechen wir von Unterentwicklung. Wir leisten Entwicklungshilfe, damit stimulieren wir unseren Markt, und, sofern die Unterentwicklungsthese angenommen wird, exportieren wir das Weltbild des profanen Materialismus und somit unser naturwissenschaftlich-technologisches Zivilisationskonzept.

Sowohl die geistige als auch die natürliche Welt sind in diesem Weltbild nur insoweit von Interesse, als sie ausgebeutet und vermarktet bzw. industrialisiert werden können. Soweit wir dem naturwissenschaftlichen profan-materialistischen technologischen Weltbild folgen, haben wir eine Art von Trialismus, in dem zwei Welten gering geschätzt werden.

Natur und Erde werden in diesem zeitgemäßen Gegensatz zu älteren mythischen Weltbildern verobjektiviert und instrumentalisiert. Sie sind nur noch Steinbruch, zur hemmungslosen Ausbeutung freigegeben. Die moderne Technologie schafft die Mittel für die konsequente und totale Ausbeutung.

Der technologisch-profane Materialismus hat den freien, den zum Konsum freien Menschen zum Zentrum seines Weltbildes gemacht. Der sich als Konsument frei entfalten und verwirklichen muß, dazu wird die Welt verbraucht – das scheint unerheblich, denn der technologische Fortschritt gebiert für sich selbst und den Menschen eine neue, bessere Welt. Letzteres ist ohnedies notwendig, weil die Selbstverwirklichung des

Konsumenten ohnehin seine Befreiung aus dem Zwang der Natur, seine Emanzipation von der Natur, notwendig macht.

Erich FROMM beklagt sowohl die verhängnisvollen Folgen für das Lebenssystem unseres Planeten als auch für den Menschen unmittelbar und seine geistige Welt. Er sieht im Gegensatz zu AMERY keine Gefahr im Dualismus und der anthropozentrischen Perspektive.

In seinem humanistischen Weltbild (er nennt seine Anschauung „radikalen Humanismus“) ist die duale Weltvorstellung jedoch nicht in Hochschätzung der einen und Geringschätzung der anderen begründet. Fortschritt besteht für ihn in der Vervollkommnung des geistigen Menschen (das nennt er das „Sein“), bei Hochschätzung der natürlichen Welt und deren Nichausbeutung statt dessen im Verzicht – dieser zeigt sich im „Haben“ des nur Notwendigen (vgl. FROMM 1976).

FROMM sagt, daß die Geringschätzung der Natur auch zur Geringschätzung des Menschen führt (Säkularisierungseffekt). – Erst wird die Natur, dann der Mensch ausgebeutet, und er fragt: „Müssen wir kranke Menschen produzieren, um eine gesunde Wirtschaft zu haben?“ (FROMM 1968/1991, S. 16).

Wir können unsere Probleme in der Welt, die zur Zerstörung unseres Lebenssystems und damit unserer Lebensgrundlage führen, nicht lösen, wenn wir ein Weltbild haben, das in seinen Grundlagen letztlich Ursache für die Zerstörung ist.

Wir brauchen ein Weltbild, das die Werte und Lebensgrundlagen unseres Lebenssystems fördert und in dem auch wir einen angemessenen Platz finden. Ökologische Pädagogik muß die Etablierung eines solchen Weltbildes in unserem Bewußtsein fördern. Das ist ihr Bildungsauftrag.

Wie kann ein solches Weltbild aussehen? – Was sind die Grundlagen für ein solches Weltbild?

In dieses müssen zunächst einmal alle verfügbaren Erkenntnisse über unser Lebenssystem und unseren Planeten einbezogen sein.

Da es sich um „Natur“ handelt, sind in jedem Fall die Naturwissenschaften einzubeziehen.

Aus jüngerer Zeit liegen hierzu zwei interessante ganzheitliche Ansätze vor:

a) philosophischer Ansatz von RUSSEL: Gaia or the Global Brain (1982)

b) naturwissenschaftlicher Ansatz von LOVELOCK: Gaia (1979) und Das Gaia Prinzip (1989/1991), auf letzeren soll hier näher eingegangen werden.

3.3 Das Gaia-Prinzip

James E. LOVELOCK (* 1919), Mediziner und Chemiker, arbeitete als Hochschullehrer in Yale und Harvard und wurde mit einem Wissenschaftler-Team in die Weltraumforschung der NASA (National Aeronautics and Space Administration) berufen (1961-1966). In Zusammenarbeit mit der Mikrobiologin Lynn MARGULIS entwickelte er aus den Forschungsergebnissen seiner Mars-Forschung die Gaia-Hypothese. LOVELOCK wählte den Namen Gaia (griechisch: Bezeichnung der Erdgottheit), weil er, wie er (1979) selber sagte, nach der Entdeckung glücklich und erfüllt von Ehrfurcht vor dem gewaltigen Phänomen stand.

Die Auffassung über Kosmos und Leben, soweit sie nicht magisch, religiös oder metaphysisch bestimmt, sondern naturwissenschaftlich begründet ist, ging bisher von Hypothesen aus, die besagen, daß sich Leben an die planetarischen Bedingungen adaptiert hat, und daß die Biosphäre und der Mensch sich grundsätzlich getrennt entwickelten (vgl. auch LOVELOCK 1979/1987, S. 152).

Die Gaia-Hypothese[18] besagt dagegen,

– daß das Leben, das sich in einer günstigen kosmisch-planetarischen Entwicklungsphase im Meer (unter Wasser, weil die UV-Strahlung der Sonne oberhalb der Wasseroberfläche tödlich war) entwickelte, aktiv die Atmosphäre und die Oberfläche des Planeten gestaltete,

– daß die physikalischen und chemischen Bedingungen des Planeten (der Erdoberfläche, der Ozeane, der Atmosphäre) durch das Leben für ein umfassendes Lebenssystem geeignet und verträglich gemacht wurden und gehalten werden, und zwar zu einem erheblichen Teil gegen die kosmische Entwicklung des Planeten.

Mit dem Fortschreiten der kosmischen Entwicklung (z.B. der Zunahme der Strahlungsintensität der Sonne) wurde ein immer größerer Aufwand des Lebenssystems und eine immer umfänglichere Steuerung der Lebensvorgänge zum Überleben notwendig. Noch haben wir eine nur schwache Ahnung, wie diese globalen Steuerungsmechanismen funktionieren und in Gang gehalten werden. Das Geahnte, für tiefgreifendes Verstehen noch zu Komplexe, nur von der Peripherie her Gewußte, wird von jeher vom Menschen reduktiv modelliert (in ein Modell gegossen) oder gar anthropomorphisiert bzw. personifiziert (vgl. „Global Brain"/ Weltgehirn RUSSEL 1982/1984 – „Gaia"/Göttin LOVELOCK 1979/1987).

LOVELOCK hat in seiner Forschung bereits so viele Mosaiksteinchen für den Beweis der Existenz und für das Verstehen des Lebenssystems unseres Planeten zusammengetragen, daß die Gaia-Hypothese nicht mehr einfach verworfen werden kann.

---

18 LOVELOCK publizierte die Gaia-Hypothese zuerst in einem Artikel 1973 und dann als Buch: Gaia – A New Look at Life on Earth (1979), dt.: Unsere Erde wird überleben. Zu empfehlen ist die neueste Edition: Das Gaia Prinzip – Die Biographie unseres Planeten (1991).

„Gaia“ ist für LOVELOCK nur der Name für das große Phänomen – sein Modell ist der „lebende Planet“.

Nachdem LOVELOCK und MARGULIS in ihren spektralanalytischen Forschungen nachgewiesen hatten, daß es auf dem Mars kein Leben geben kann, wurde ihr Bericht von der NASA nicht gut aufgenommen. Damit die Forschungsmittel für das Mars-Programm reichlich weitergeflossen wären, waren Lebensspuren auf dem Mars Voraussetzung. Die NASA hatte für LOVELOCK und MARGULIS keine Verwendung mehr.

LOVELOCK zog sich als Privatgelehrter zurück, Forschungsmittel für ein neues Programm wurden ihm verweigert. Er führte aber privat dieses Programm mit spärlichsten Mitteln zu Ende. Aufgrund der daraus veröffentlichten Ergebnisse wurden Milliarden-Forschungsprogramme aufgelegt, die von den gleichen Komitees bewilligt wurden, die ihm jede Unterstützung verweigerten. James LOVELOCK lebt zurückgezogen in einer alten Mühle in Südengland.

Einige Ausschnitte aus LOVELOCKS Forschung sollen die Gaia-Hypothese besser konkretisieren.

Im Auftrag der NASA untersuchte LOVELOCK die Atmosphären von Venus, Mars, Jupiter und der Erde als Kontrollplanet. Er fand folgende Gaskonzentrationen:

Gas	Venus	Erde ohne Leben	Mars	Erde mit Leben
Kohlendioxyd	96,5%	96%	95%	0,03%
Stickstoff	3,5%	1,9%	2,7%	79%
Sauerstoff	gering	0,01%	0,13%	21%
Methan	0,0%	0,0%	0,0%	1,7 ppm
Argon	70 ppm	0,1%	1,6%	1%
Oberflächen-temperatur	459° C	240-340° C	-53° C	13° C
Druck in Bar	90	60	0,0064	1,0

Tab. 4: Atmosphären der Planeten und ihre Zusammensetzung (LOVELOCK 1991, S. 30)

Die Zusammensetzung der Erdatmosphäre ohne Leben wurde aufgrund ihrer Position im Sonnensystem hochgerechnet. Der gewaltige Unterschied in den meisten Positionen zeigt, daß das Leben, der einzige Unterschied zwischen den Planeten, die Atmosphäre selbst schaffen und ihre Konstanthaltung steuern muß. In den planetarischen Atmosphären sind drei Klassen von Gasen anwesend: Oxidations-Gase (Sauerstoff, Kohlendioxyd), neutrale Gase (Stickstoff, Kohlenmonoxyd) und Reduktions-Gase (Methan, Wasserstoff, Ammoniak).

In der Atmosphäre des Jupiters sind nur neutrale Gase – in derjenigen von Venus und Mars nur Oxidations-Gase. Alle drei Planeten haben eine stabile Atmoshäre.

Nur die Erde hat eine instabile Atmosphäre (der Beweis für Leben), alle drei Gasgruppen sind vorhanden (vgl. LOVELOCK 1987).

Es sind ein Überfluß an Sauerstoff (21%) und eine Spur von Methan (1,7 Teile per Million) vorhanden. Beide reagieren unter der Einwirkung von Sonnenlicht miteinander, und wir kennen die Rate dieser Reaktion. Hieraus können wir verläßlich auf den Nachschub an Methan und Sauerstoff pro Jahr schließen. Notwendig für die Konstanthaltung der Zusammensetzung sind der Zustrom von 1000 Megatonnen Methan und 4000 Megatonnen Sauerstoff im Jahr. Die Steuerung der Nachlieferung muß recht perfekt sein, anderenfalls käme es zur Katastrophe. 1% mehr Sauerstoff in der Luft erhöht die Brandgefahr um 60%. Bei 25% (statt 21%) würden bereits die nassen Abfälle auf dem Boden des Regenwaldes bei jedem Blitzschlag in lodernde Feuer ausbrechen. Nach einiger Zeit wäre alle Vegetation des Planeten verbrannt. Die Zusammensetzung der Atmosphäre hält sich bereits seit Millionen von Jahren konstant (die Toleranz der Sauerstoffregulation dürfte kaum mehr als + 1% betragen haben, LOVELOCK 1987). Beim derzeitigen Stand der Forschung sammelt LOVELOCK überwiegend Nachweise für die Existenz eines globalen Steuerungsphänomens – die Erklärung der Regelmechanismen gelingt erst in ganz peripheren Ansätzen (vgl. „Die Erforschung von Daisyworld" LOVELOCK 1989/1991, S. 71ff und „Der Schwefel-Jodkreislauf" LOVELOCK 1989/1991, S. 191ff).

Das überzeugendste Argument für ein präzises überdimensionales Steuerungssystem, das RUSSELL (1982) als „Global Brain" beschreibt, liegt allerdings nach LOVELOCK in der Regulation des Klimas.

Unsere Sonne setzt seit ihrer Entstehung immer mehr Energie frei, ihre Wärmestrahlung wächst. Seit es Leben auf der Erde gibt, hat sich die Sonnenstrahlung zwischen 30% und 50% erhöht.

Wenn das Klima der Erde bei konstanter Atmosphäre von der Energieabstrahlung der Sonne abhinge, dann wäre das Leben während des ersten Äons (Milliarde Jahre) erfroren bzw. gar nicht zustandegekommen – oder die Ozeane würden heute kochen. Tatsächlich können wir aufgrund der vorliegenden Ablagerungen schätzen, daß das Klima über zwei Äonen mit geringfügigen Schwankungen gleichgeblieben ist.

Die Eiszeiten betrafen das Lebenssystem überhaupt nur nördlich oder südlich der 45. Breitengrade, d.h. nur ca. 30% des Lebens unseres Planeten. Die Klimaregulation sieht LOVELOCK als das stärkste Argument eines Steuerungssystems unseres Lebenssystems. Das Plus zur bisherigen Biosphäredefinition, Biosphäre plus übergeordnetes Steuerungssystem, bezeichnet er als das Gaia-Prinzip (1991).

Die Gaia-Hypothese war, abgesehen von ihrer jetzt erst gefundenen naturwissenschaftlich-belegten Begründung, nichts ganz Neues. Bereits 1788 hatte J. HUTTON die Erde als einen Über-Organismus betrachtet, der nur mit Hilfe der Physiologie erforscht werden könne. LOVELOCK selbst meint, daß die neue Wissenschaft der Erde eine Geophysiologie in Kooperation mit Chemie und Biologie sein sollte (vgl. LOVELOCK 1991, S. 10). Eine weitere frühe Referenz zur Thematik, daß das Leben die Erde dahingehend gestaltet habe, daß sie den Bedürfnissen unseres heutigen Lebenssystems entspricht, ist bereits in der Juni-Ausgabe des Scientific American 1875 zu finden (vgl. LOVELOCK 1989, S. 9 f). Die Gaia-Hypothese wurde aber auch 1980 noch heftig bekämpft. Für eine Reihe von Jahren konnte LOVELOCK keine Forschungsmittel mehr einwerben, seine Artikel wurden nicht mehr von den renommierten naturwissenschaftlichen Zeitschriften „Nature" und „Science" gedruckt, und seine Kollegen mieden ihn.

Die Gaia-Hypothese provozierte auch die Geisteswissenschaften und die Religionen. LOVELOCK erhielt zunächst Beifall aus den Reihen der Theologen und der New Age-Bewegung, was ihn nicht wenig irritierte.

„Als ich mein erstes Buch über Gaia schrieb, ahnte ich nicht, daß man es als ein religiöses Werk auffassen könnte. Für mich behandelte es hauptsächlich ein naturwissenschaftliches Thema, doch zweifellos waren viele meiner Leser anderer Meinung. Zwei Drittel der Briefe, die ich dazu erhielt und immer noch erhalte, beschäftigen sich mit der Bedeutung Gaias im Zusammenhang mit der Religion" (LOVELOCK 1991, S. 261/262).

Es ist eine Mystifizierung der Hypothese, die eine rein naturwissenschaftliche ist, zu beobachten. In den Naturwissenschaften wurden bis jetzt weitere stützende Fakten für das Gaiakonzept gefunden.

Einige Fakten und Konsequenzen von Gaia:

- Gaia ist ein hochkomplexes, sich selbst erhaltendes und offenes (nicht determiniertes) System,
- das seine eigenen Grundlagen selbst produziert, reproduziert und auch verändert;
- es tendiert zu einem gewissen dynamischen, aber zeitlich relativ stabilen Zustand, der in verschiedenen Entwicklungsphasen sehr unterschiedlich aussehen kann;
- das System optimiert seine Funktion und Unbestimmtheit durch die Erzeugung einer fast unvorstellbaren Vielfalt von Lebensformen;
- die Vielfalt begünstigt dynamische Stabilitätszustände;
- bei Reduktion der Vielfalt oder dem Auftreten neuer Bedingungen, kämen sie nun von außen (der Sonne) oder aus dem Erdinneren oder durch neue Lebensformen, die das System labilisieren, reagiert es plötzlich (keine kontinuierliche Entwicklung) – über eine Reihe von Kata-

strophen entsteht ein chaotischer Zustand, aus dem sich eine neue Organisation entwickelt (dabei ist es völlig unbestimmt, wie diese aussehen wird), und es beginnt der Aufbau neuer dynamischer Stabilitätszustände;

- die Lebensform Mensch unterscheidet sich für Gaia nur insofern von den anderen (auch Bakterien), als sie neuerdings zu einem vielfältigen Störer ihrer Regulationssysteme geworden ist;
- die vom Menschen gemachten Katastrophen sind für Gaia recht unerheblich; ein atomarer Krieg würde über den atomaren Winter zur Beschleunigung des Wiedererscheinens einer Eiszeit führen und einen neuen gleichgewichtsähnlichen Zustand herbeiführen;
- der Treibhauseffekt ist ein Phänomen, mit dem Gaia schon öfter in viel größerem Ausmaß fertig geworden ist;
- saurer Regen ist kein wirkliches Problem für Gaia – sauren Regen gab es schon öfter sowohl durch übermäßigen Schwefelausstoß aufgrund sehr hoher Vulkantätigkeit als auch durch erhöhte Schwefelproduktion von Algen.

Für den Fall, daß die Verbrennung fossiler Energie sofort vollständig eingestellt würde, wäre es trotzdem denkbar, daß sich der Säuregrad des Regens in 100 Jahren verdoppeln könnte. Die Ursache dafür wäre, daß die infolge unserer landwirtschaftlichen Produktionsweise in Flüsse, Seen und Meere eingeleiteten Stickstoff- und Phosphateinträge als Konsequenz eine gewaltige, andauernde Algenblüte hervorriefen und die Schwefelproduktion dieser Algen zu einem extrem sauren Regen führte.

So vermutet denn auch LOVELOCK (1991), daß die wirkliche Krankheit unseres Lebenssystems in unserer Landwirtschaft in Verbindung mit dem naturunverträglichen Bevölkerungswachstum gründet bzw. daß diese Landwirtschaft die Krankheit ist. „... Schlechte Landwirtschaft ist wohl die größte Bedrohung für Gaias Gesundheit" (LOVELOCK 1991, S. 233).

Wir könnten alles tun, was wir wollten, ohne daß es Gaia stören würde, wenn es auf diesem Planeten nur eine Milliarde Menschen gäbe. Aber wir nähern uns acht Milliarden; hinter diesen stehen ca. acht Milliarden Rinder und fünf Milliarden Schafe, vier Milliarden Hunde und Katzen, zwölf

Chronologische Zeit	Aussterbe-Zeit	Steigerung
in früheren Jahrhunderten	1 Art pro 100 Jahren	
um 1900	1 Art pro Jahr	100-fach
um 1980	1 Art pro Tag	36.500-fach
um 2000	1 Art pro Stunde	87.600-fach

Tab. 5: Beschleunigung des Artensterbens

Milliarden Hühner und Milliarden Schweine – das sind biologisch gesehen über 37 Milliarden von nur wenigen (sechs) Arten –; 75% der Festlandfläche werden zur Ernährung dieser fünf Arten mit Monokulturen bebaut. – Unser Lebenssystem Erde bzw. „Gaia“ erhält den derzeitigen Zustand durch größte Vielfalt, die wir mit größter Effizienz zerstören und ausschalten.

Die Konsequenzen, wie sie LOVELOCK sieht:

„Gaia ist nicht mit Absicht antimenschlich. Doch solange wir die globale Mitwelt weiterhin entgegen ihren Präferenzen verändern, müssen wir gewärtig sein, daß wir durch eine Art ersetzt werden, die dieser Mitwelt besser entspricht. Alles hängt von uns selbst ab. Wenn wir die Welt als einen lebendigen Organismus betrachten und uns als einen Teil davon – nicht als Eigentümer, Pächter oder gar Passagier –, dann können wir noch eine lange Zeit vor uns haben, und unsere Art dürfte die ihr ‚zugedachte‘ Zeitspanne leben. Es kommt auf jeden von uns an, daß er persönlich in einer konstruktiven Weise handelt“ (LOVELOCK 1989, S. 236).

Mit der Gaia-Hypothese haben wir ein neues, nicht anthropozentrisches und dem Lebenssystem unseres Planeten voll angemessenes neues Weltbild vorliegen. Es ist gleichzeitig auch ein monistisches – doch zeigen die Reaktionen aus dem Bereich der Religionen, daß es auch bei dualistischen Auffassungen mit wenigen gedanklichen Modifikationen akzeptiert werden kann.

Ein Weltbild kann nicht verordnet und nicht durchgesetzt werden, ohne daß sowohl dem Menschen als auch der Natur Schaden zugefügt wird (siehe religiöser Fundamentalismus und Staatssozialismus). Da abzusehen ist, daß noch auf absehbare Zeit eine Mehrheit der Menschheit sich nicht in Bescheidenheit und Demut als gleiche Lebenspartner in ein Lebenssystem einordnen wollen oder können, sondern aus ihrer Sonderstellung als Menschen viele Privilegien ableiten werden, ist es wichtig, daß auch anthropozentrische Weltbilder, die aber mit den Notwendigkeiten unseres globalen Lebenssystems kompatibel sind, zur Verfügung stehen.

In den Büchern „Wendezeit – Bausteine für ein neues Weltbild“ (1982/1991) und „Das neue Denken – Aufbruch zum neuen Bewußtsein: Die Entstehung eines ganzheitlichen Weltbildes im Spannungsfeld zwischen Naturwissenschaft und Mystik“ (1987) legt CAPRA die Grundlagen für ein dualistisch und anthropozentrisches Weltbild, das in zentralen Fragen mit der Gaia-Hypothese vereinbar, aber an seinem mystizistischen Ende nicht ganz unproblematisch ist.

3.4 Kritische Anmerkungen zu ökologischen Modeströmungen und Politik

Da Weltbilder epochal und zeitgeistabhängig sind, sind sie auch Moden unterworfen. Sowohl ein ökologischer Mystizismus als auch ein neuer Biologismus sind neuerdings in Mode gekommen.

Die analytische Weltsicht, die uns in den Industrienationen zur Teilnahme am Wettrennen an den Weltmärkten anerzogen wurde, reicht für die Sicherung unserer Zukunft nicht mehr aus, sie muß zum vollen Erkennen der Problemlage und zur Suche nach Lösungswegen zu einer synthetisch ganzheitlichen Betrachtung hin überschritten werden.

Wenn die analytischen Wissenschaften, die Technologie und der Kapitalismus ernsthaft und heftig zu kritisieren sind und allem Anschein nach die Demokratie versagt, so heißt dies nicht, daß Mystizismus, Primitivismus und Aristokratie den Lösungsweg für unsere Probleme darstellen.

Rein technologische Lösungen wird es nicht geben, soviel gilt beim heutigen kritischen Kenntnisstand als sicher. Eine Änderung des Menschen (vom Haben-wollen zum Sein-wollen in der Terminologie von FROMM) ist notwendig – dies ist die Aufgabe, die jedem von uns gestellt ist. Ob einzelne sich hierzu besser mit Zarathustra (FRASER-DARLING 1969), mit fernöstlichen Religionen befassen, wieviel sie Meditation und mystische Versenkung als Vehikel auf ihrem Weg benutzen, ist eine Sache; wie sie darüber hinaus zusätzlich für die Erhaltung unseres Lebenssystems kämpfen, eine andere.

So lange es nicht zu einer mystischen Verstellung unseres Wissens kommt und wir nicht in Nicht-mehr-wissen-wollen und archaischen Primitivismus abgleiten, bleiben wir auf dem konstruktiven Weg zur Bewältigung unser aller Probleme auf diesem Planeten. Solange wir selbst dann ein mit dem Gaia-Prinzip kompatibles Weltbild haben und weniger Mitwelt zerstören als vorher, sind wir selbst als Aussteiger „nützliche" Mitlebewesen. Problematisch wird es, wenn uns Mystizismus und archaischer Primitivismus als Lösung unserer Probleme in der Welt verkauft werden, wenn nicht wie bei CAPRA ein Pluralismus gewollt, sondern auf Aristokratie und ganzheitliche Totalität hin argumentiert wird (vgl. hierzu PASSMORE 1980). Das letztere gilt natürlich auch für einen Biologismus, in dem „biologische Fitness"[19] von der Genomebene mit kulturellen Mitteln erweitert als Gesamtfitness auf Gruppen – Nationen – Rassen übertragen wird.

Der Nationalsozialismus war eine politisch angewandte Biologie (FEUERBORN 1935, S. 79 f). Biologisches Denken sollte Unterrichtsgrundsatz in

19 Fitness: Im DARWINschen Sinne die Tüchtigkeit, bei der Evolution im Spiel zu bleiben, die Art bzw. Gattung zu erhalten.

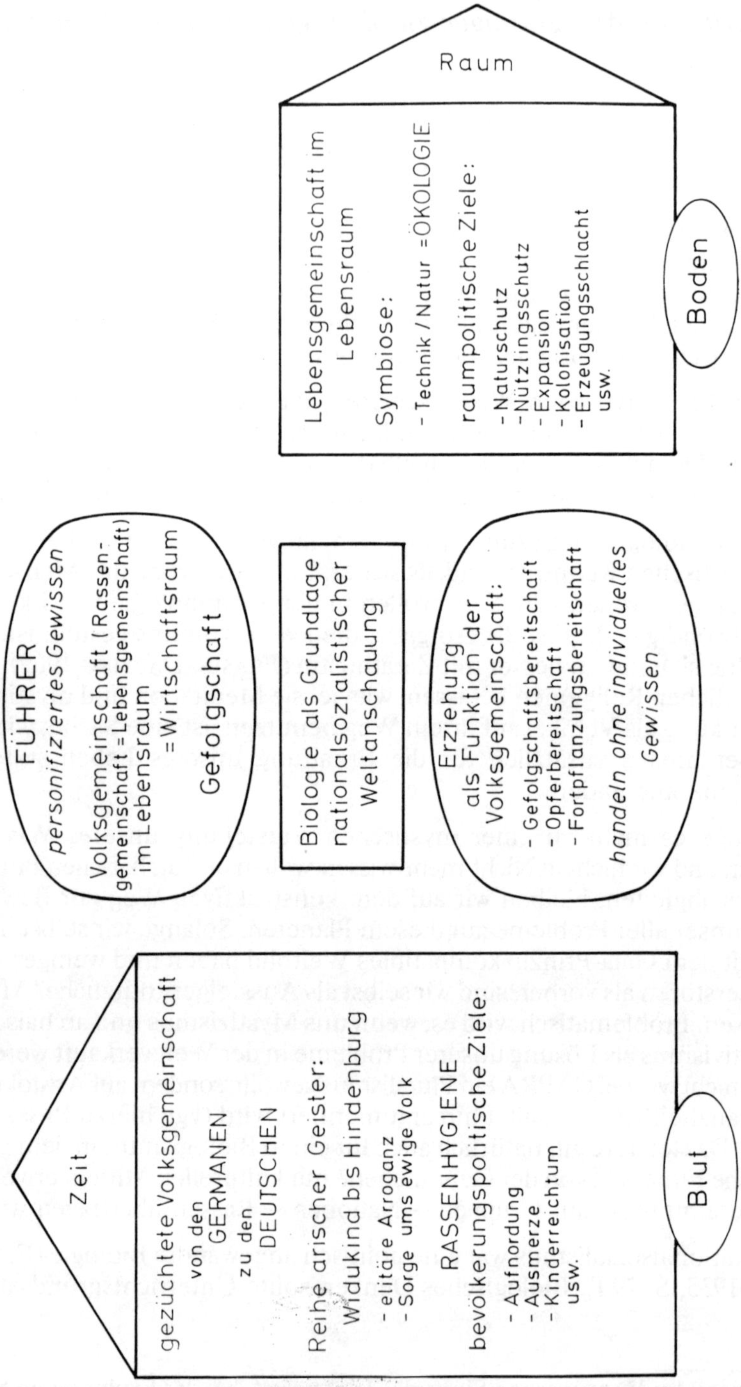

Abb. 11: Struktur einer biologistischen Ideologie

allen Fächern sein (Brohmer 1935, S. 135 f). Die Lebenskunde bildete das Zentrum der „Blut-und-Boden-Ideologie“, sie war NS-Ökologie (vgl. Trommer 1990).

Eibl-Eibesfeld (1984) will eine am Überleben und damit an der Erhaltung der evolutiven Potenz orientierte Ethik. Er behauptet, daß für die Normfindung die Orientierung am Überleben wichtig sei. Als Gruppenwesen müsse der Mensch dabei das allgemeine Wohl der Gruppe im Auge behalten. „Jedes Volk hat ein Naturrecht zur Erhaltung seiner Identität und Eigenart in seinem Wohngebiet“ (Heidelberger Manifest des Schutzbundes für das Deutsche Volk 1981, zit.n. Vogel 1986, S. 503).

Verknüpft mit Führungsanspruch, Aristokratie und Verunglimpfung der Demokratie sowie des Pluralismus werden geschichtliche Erinnerungen wach. Rassistischer Darwinismus hat bisher nie dem Lebenssystem auf unserem Planeten gedient (vgl. auch Vogel 1986).

Ökologisch-pädagogisches Denken ist systemisch und neben der Phänomenologie (vgl. ökologisch-phänomenologische Erziehungswissenschaft; Kleber 1992) dem Kritischen Rationalismus verpflichtet. Es kann ein Korrektiv gegen Abdriften in Esoterik und Mystik und ein Wächter gegen rassistisch politische Prägungen ökologischer Konzepte sein. Sein Gegenstand ist das komplexe reale Lebenssystem unseres Planeten und die gesamte Menschheit (der reale Mensch) als Komponente dieses Lebenssystems. Die Sonderstellung des Menschen in der Evolution dieses Lebenssystems bedingt, daß die auf kulturell/technologische Ebene übertragene Fitness im Darwinschen Sinne das Problem ist. Sie kann nicht ein zu fördernder Weg sein. Ökologisch-pädagogisches Denken ist darauf aufbauend nicht biologistisch.

3.5 Umgang mit der Pluralität der Weltbilder

Pluralität, auch der Weltbilder, ist global betrachtet und demokratisch eingeschätzt notwendig. Gleichschaltung bedürfte eines gewaltigen Militärapparates und lieferte weder eine Garantie zum Erfolg dieser Unternehmung noch der Lösung unserer ökologischen Probleme.

Weltbilder, die nicht auf den Grundlagen unseres Lebenssystems gründen, die nicht die ökologischen, synökologischen und holographischen Erkenntnisse einbeziehen, die nicht mit dem Gaia-Prinzip vereinbar sind, gefährden die Evolution unserer Biosphäre, insbesondere die zukünftigen Lebensmöglichkeiten vieler Lebewesen einschließlich des Menschen auf diesem Planeten.

Die Mehrheit der Menschen muß zusammenarbeiten, an einem Strang ziehen, wenn unsere Lebensgrundlagen erhalten und gefördert werden sollen. Ein Kampf unterschiedlicher Weltbilder wird unseren Untergang beschleunigen. Das neue naturwissenschaftliche Weltbild ist monistisch und geozentrisch bzw. planetarisch. – Dualistische und anthropozentrische Weltbilder sind, wenn es um die Erhaltung unseres Lebenssystems geht, von hoher Problematik (wie uns die Geschichte lehrt). E. FROMM zeigt uns mit seinem radikal-humanistischen Weltbild jedoch die Vereinbarkeit eines dualen Weltbildes mit dem neuen naturwisssenschaftlichen.

Der Anthropozentrismus, den AMERY, als militanter Linkskatholik, für den Sündenfall der Menschen hält, wird durch die Sonderstellung des Menschen begründet. Diese Sonderstellung ist nicht wegzudiskutieren. Wie immer man sie betrachtet und bewertet: sie ist als Ausgangspunkt des menschlichen Denkens notwendig, sie ist im Menschen begründet und allgemeine Tatsache in diesem Lebenssystem – wir müssen sie grundsätzlich akzeptieren.

Ihr Problem liegt im Verstellen mancher wichtiger Erkenntnisse sowie im Egoismus und dem Machtstreben bzw. dem Rangstreben des Menschen; zusammen mit einigen weiteren evolutionär erklärbaren Verhaltensdispositionen begründen sie einen Anthropozentrismus, der mitweltzerstörerisch wirkt (vgl. VERBEEK 1990).

Der Anthropozentrismus der dualen Weltbilder, der sich in der hochgeschätzten Geistigkeit des Menschen manifestiert, neigt zum Hochmut, ja, zur Hybris.[20] Er muß nicht unmittelbar, wird aber immer dann, wenn darin unser Lebenssystem geringer geachtet wird, mittelbar die Natur nicht verstehen, nicht fördern und dadurch schließlich zerstören.

Das Gaia-Prinzip stellt ein geeignetes Rahmenkonzept, um unser Lebenssystem zu erhalten und in unserem Denken eine Rehabilitation der Natur zu begründen.

Dieses Rahmenkonzept müßte als Grundrahmen für anthropozentrische, dualistische und anders zentrierte Weltbilder zu deren Modifikation zum Überleben der Menschheit benützt werden, so daß Pluralität auf ein Überlebenskonzept hin relativiert wird.

Die Aufgabendefinition der Pädagogik, pädagogisches Denken und Handeln, sind von den in ihr präferierten Weltbildern abhängig. Ausgehend von dem in der Renaissance entwickelten Menschenbild (der Mensch als der neu Erschaffende als Herr über die Natur), in Fortsetzung der Aufklärung, hat KANT das bis heute in der Pädagogik vorherrschende Menschen- und Weltbild begründet.

Natur und Mensch sind für KANT zwei völlig heterogene Sphären. Der Mensch ist Krone der Schöpfung, ihm wird etwas völlig Einzigartiges und Einmaliges zugesprochen: „Freiheit". Die Freiheit, „einen Zustand von

20 Hybris bezeichnete bei den alten Griechen den Hochmut gegenüber den Göttern, sie begründet die Tragödie des Menschengeschlechts, und ihre Konsequenzen sind immer tödlich.

selbst anzufangen“ (KANT 1781/1956, S. 170 f), eine Kausalität von selbst zu beginnen, gemäß dem Sittengesetz . . . „ohne Verschmutzung durch die Leidenschaften unserer Sinnlichkeit“, dies ist die Leistung des transzendentalen Subjekts.

Die Natur selbst können wir nach der Meinung KANTS nicht erkennen. Einzig durch die transzendentale Ordnungskategorie der Kausalität wird sie für uns erkennbar. Die Pädagogik bemächtigte sich der Ausgestaltung des Einzigartigen des Menschen, seiner Möglichkeit, einen und noch einen und weitere Zustände von selbst anzufangen – der Ausgestaltung seiner „Freiheit“.

Die Natur, die Erforschung der Kausalität, durch die sie erkennbar und beherrschbar werden kann, wurde den Naturwissenschaften (ohne Mensch) überlassen. Sie kommt erst in Form von Konsumgütern und als solche als Oberflächen-Wahlfreiheit zum Menschen zurück.

Das transzendentale Subjekt geriet in den Hintergrund, das Sittengesetz wurde verstellt mit unendlichen Wahlmöglichkeiten an der Oberfläche, z.B. des Konsums. Das reale Subjekt (der alte Adam) betreibt, von der Pädagogik permanent ermutigt, seine Selbstverwirklichung durch Konsum, durch Verbrauch der Ressourcen unseres Lebenssystems, durch Arbeit, Reisen, Sport und generationenüberdauernde Zivilisationsgüter (Kirchen, Schlösser, Villen usw.).

Dabei geht über die Arbeitsteilung: Mensch und seine Selbstverwirklichung (ohne Natur, die ganz andere Sphäre – KANT), bei der Pädagogik und Natur, bei den analytischen Naturwissenschaften jeder Bezug zum Lebenssystem unseres Planeten, jede Sensibilität für Natur, so sie denn vorhanden war, verloren.

So haben wir denn, während wir die transzendentale Idee der Freiheit entwickelten und insbesondere in der Pädagogik pflegten, sie als reale Möglichkeit verloren: „Alles ist möglich und nichts mehr können wir ändern“ (TREML 1987, S. 68).

Pädagogik muß für ihr eigenes Denken „Natur“ zurückgewinnen. Muß das Lebenssystem unseres Planeten verstehen lernen, in ihr Programm, in ihr Wahrnehmen und Denken einbeziehen. Sie muß den Menschen und seine Möglichkeiten in diesem Lebenssystem begreifen und darüber sympathetische, auf Verschränkung der planetarischen und anthropozentrischen Perspektiven beruhende Mensch- und Weltbilder entwickeln, um dann auf dieser Basis eine andere Freiheit für den Menschen als ein bisher vernachlässigtes Einzigartiges auszugestalten und zu dieser zu ermutigen: der „Freiheit, zu unterlassen“. – Die Pädagogik für einen anderen Fortschritt, für die Bildung des ökologisch wirtschaftenden Menschen, wird kaum ohne eine „Ethik des Seinlassens“ (TREML 1987, S. 68) auskommen.

4. Brauchen wir eine Umweltethik?

4.1 Ethik, Moral und menschliches Handeln

Um die Probleme, die wir mit uns in der Welt haben und die Anlaß zur Zerstörung unserer Mitwelt sind, zu lösen – müssen wir unser Verhalten ändern. Sie entstehen durch unser Handeln.

Was ist an unserem Handeln falsch? – Wo liegt der Ursprung unseres Handelns?

Menschliches Handeln ist nach der Definition der Mehrzahl der Philosophen Hauptgegenstand der philosophischen Wissenschaft vom Sittlichen der Ethik.[21]

Wie wir aus der Philosophie des Sittlichen lernen können, liegt, ohne wissenschaftlichen Einfluß, im Brauchtum der Stämme und Völker aus alter Zeit eine mythisch begründete Vielzahl von Normsystemen für in den Gruppen akzeptiertes (moralisches) Handeln vor. Die Philosophie der Wissenschaft vom Sittlichen hat im Laufe ihrer Geschichte eine große Zahl von systematisch reflektierten Wertesystemen entwickelt. Diese Entwicklung verlief in verschiedenen kulturellen Gruppen und Nationen unterschiedlich. So wurde im 19. und 20. Jahrhundert in Deutschland zunächst eine kategoriale, danach eine phänomenologische, in England eine utilitaristische, in Frankreich eine existentialistische Ethik begründet. Die Entwicklung solcher Ethiken ist sowohl historischem Wandel unterworfen als auch religions- und weltanschauungsabhängig, ja, nicht einmal frei von modischen Trends. Abgesehen von gruppeninternem Zwang zu einer Einheitsethik (z.B. heute in fundamentalistisch religiösen Gruppen) herrscht generell ein Pluralismus an Ethiken bzw. an Normsystemen für Einstellung und Verhalten vor.

Über weite Strecken werden Moral[22] und Ethik bzw. Ethos synonym verwendet. In der Regel wird unter Ethik die Wissenschaft vom Sittlichen und unter Moral die praktisch gegebene Ausprägung, ein Satz von Handlungsnormen für sittliches Verhalten, verstanden.

---

21 Ethik: (grch. ethos = Brauch, Sitte, Gewohnheit). Im Deutschen bezeichnet Ethos die Eigenart der sittlichen Gesinnung und Haltung eines einzelnen oder einer Gruppe, insbesondere wenn damit die Hochschätzung bestimmter Werte gemeint ist, z.B. im Berufsethos. Ethik bezeichnet dagegen die Wissenschaft vom Sittlichen und die von ihr entwickelten Wertesysteme.

22 Moral (lat. moralis = die Sitten betreffend): die Gesamtheit der Mindestausstattung an Verhaltens- und Einstellungsnormen, die in einer Gruppe oder Gesellschaft über längere Zeit hinweg offiziell und von der Mehrheit als verbindlich angesehen wird (z.B. die Moral der Truppe – aber das Ethos der Ärzte; letztlich kommt beides aufs gleiche hinaus).

In den westlichen Demokratien wird die Moral zunehmend privatisiert. Die Pluralität ist in einer Demokratie notwendig; aus der individuellen Kombination pluraler Ethiken folgt eine privatisierte Moral.

Damit scheint es notwendig, daß in Demokratien die Themen Weltbilder, Ethik und Moral ein zentraler Gegenstand von Erziehung und Bildung sein müßten.[23]

Es ist also ganz erwartungsgemäß, daß bei der Konstruktion einer Umwelterziehung so massiv wie noch nie der Ruf nach Verantwortlichkeit, nach Wertorientierung, nach Moral und Ethik laut wird. Selbst in den methodischen Grundsätzen zur Umwelterziehung heißt es „... es ist die Hauptaufgabe ... bei den Schülern Werthaltungen zu schaffen ... Die Schüler müssen zu einer ethischen Einstellung gelangen . . ." (ZEHETMAIR 1990, S. 1).

So erschallte denn auch seit Proklamation einer Umwelterziehung der Ruf nach einer Umweltethik landauf und landab. Zahlreiche Fachleute: Philosophen, Theologen, Pädagogen und Naturwissenschaftler haben in dem letzten Jahrzehnt eine umfängliche Literatur zu dieser Thematik erzeugt.[24]

4.2 Anthropologische Grundlagen menschlichen Handelns

Bevor die Ethikdiskussion fortgeführt wird, sollen einige anthropologische Grundbedingungen für menschliches Handeln in die Überlegungen einbezogen werden.

Der Mensch als Komponente des Lebenssystems unseres Planeten ist eine evolutionär betrachtet bisher höchst erfolgreiche Gattung (ihr Erfolg mag sich im folgenden als Sackgasse erweisen, das sei dahingestellt).

In der Entwicklung und Ausweitung seiner Überlebenspraxis hat der Mensch eine Reihe von dazu nützlichen Verhaltensdispositionen erworben. VERBEEK (1990) nennt als erste Überlebensdisposition die „Illusion" als strategisches Potential, dies ist auch bereits in Mythen abgebildet; am Beispiel des Prometheus-Mythos zeigte dies WILSON (1980) bei AISCHYLOS auf. Der Chor der Beklagten fragt Prometheus:

---

23 Praktisch finden wir oft das Gegenteil. In totalitären Systemen wird ein Weltbild in der Erziehung durchgesetzt, eine Ethik indoktriniert, zur verordneten Moral erzogen, – in unserer Demokratie herrscht außerhalb des spezialisierten expansiven Lernens Laisser-faire-Verhalten.

24 Als Grundlage für eine vertiefende Auseinandersetzung mit der Problematik empfehle ich: JONAS, H.: Das Prinzip Veantwortung – Versuch einer Ethik für die technologische Zivilisation, Frankfurt 1979.

Ausgewählte Literatur zur Umweltethik:

1976 AMERY, C.: Natur als Politik, Reinbek

1979 JONAS, H.: Das Prinzip Verantwortung, Frankfurt

1980 BOLSCHO, D. u.a.: Umwelterziehung, München
KATTMANN, U.: Bezugspunkt Mensch, Köln

1982 SCHMACK, E.: Chancen der Umwelterziehung, Düsseldorf

1983 BIRNBACHER, D. (Hg.): Ökologie und Ethik, Stuttgart

1984 AUER, A.: Umweltethik, Düsseldorf
MAURER, R.: Ökologische Ethik, in: BEER, W./de HAAN (Hg.): Ökopädagogik, Weinheim

1986 MYNAREK, H.: Ökologische Religion, München

1987 ALTNER, G.: Umweltethik, in: CALLIES, J./LOB, R.E. (Hg.): Praxis der Umwelt- und Friedenserziehung, Düsseldorf

1988 HEDEWIG, R./STICHMANN W. (Hg.): Biologieunterricht und Ethik, Köln
VOGEL, C.: Evolution und Moral, in: MAIER-LEIBNITZ, H. (Hg.): Zeugen des Wissens, Mainz

1989 STREY, G.: Umweltethik und Evolution, Göttingen

1990 MERTENS, G.: Umwelterziehung. Eine Grundlegung ihrer Ziele, Paderborn 1991

1991 SCHREIER, H.: Umweltethik, in: GESING, H./LOB, R.E.: Umwelterziehung in der Primarstufe, Heinsfeld

Chor: Und du bist nicht doch zu weit'rem fortgeschritten noch?

Prometheus: Den Sterblichen nahm ich vorzuwissen ihren Tod.

Chor: Für solches Leiden, welche Heilmittel fandest du?

Prometheus: Ich siedelte in ihnen blinde Hoffnung an.

„Prometheus hatte bekanntlich den Göttern zum Nutzen des Menschen das Feuer gestohlen – und, was weniger bekannt ist, er führte die Illusionsfähigkeit als psychische Wärmequelle ein" (VERBEEK 1990, S. 82).

Die blinde Hoffnung vermag den Menschen immer wieder zu trösten und ihn aus Ängsten und ohnmächtiger Erstarrung zu befreien. – Illusionskraft ist eine notwendige Eigenschaft für Massenführer (vgl. WEBER 1972).[25]

Angesichts übermächtiger Umstände oder vermuteter Autorität hat der Mensch die Verhaltensdisposition zum reibungslosen Funktionieren (Agens-Zustand; VERBEEK 1990, S. 206). Dies hat in einer Reihe historischer Situationen sein individuelles Überleben und das seiner Gruppe gesichert.

Die dritte Verhaltensdisposition bezeichnet das Sich-Zurückziehen aus schwierigen Situationen, das Sich-Abwenden und Verneinen unangenehmer Konsequenzen, das Verschieben der Verantwortung. Verantwortung versickert dann zwischen den möglichen Verantwortungsträgern: Verantwortungsdiffussion.

Illusionsfähigkeit – reibungsloses Funktionieren (Agens-Zustand) – Diffusion der Verantwortlichkeit, diese Trias sieht VERBEEK (1990) als anthropologische Grundlagen der Umweltzerstörung. Die treibende Kraft dahinter ist der evolutionär verankerte und über Rang- und Machtstreben in unsere kulturelle Evolution überführte unausrottbare Egoismus. Damit soll nicht gesagt werden, daß es Altruismus nicht gäbe – aber im Egoismus, als der evolutionär bzw. genetisch verankerten Ausstattung, liegt die unverhältnismäßig höhere Mächtigkeit.

Rang- und Machtstreben sowie unausrottbarer Egoismus als evolutionäre Grundausstattung des Menschen für das DARWINsche Fitnessrennen begünstigen auch das Wettrennen um die Weltmärkte, sie sind als letzte Konsequenz die treibenden Kräfte des Kapitalismus, und aus Sicht des Evolutionsbiologen besteht durch diese Verbindung die Mächtigkeit und vielleicht auch die Unausrottbarkeit des Kapitalismus.

Dieser Sicht des Evolutionstheoretikers steht diejenige des Humanisten und Gesellschaftskritikers entgegen.

Ganz anders sieht dies FROMM:

„Die Entwicklung dieses Wirtschaftssystems wurde nicht mehr durch die Frage: Was ist gut für den Menschen bestimmt, sondern durch die Frage: Was ist gut für das Wachstum des Systems? Die Schärfe dieses Konflikts versuchte man durch die These zu verschleiern, daß alles, was dem Wachstum des Systems (oder auch nur eines einzigen Konzernes) diene, auch des Menschen Wohl fördere. Dieses Konstrukt wurde durch eine Hilfskonstruktion abgestützt, wonach genau jene menschlichen Qualitäten, die das System benötigte – *Egoismus, Selbstsucht und Habgier* –, dem Menschen angeboren seien; sie sind somit nicht dem System, sondern der menschlichen Natur anzulasten. Gesellschaften, in denen Egoismus,

---

25 Die „charismatische Herrschaft", wie sie von WEBER (1972) dargestellt wird, ist nicht zuletzt auch auf eine solche Illusionskraft begründet.

Selbstsucht und Habgier nicht existieren, wurden als ‚primitiv', ihre Mitglieder als ‚kindlich' abqualifiziert. Man weigerte sich zuzugeben, daß diese Merkmale nicht natürliche Triebe sind, die von der Industriegesellschaft benötigt werden, sondern das Produkt gesellschaftlicher Bedingungen" (FROMM 1976, S. 17).

Was der Evolutionstheoretiker als anthropologische Grundmuster aufzeigt, sind für den „radikalen Humanisten" Grundmuster des Systems.

Die beiden Positionen erscheinen auf den ersten Blick unversöhnlich. – Nach neueren Erkenntnissen über die wechselseitige Vernetzung sehr vieler Phänomene liegt es allerdings nahe, zwischen den Phänomenen Egoismus, Selbstsucht, Habgier und kapitalistisch-industrieller Wirtschaft Wechselwirkungen zu vermuten.

Wenn wir unsere Probleme in dieser Welt lösen wollen, sind wir nicht zuletzt auch aufgerufen, ein realistisches Menschenbild zu entwickeln.

In dieser Zeit ist nicht nur über die hohe Zerstörungspotenz der menschlichen Dispositionen, die tatsächliche Zerstörung durch sein Handeln, sondern auch über das weltweite Scheitern der sozialistischen Utopien möglichst unvoreingenommen nachzudenken.

Wenn nicht an der aufoktroyierten Ideologie und an der Verbürokratisierung, dann wäre die kommunistische Idee wahrscheinlich wegen unausrottbarer Egoismen zum real existierenden Sozialismus verkommen und gescheitert.

Das größte Umerziehungsexperiment der Menschheit, Maos permanente Kulturrevolution in China, konnte nur vorübergehend kommunistisch-altruistische Ergebnisse bringen. Nach 50jähriger Umerziehung bedurfte es nur einiger Lockerungen, und überall sind Massen kleiner egoistischer Kapitalisten zu finden (ohne Erziehung). Auf dieser Grundlage scheint der Kapitalismus dem Kommunismus überlegen. Die Menschheit hat keinen Grund, sich darüber zu freuen – denn Egoismus und kapitalistische Wirtschaftsformen, Illusionsfähigkeit, Agens-Zustand und Verantwortungsdiffusion zerstören unsere Lebensgrundlage, verändern grundlegend das Lebenssystem unseres Planeten.

Es hilft anscheinend nicht, den Versuch zu machen, diese Verhaltensdispositionen oder ihre evolutionären Grundlagen hinwegzudiskutieren. Selbst eingedenk, daß deren evolutionäre Verankerung keineswegs unwidersprochen zu beweisen ist, ist es für eine ökologische Pädagogik im besonderen angezeigt, sich mit diesen Verhaltensdispositionen auseinanderzusetzen und sie in ihrer Arbeit besonders zu berücksichtigen –, andernfalls könnte der Pädagoge bereits wieder seiner Illusionsfähigkeit erliegen –, denn die Existenz solcher anthropologischer Grundlagen ist eine herbe Frustration für die Pädagogik. Die Illusion könnte den Pädagogen vor Verzweiflung schützen.

Damit ist keineswegs Resignation angesagt – das kapitalistisch-industrielle Wirtschaftssystem fördert, verstärkt und erweitert Egoismen, Selbstsucht und Habgier, nützt Illusion, Agens-Zustand und Verantwortungsdiffusion zum eigenen Wachstum und zerstört damit letztlich unsere Lebensgrundlage; dies gilt es zu vermeiden. Sie zu negieren hilft aber, wie die Geschichte lehrt, auch nicht weiter. Es gilt, sie in Rechnung zu stellen und sie zu relativieren und darüber immer weiter zu verkleinern.

4.3 Die Allmende-Klemme oder das ökologisch-soziale Dilemma

Es gibt in der Literatur Hinweise auf dieses zentrale soziale Problem der Menschheit auf diesem Planeten seit dem vorigen Jahrhundert (LLOYD 1833). 1968 erschien von HARDIN in der Science der Artikel: The Tragedy of the Commons (Die Tragödie mit dem Gemeingut). Neben den vorher genannten grundlegenden Verhaltensdispositionen und in Verbindung mit ihnen sieht HARDIN die Tragödie sich wie folgt entwickeln:

Stellen wir uns eine Weidefläche vor, die für alle Bewohner der Gegend zur Verfügung steht (Allmende). Jeder wird versuchen, soviel Vieh wie möglich auf diese Allmende zu bringen. Für Tausende von Jahren stellte dies kein Problem dar, denn Stammeskämpfe, Viehraub, Krankheiten und Verlust durch Raubtiere hielten die Zahlen unterhalb der Grenze, die von der Weide getragen werden konnte. Nachdem die Stämme in Frieden lebten, Raubtiere ausgeschaltet, Krankheiten reduziert waren, begann die Tragödie ihren Lauf zu nehmen.

Ein rational denkender Hirte versucht, seine Weiderechte vernünftig zu nutzen. Wenn ich ein Stück Vieh mehr auf die Weide bringe, dann habe ich einen zusätzlichen Gewinn von 10% (zehn Tiere stehen ihm ohnehin zu). Wenn die Weide dadurch mehr belastet wird und dieses sich tatsächlich als ein Verlust in gleicher Höhe erweisen würde (was ja noch gar nicht bewiesen ist), so habe ich einen Verlust von 0,1%, da der Verlust sich auf 100 Hirten verteilt.

Wenn ich meine Herde nicht um 1 aufstocke, aber ein anderer und vielleicht mehrere andere, dann haben die anderen alle einen Gewinn, nur ich habe den Verlust.

Vernünftig ist der mäßigende Entscheid, jetzt ein Tier mehr auf die Weide zu bringen.

Der Hirte befindet sich in einer „sozialen Falle“ – seine Zurückhaltung begünstigt die Hemmungslosesten, und es nützt nichts für die Weide. So ist letztlich jeder mehr oder weniger gezwungen, seine Herde aufzustocken.

Zunächst geht es allen besser, sie haben mehr Gewinn, mehr Ansehen: So wird noch heute diese Art der sozialen Falle zum Problem der meisten Hirtenvölker in der Dritten Welt.

Nach einer gewissen Zeit wird der Gewinn sinken, das Land wird die Tiere nicht mehr ernähren können –, schließlich werden die Tiere auch die Wurzeln der letzten Pflanzen zerstören, das Land wird verkarsten. „Der freie Zugang zu Gemeingütern ist der Untergang für alle" (zieht HARDIN 1968, S. 1244, die Schlußfolgerung aus der Allmende-Klemme).

Der gemeinsame Weidegrund, die Allmende, ist als solcher in den industriellen Zivilisationen abgeschafft bzw. in öffentliche Parks umgewandelt –, aber wir verhalten uns nicht anders als die alten Hirtenvölker, denn unsere Allmende sind die Flüsse, die Seen, die Meere, die Luft.

Das ökologisch-soziale Dilemma besteht darin, daß natürliche, sich selbst regenerierende Ressourcen von allen genutzt werden. Der Nutzen kommt jedem Nutzer direkt zugute, Schäden treffen die Allgemeinheit. In bezug auf die Luft und unsere Meere liegt der Nutzen bei relativ wenigen, und der Schaden trifft zunächst nur die gesamte Menschheit. *Neben der „sozialen Falle", die darin besteht, daß in einer Konkurrenzsituation diejenigen, die sich zurückhalten oder ökologisch vernünftig handeln, nichts bewirken, nur den Weg für andere frei machen, die gegebenenfalls dann um so mehr zerstören,* geraten wir außerdem noch in eine „Zeitfalle" (SPADA/ERNST 1992).

Die Schäden (oftmals verheerend) erscheinen in ihrer ganzen Stärke erst mit einer erheblichen Zeitverzögerung von einer bis mehreren Generationen, so daß die ganze Wucht der Konsequenzen die Verursacher nicht mehr trifft, sondern erst die Nachfahren (vgl. Abb. 12, S. 93).

In einer extremen Wettbewerbssituation, wie sie unser Markt darstellt, entwickelt sich aus der „sozialen" und der „Zeitfalle" in Kombination eine Tragödie für die Menschheit.

Das Phänomen der Allmende-Klemme haben wir umdefiniert (aus einem Dilemma in ein Nutzenmodell) und mit Erfolg in vielfältiger Weise in unsere Wirtschaft übertragen. Auch dort, wo es sich nicht direkt um ein Gemeingut und eine sich selbst regenerierende Ressource handelt, hat unsere Wirtschaftspolitik mehr und mehr ökonomische Systeme entwickelt, bei denen der Profit privatisiert und die Kosten, speziell die Risiken, sozialisiert werden; dabei wird das Phänomen der Zeitfalle politisch bereits als Positivum mitkalkuliert. Um jetzt Wachstum (Profit) zu haben oder den Status quo zu erhalten, werden bereitwillig und ohne Bedenken große zeitverschobene Risiken in Kauf genommen. Dies ist ein Teil der „Wohlstandsfalle", in der sich die industrielle Zivilisation befindet.

Für unsere Produktion sind in der Regel über eine gewisse Zeit Entwicklungskosten zu veranschlagen. In der Zeit der Produktion und der Ge-

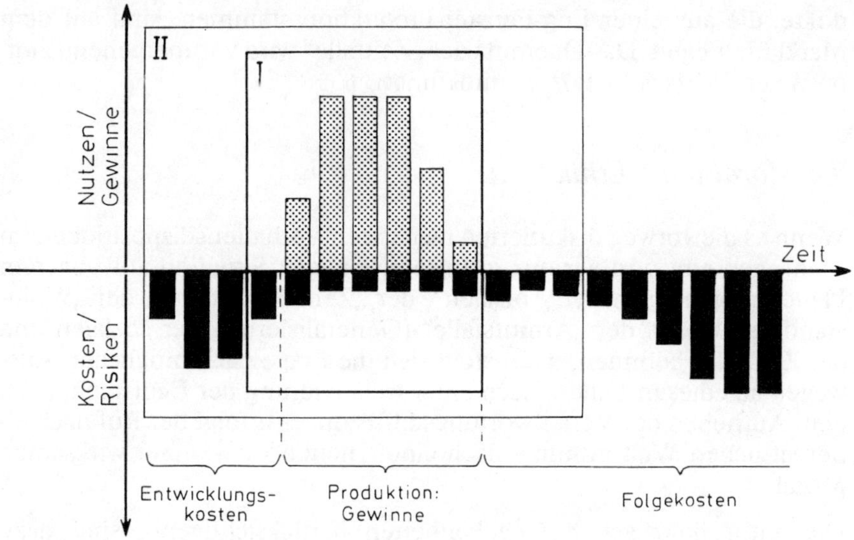

Abb. 12: Profit und Risiko (Kosten-Nutzen-Risiko-Kalkulation)
I: enges ökonomisches Fenster
II: breites ökonomisches Fenster

winne ist eine Nutzen-Kosten-Rechnung zu erstellen. Im dritten Zeitabschnitt sind Folgekosten, die aus den Resten der Produktion (Müll, Giftmüll), aus Spätschäden und Risiken bestehen, zu veranschlagen. Bei einer vollständigen Veranschlagung (Kosten-Nutzen-Risiko-Kalkulation) müßten wir auf vieles verzichten. Viele Produkte könnten erst gar nicht hergestellt werden, viele Produktionsweisen würden von vornherein ausscheiden.

Als Modell benützen wir nun in unserer Wirtschaft das Phänomen der „sozialen Falle", indem wir absichtlich die Kosten auf die Allgemeinheit umlegen („sozialisieren"), die Gewinne jedoch privatisieren.

Damit wird das Dilemma der „sozialen Falle" zum Wirtschaftsprogramm umdefiniert. Im engen „ökonomischen Fenster" (I, Abb. 12) wird dies deutlich (Prototyp einer solchen Produktionsweise ist die Atomwirtschaft). Im „engen ökonomischen Fenster" werden höchstens die allerletzten Entwicklungskosten zur Serienreife von den Produzenten getragen – wir erhalten Betriebe mit eindeutig positiver Diskontrate, die Produktion ist sehr rentabel. Im „weiten ökonomischen Fenster" werden die Entwicklungskosten weitgehend und die unmittelbaren Folgekosten von den Produzenten getragen (als Prototyp kann hier die Braunkohle-Energiewirtschaft dienen). Die Rentabilität ist wesentlich geringer oder fehlt schließlich ganz, Subventionen werden notwendig. Auswärtige Produkte, die aus einer Eng-Fenster-Produktion stammen, sind auf dem Markt überlegen. Das Dilemma der „Zeitfalle“ wird vorübergehend zum positiven Wirtschaftsfaktor umdefiniert.

4.4 Moral ohne Ethik?

Wenn es die vorweg diskutierten mächtigen Verhaltensdispositionen im Menschen gibt und wir uns in unserer jetzigen Situation auf unserem Planeten ständig in der „sozialen“, der „Zeitfalle“ oder in der „Wohlstandsfalle“ bzw. der „Armutsfalle“ (Generalisierung der sozialen und der Zeitfalle) befinden, dann stellt sich die Frage nach möglichen Auswegen aus diesen Fallen, nach einer Relativierung der Egoismen, nach dem Aufheben der Verantwortungsdiffusion, es erfolgt der Ruf nach einer sittlichen Weltordnung, nach einer „neuen“ bzw. einer wirksamen Moral.

Die anthropologischen Gegebenheiten berücksichtigend, sind dazu Grundsätze notwendig, die vor allem Egoismen relativieren, die Kooperation trotz der Egoismen geschehen lassen, die dadurch Zuverlässigkeit etablieren und damit Verantwortungsbereitschaft möglich machen.

Solche Grundsätze werden seit 1950 (Flood u.a.) in der Psychologie vor allem mit Hilfe der Spiel- und Entscheidungstheorie untersucht. Der Ausgangspunkt ist die Parabel des „Gefangenendilemmas“: „Angenommen Sie und ein Komplize (der Ihnen sonst nichts weiter bedeutet) haben ein Ding gedreht; doch man hat Sie beide erwischt und eingesperrt, und nun warten Sie bangen Herzens auf Ihren Prozeß. Sie sitzen in getrennten Zellen, ohne Möglichkeit, sich irgendwie zu verständigen.

Der Staatsanwalt bietet nun jedem von Ihnen den folgenden Kuhhandel an (und sagt dazu, daß er Ihnen beiden den gleichen Handel vorschlägt und daß auch der andere das weiß): ‚Wir haben eine ganze Menge Indizien gegen Euch. Es reicht, um Euch beide für zwei Jahre hinter Schloß und Riegel zu bringen, wenn Ihr hier weiter die Unschuldslämmer spielt. Aber wenn Sie alles zugeben und uns so helfen, Ihren Komplizen – pardon: Ihren mutmaßlichen Komplizen – zu verknacken, dann lassen wir Sie laufen. Und keine Angst, daß Ihr Komplize sich rächt – er brummt dann erst mal fünf Jahre. Also, wie steht's?‘ Argwöhnisch fragen Sie: ‚Und was, wenn wir beide gestehen?‘ ‚Je nun, Freundchen – dann fürchte ich, wandert Ihr beide für vier Jahre in den Knast.‘

Jetzt sitzen Sie ganz schön in der Tinte! Natürlich wollen Sie nicht länger den Unschuldigen spielen, wenn Ihr Komplize gestanden hat; denn dann kriegen Sie fünf Jahre. Da wäre es schon besser, Sie gestehen beide und bekommen nur vier. Auf der anderen Seite: Beharrt Ihr Partner auf seiner Unschuld, so wäre es das beste für Sie, zu gestehen; denn dann blieben Sie ungeschoren.

Auf den ersten Blick also scheint es völlig klar, was Sie zu tun haben: Singen. Doch was für Sie gilt, gilt auch für Ihren Partner, und so scheint für Sie beide nur eins zu gelten: Sing! Das aber heißt – Sing-Sing für vier Jahre. So jedenfalls sagt es Ihnen die Logik. Wirklich komisch: Wenn Sie beide unlogisch gehandelt und standhaft geleugnet hätten, hätten Sie nur halb so lange sitzen müssen. Oh unbarmherzige Logik!" (HOFSTADTER 1983, S. 8/9).

Die Grundsituation des Gefangenendilemmas gilt für den Handel, den Markt und auch die Politik. In der Welt von Egoisten ist der Altruist verloren, er maximiert nur die Gewinne der anderen. Wie ist aber Kooperation zwischen Nichtaltruisten möglich?

AXELROD startete 1987, nach fast 30 Jahren experimenteller Forschung zum Gefangenendilemma, zwei Wettbewerbe für mögliche Strategien zur Überwindung des Dilemmas. Ihm wurde eine große Anzahl strategischer Programme zugeschickt. Das längste, komplizierteste umfaßte 152 Programmzeilen in Fortran, das kürzeste nur vier Zeilen in Basic. Jedes Programm mußte gegen jedes und sich selbst antreten, und das Turnier wurde fünfmal wiederholt. Gesamtgewinner war das einfache Programm mit nur vier Zeilen, sein Name: „TIT for TAT", zu deutsch: „Wie du mir, so ich dir."

Aus der Analyse der Ergebnisse lassen sich folgende Handlungsmaximen ableiten:

1. Beginne immer mit einem ehrlichen Zug! Betrüge nie als erster!

2. Nach dem ersten Zug tue stets das, was der andere tut!

3. Neid und Mißgunst bringen nichts; bleibe nett!

4. Laß dich provozieren, schlage zurück, aber bleibe versöhnlich!

5. Abstauben bringt nichts! Versuche nicht, clever zu sein oder zu tricksen!

Ehrlichkeit, Nettigkeit, Provozierbarkeit, Versöhnlichkeit und Robustheit sind die Charakterzüge dieser Strategie. In einem weiteren späteren Wettbewerb gab es eine noch erfolgreichere Strategie, „TIT for two TAT", d.h. Ehrlichkeit und Nettigkeit wurden verdoppelt, die Provozierbarkeit um einen Zug aufgeschoben, erst nach zwei Zügen wurde zurückgeschlagen.

AXELROD hält die Klarheit und Einfachheit für einen besonderen Vorzug der Strategie.

Es besteht eine hohe Wahrscheinlichkeit, dieser Strategie irgendwann einmal zu begegnen. Aufgrund der Einfachheit ist tit for tat, wenn man es einmal kennt, leicht wiederzuerkennen. Aufgrund seiner Klarheit weiß man dann sofort, daß es sich nicht ausnutzen läßt. Die Einfachheit und Klarheit bezeichnet AXELROD als die Robustheit dieses „moralischen" Programmes.

4.5 Strategien für eine wirksame Moral

Der Mensch ist nicht an sich ein sittliches Wesen – auch wenn ihm im philosophischen Sinne Sittlichkeit als Aufgabe aufgegeben sein mag.

Als Spezies mit relativ langer evolutionärer Vergangenheit ist er nicht vollständig ein freies Wesen, das sich selbst erschafft, wie einige philosophische Richtungen vorgeben. Auch das Lernen vieler Verhaltensweisen beweist nicht, daß es keine natürliche, evolutionäre Grundlage für sein Verhalten gibt.

Im Bemühen um eine wirksame Moral scheint es wichtig, auf den evolutionären Grundlagen und einfachen Strategien für Kooperation[26] aufzubauen.

In der christlich-abendländischen Erziehung fehlte es nie an Aposteln der hohen Sittlichkeit. „Wie du mir, so ich dir" war für sie immer eine verachtenswerte Verhaltensmaxime. Wir, die Abendländer, predigten immer eine höhere sittliche Moral, trotzdem haben wir in der vordersten Reihe gewirkt, um die Welt in ihren unmoralischsten Zustand aller Zeiten zu bringen. Wir haben die Welt in ein System organisierter Unverantwortlichkeit verwandelt. Nun ist Umwelterziehung aufgerufen, in diesem System organisierter Unverantwortlichkeit zu Verantwortlichkeit zu erziehen (BUDDENSIEK 1991).

„Tit for tat" ist nicht nur eine erfolgreiche, sondern auch durchaus moralische Strategie, sie begründet keine Ungerechtigkeiten, dafür bürgen die Verhaltensmaximen der Ehrlichkeit, Nettigkeit und Versöhnlichkeit. Sie läßt sich aber auch nicht ausnutzen, insbesondere hierin liegt ihr Erfolg. Stellen wir uns einen Augenblick lang vor: Die kirchlichen Würdenträger, die christlichen Kaiser und Könige und alle ihre direkten und indirekten Vertreter wären in ihrem „Handeln", in ihren Verträgen mit den Indianern Süd- und Nordamerikas, mit den Völkern Afrikas und dem Rest der Welt immer dieser Strategie, immer den Verhaltensmaximen

---

26 OPWIS/SPADA (1985) fanden bei ihren experimentellen Untersuchungen über Kommunikation unter Wettbewerb (Version des Gefangenendilemmas), wenn Umweltprobleme eine Rolle spielen (z.B. Überfischung), daß ökologisches Wissen eine große Rolle spielt. Eine wissende, reaktive (tit for tat) Strategie war durchweg erfolgreich. Unter bestimmten Bedingungen war eine nicht reaktive (nicht zurückschlagende) Strategie auf der Grundlage ökologischen Wissens noch erfolgreicher (SPADA u.a. 1985).

Ehrlichkeit, Nettigkeit, Versöhnlichkeit gefolgt. Wären auch, wenn sie provoziert wurden, versöhnlich geblieben – ja, die wirklich christlichen unter ihnen wären der Verhaltensmaxime von „tit for two tat“ gefolgt. Sie wären doppelt ehrlich und versöhnlich geblieben – wieviel gerechter würde heute die Welt aussehen! Jedoch, sie predigen alle eine hohe Sittlichkeit (viel zu hoch für „Wilde“), und ihr Verhalten fiel weit hinter „tit for tat“ zurück.

Für weltweite Kooperation über verschiedene Kulturen mit sehr unterschiedlichen Wertesystemen und vielen (sehr vielen) sich nicht an Sittlichkeit orientierenden Menschen und Gruppen ist eine einfache, robuste, aber nicht unmoralische Strategie notwendig. Um eine globale ökologische Wirtschaftsweise über unterschiedliche Gesellschaften zu ermöglichen, ja, auch schon um nur etwas mehr Gerechtigkeit und Ehrlichkeit auf diesem Planeten durchzusetzen, bedarf es nicht hoher konkurrierender Sittlichkeit, sondern einfacher moralischer Maximen, wie tit for tat sie darstellt. Ökologische Pädagogik tritt zuallererst für eine basale Moral unter Berücksichtigung der nicht moralischen Verhaltensdispositionen des Menschen ein.

Die Vermittlung von Moral geht dann von den Egoismen aus, über den reziproken Altruismus[27], der möglicherweise bis zu globalen Kooperationen ausgeweitet werden kann.

Es gilt, Mut zu machen, um den Agens-Zustand zu überwinden und in der direkten nächsten Mitwelt gegen die Verantwortungsdiffusion anzukämpfen.

Tit for tat beziehungsweise tit for two tat sind Strategien, die brauchbare Verhaltensmaximen für unmittelbare tägliche und globale Kooperation trotz aller Egoismen enthalten.

Es gilt, diese Verhaltensmaximen in vielfältiger Weise und möglichst früh zu vermitteln, zunächst durch „Geschichten“ (auch Märchen), durch praktische Spielerfahrung, durch die Spiel- und Entscheidungstheorie einschließlich Computersimulationen. Tit for tat liefert eine ba-

---

27 Reziproker Altruismus bezeichnet ein Verhalten, in dem Egoismen zurückgedrängt, für eine bestimmte Zeit in einem bestimmten sozialen Raum (einer Gruppe) ausgesetzt werden. Ich verhalte mich nicht egoistisch, weil ich weiß, daß dieses gut und nützlich für mich ist –, es wäre dumm, sich in entsprechenden Situationen selbstsüchtig zu verhalten.
Reziproken Altruismus nennt Mackie (1982) eine prä-moralische Tendenz, sich einer kleineren Gruppe gegenüber altruistisch zu verhalten, wobei man von den anderen Mitgliedern der Gruppe dann Gleiches erwartet. In der Gruppe erwartet man Schutz gegen eine feindliche Außenwelt (vgl. Vogel 1989). Gegenüber dem feindlichen Universum und der Gefahr für unser Lebenssystem wäre ein planetweiter reziproker Altruismus sehr hoffnungsvoll.

sale Moral, die noch keiner höheren Ethik bedarf. Sie verstehen, schätzen und anwenden zu lernen, sollte Ausgangspunkt einer Moralerziehung sein.

Nach der Festigung solcher Erfahrungen sollte die Auseinandersetzung mit der Sittlichkeit im engeren Sinne, der Ethik, erfolgen.

Jeder mag in der geistig-sittlichen Welt in seinem Streben nach höherer Sittlichkeit so weit fortschreiten, wie es ihm möglich ist. Für den Rückfall hinter die Verhaltensmaximen von tit for tat brauchen wir harte Sanktionen (für Christen und Neuheiden, für Politiker, profane und auch „konsequente Materialisten“, für alle Mitbewohner dieses Planeten).

Aufgrund unserer Einsicht in die Probleme, die wir in dieser Welt produzieren, der ökologischen Gefahren für die Menschheit, die Erkenntnisse unserer evolutionären Grunddispositionen und der sozialen Dilemmata (soziale, Zeit-, Wohlstands- und Armutsfalle) sind klare Moralnormen mit der gesellschaftlichen Wertigkeit von Rechtsnormen zu entwickeln.

Die Notwendigkeit ist durch die Auseinandersetzung mit den sozialen Dilemmata einsichtig zu machen. Das Eintreten für die Entwicklung und Durchsetzung solcher Normen ist auch Aufgabe einer ökologischen Pädagogik.

Seit Menschen über sich und die Welt nachdenken, seit sie sich als geistige Wesen, als sittliche Individuen verstehen, wurden mit kleinen Un-

Auswahl neuer Ethiken in der Diskussion:

- Ethik der Humanität (Neuhäusler München 1963)
- Ethos der Sachlichkeit (Hengstenberg Stuttgart 1969)
- Verantwortungsethik (Portmann Zürich 1971; Müller Stuttgart 1972)
- Ethik der Lebewesen (Teutsch Bern 1975)
- Humanökologische Wertlehre (Reichardt St. Saphorin 1976)
- Realistische Ethik (Kadlec Berlin 1976)
- Überlebensethik (Müller Freiburg 1976)
- Naturethik (Eibl-Eibesfeld München 1984)
- Ökologische Ethik (Maurer Weinheim 1984)
- Schöpfungsethik (Auer Düsseldorf 1984)
- Bioethik (Dulitz/Kattmann Stuttgart 1990)

terbrechungen ständig „neue“ Ethiken konstruiert –, es wurden damit kaum Kriege verhindert und der Mitweltzerstörung bisher kein Hemmnis entgegengesetzt. Derzeit ist eine Vielzahl sogenannter neuer Ethikkonstruktionen in der Diskussion.

Wir brauchen weniger eine neue Ethik, die übermorgen ohnedies alt sein wird, als vielmehr eine wirkungsvolle Moral.

Bei den zur Auswahl stehenden Ethiken spielen wiederum die zentralen Dimensionsmerkmale der Schichtung und der Zentrierung eine Rolle. Sie sind dualistisch oder monistisch, anthropozentrisch oder biozentrisch orientiert.

Die anthropozentrischen sind überwiegend auch dualistisch, da ja Sittlichkeit für viele ein Ergebnis des Dualismus der Welten, und zwar der geistigen Welt, ist und die Sonderstellung des Menschen bisher überwiegend als Privileg seiner Geistigkeit interpretiert wird.

Die dualistischen Ethiken, die hier gemeint sind, entspringen der jüdisch-christlich-humanistischen Tradition; die biozentrischen oder planetarischen sind das Ergebnis naturwissenschaftlicher und monistischer Weltbilder. Die anthropozentrischen Ethiken haben sich bisher – bezogen auf eine gerechte Weltordnung, ein humanes Leben auf diesem Planeten und selbst den Fortbestand der Art – als ziemlich uneffizient erwiesen. Sie dürften mit Ursache dafür sein, wenn wir uns in eine evolutionäre Sackgasse begeben und ein Saurierschicksal erleiden; die biozentrischen stellen die Gattung Mensch grundsätzlich zur Disposition. Sie leugnen in ihren extremen Varianten die sittliche Kraft und Möglichkeit des Menschen, sie verfallen anthropozentrisch gesehen einem Primitivismus. Ihre potentielle Effizienz zielt auf das Lebenssystem des Planeten, in dem der Mensch der Störfaktor ist –, in dem es für den Menschen gegebenenfalls nicht mehr lohnenswert erscheint zu leben. Zwischen beiden Lagern herrscht weitgehend Polemik und Unversöhnlichkeit.

Für eine wirkungsvolle Moral brauchen wir Verhaltensmaximen im Range einer Rechtsnorm, in der möglichst beide ethischen Werteordnungen, die anthropozentrische und die biozentrische, miteinander verschränkt werden.

Für ein solches Vorgehen gibt es in unserer Rechtsgeschichte umfängliche Erfahrungen. Seit altersher steht der individualistischen eine Kollektivethik gegenüber.

(i) Die platonisch-idealistische Werte-Ethik stellt das Individuum in den Mittelpunkt.

  Radikal simplifizierter Grundsatz:

  „Ich bin alles, eine Gemeinschaft gibt es nur durch mich.“

(g) Die aristotelisch-heidnische Gemeinschafts-Ethik stellt die Gemeinschaft ins Zentrum.

Radikal simplifizierter Grundsatz:

„Du bist nichts, dein Volk ist alles“ (vgl. auch VOGEL 1989, S. 200).

Rechtsprechung ist nicht nur für die Interpretation der Gesetze und deren präzise Anwendung, sondern auch für die Weiterentwicklung von Rechtsnormen zuständig. Letzteres geschieht, indem sowohl (i) als auch (g) als zwei zu beachtende ethische Wertsysteme herangezogen werden – beide werden miteinander verschränkt.

Rechtsnormsätze mit einer solchen Verschränkung haben dann den Charakter wie die Handlungsmaxime auf Segelschiffen: „Eine Hand für dich und eine Hand fürs Schiff“. Du rettest das Schiff, das Schiff rettet dich.

Wir brauchen einen umfänglichen Satz an ökologischen Handlungsnormen, die allgemein verbindlich wie Rechtsnormen zu entwickeln sind, und angesichts der Privatisierung der Moral in den westlichen Industrienationen sollte jeder in der Lage sein, diese Aufgabe auch selbst zu übernehmen. Insoweit ist sie auch Gegenstand einer ökologischen Pädagogik und nicht nur der Rechtswissenschaft.

Insgesamt kann analog wie im vorgenannten Schema verfahren werden.

Zur individualistischen (i) und der Gemeinschaftsethik (g) kommen zwei weitere Wertesysteme hinzu:

(a) Die anthropozentrische Werte-Ethik stellt den Menschen ins Zentrum.

Radikal simplifizierender Grundsatz:

„Der Mensch ist alles, Natur hat ihm zu dienen (ist nur seine Umwelt)“ oder –

„Im Menschen bringt sich die Natur selbst zur Sprache“ (MYNAREK 1986, S. 131).

(b) Die biozentrische oder planetarische Werte-Ethik stellt das Lebenssystem unseres Planeten ins Zentrum.

Radikal simplifizierender Grundsatz:

„Der Mensch ist nichts, das Lebenssystem unseres Planeten ist alles“ oder –

„Das Lebenssystem unseres Planeten ist alles, nur in ihm erhält der Mensch seine Chance.“

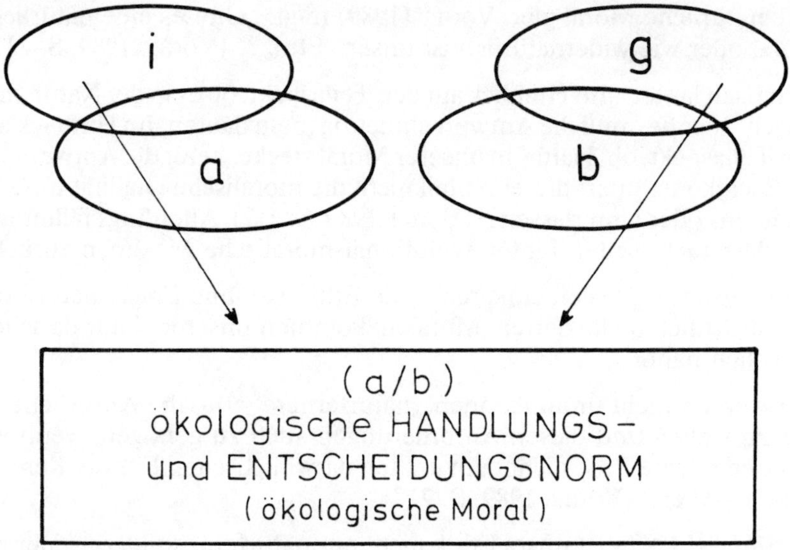

Abb. 13: Ökologische Handlungs- und Entscheidungsnormen

Bei näherer Betrachtung zeigt sich, daß die individualistische Werteethik (i) einen breiten Überschneidungsbereich mit der anthropozentrischen (a) hat und daß viele Belange der biozentrischen (b) sich mit denjenigen der Gemeinschaftsethik (g) überschneiden.

Erste Schritte hin zu einer solchen Verschränkung finden wir in SCHWEITZERS universeller Ethik. Albert SCHWEITZER geht von dem Basissatz aus: „Ich will leben, deshalb bin ich!" (SCHWEITZER 1923/1972, S. 330; (a): anthropozentrische Position.)

Demgegenüber sieht er: Ein wunderbares, hochkomplexes Lebenssystem, an dem der Mensch teilhat ((b): biozentrische Position). Hier scheint dann eine Verschränkung von (a) und (b) vorzuliegen.

(a/b) „Ich bin Leben, das leben will, inmitten von Leben, das leben will" (SCHWEITZER 1923/1972, S. 330).

Tatsächlich überschreitet Albert SCHWEITZER hier seine anthropozentrische Position, er kommt aber nicht zu einer Verschränkung (anthropozentrisch-biozentrisch), und so gerät er in ein Dilemma, in das der grenzenlosen Verantwortung und der unvermeidbaren grenzenlosen Schuld. Die vollzogene Verschränkung führt zu klar begrenzter Verantwortung und zur möglichen Schuldfreiheit.

Spätestens hier stellt sich die Frage, ob wir unsere moralischen Grundsätze, wie vor diskutiert, jeweils selbst konstruieren müssen, oder ob es eine natürliche Moral gibt. VOGEL (1989) fragt: „Gibt es eine natürliche Moral oder wie widernatürlich ist unsere Ethik?“ (VOGEL 1989, S. 217).

Sein Fazit lautet: „Im Hinblick auf den Teilaspekt, ob es in der Natur ‚moralisch‘ zugehe, muß die Antwort eindeutig ‚nein‘ lauten. Im Hinblick auf den Teilaspekt, ob ‚Natur‘ in unserer Moral stecke, heißt die Antwort ‚ja‘. . . ; doch konstituiert dieser Anteil nicht die moralische Qualität unseres Handelns oder Unterlassens“ (VOGEL 1989, S. 217). Allerdings fällt unser Handeln nicht selten hinter evolutionär-moralische Maximen zurück.

„Eine unseren Idealen entsprechende Ethik ist ohne Frage ‚naturfern‘, die tatsächlich praktizierten ‚Moralen‘ kommen unserer Natur da schon erheblich näher.

Wir werden nicht umhinkönnen, ‚naturfernere‘ ethische Ansprüche an uns zu stellen und diesen Anforderungen auch zu genügen, wenn wir uns und unsere Erde nicht dem uralten darwinistischen Fitness-Rennen opfern wollen“ (VOGEL 1989, S. 217).

Im Sinne KANTs ist unsre Ethik nicht nur naturfern, sondern wider die Natur gerichtet (vgl. folgendes Unterkapitel).

4.6 Die sittliche Norm

Die Entwicklung der sittlichen Norm ist im Verständnis einer großen Mehrheit ein zentrales Anliegen anthropozentrischer (theozentrischer) und dualistischer Weltbilder.

JONAS (1979) setzt sich in seiner Verantwortungsethik mit dem Problem der Dualität intensiv auseinander.

In der platonischen Ethik (dualistisches Wertesystem) geht es um die Teilhabe am Ewigen, dabei spielt Verantwortung keine Rolle.

„Aber die Ontologie ist eine andre geworden. Die unsere ist nicht die der Ewigkeit, sondern die der Zeit. Nicht mehr Immerwähren ist Maß der Vollkommenheit: fast gilt das Gegenteil. Dem ‚souveränen Werden‘ (NIETZSCHE) verschrieben, zu ihm verurteilt, nachdem wir das transzendente Sein ‚abgeschafft‘ haben, müssen wir in ihm, das heißt im Vergänglichen, das Eigentliche suchen. Damit erst wird Verantwortlichkeit zum dominierenden Moralprinzip. Der platonische Eros, auf Ewigkeit und nicht auf Zeitlichkeit ausgerichtet, ist für seinen Gegenstand nicht verantwortlich. Das in ihm Angestrebte ist ein überlegenes Was, das nicht ‚wird‘, sondern ‚ist‘. Ein solches aber, dem die Zeit nichts anhaben kann, dem nichts widerfährt, kann nicht Gegenstand von Verantwortung sein. Das Ewige . . . bedarf ihrer nicht; es wartet, daß man an ihm partizipiere, und sein im Medium der Welt gebrochenes Erscheinen erregt das Verlangen danach. Verantwortlich kann man für Veränderliches sein, für das von Verderbnis und Verfall Bedrohte, kurz für Vergängliches in seiner Vergänglichkeit (wie denn auch für unser Gefühl, bezeichnenderweise, nur ein Vergängliches geliebt werden kann). Wenn dies alles geblieben ist und zugleich unsere Macht darüber so gewaltig gestiegen, dann sind die Folgen für die Moral unermeßlich, aber bisher noch undeutlich, und eben damit beschäftigen wir uns. Der platonische Standpunkt war klar: er will nicht etwa, daß das Ewige zeitlich wird, sondern daß mittels des Eros das Zeitliche ewig werde (‚soweit ihm möglich'). Letztlich ist dies der Sinn des Eros, so sehr er von vergänglichen Abbildern angestachelt wird: Durst nach Ewigkeit. Unsere Sorge um die Erhaltung der Art ist im Gegenteil Durst nach Zeitlichkeit . . ." (JONAS 1979, S. 226/227).

In der monistischen Auffassung im Durst nach Zeitlichkeit wird „Verantwortlichkeit zum dominierenden Moralprinzip" (JONAS 1979, S. 226).

KANTS regulative Idee ist (nach JONAS) auf halbem Wege der Säkularisierung stecken geblieben. „Die Menschheit, die vernünftige Menschengemeinschaft als Idee, als eine durch sittliches Handeln zu verwirklichende Aufgabe, ist das regulative Prinzip, welches den einzelnen Handlungen innere Konsequenz verleiht" (KANT 1788/1956, S. 245).

Verantwortung bleibt bei KANT eine hypothetische.

Für KANT, in seiner Ehrfurcht vor dem Gesetz, bestimmt sich Moralität einzig aus der Handlung aus Pflicht: „Es ist von der größten Wichtigkeit, in allen moralischen Beurteilungen auf das subjektive Prinzip aller Maximen mit der größten Genauigkeit achtzuhaben, damit alle Moralität der Handlungen in der Notwendigkeit desselben aus Pflicht und aus Achtung fürs Gesetz, nicht aus Liebe und Zuneigung zu dem, was die Handlung hervorbringen sollen, gesetzt werden" (KANT 1788/1956, S. 237).

Das „Du kannst, denn du sollst" von KANT ist nach der Überführung in eine monistische Position umzukehren: Du sollst, denn du kannst! „Du sollst, denn du tust, denn du kannst, das heißt dein exorbitantes Können ist schon am Werk" (JONAS 1979, S. 231). Die Verantwortung wird durch die ausgeübte Macht bestimmt.

Ich habe die Macht, zu konsumieren und dabei Müll zu erzeugen, deshalb bin ich für die Folgen auch verantwortlich. Wir haben die Macht, unsere Lebensgrundlage zu zerstören, deshalb sind wir für die Folgen verantwortlich. „Die Macht ist eben dasselbe, was Verantwortung ins Zentrum der Moral rückt" (JONAS 1979, S. 233).

Der kategoriale Imperativ, wie ihn KANT zuerst (S. 244) aus noch dualistischer Position als hypothetische Verantwortlichkeit formulierte:

„Handle als einzelnes Vernunftswesen immer nach derjenigen Maxime, durch die du zugleich wollen kannst, daß sie Gesetz für alle Vernunftswesen werde!"

Umformulierung in die monistisch-materialistische Position:

Handle als einzelnes, mit Macht ausgestattetes Individuum immer so, daß du für das, was du tust, weil du kannst, auch Verantwortung trägst – daß die Maxime, nach der du handelst, zugleich ein Gesetz für alle mit Macht ausgestatteten Wesen sein könnte.

Umformulierung zur Handlungsmaxime unter gleichzeitiger Berücksichtigung der anthropozentrischen und der biozentrischen Werteskala:

Handle als einzelnes, mit Macht ausgestattetes Individuum immer so, daß die Konsequenzen deiner Handlung deine Mitwelt nicht zerstören, sondern das Lebenssystem deines Planeten fördern und daß die Maxime deiner individuellen Handlung Gesetz für alle Mitlebewesen sein kann.

4.7 Beispiele ethischer Grundpositionen

Im folgenden Kapitel werden drei in unserem Kulturkreis weit verbreitete Denktraditionen berücksichtigt. Als Beispiele wurden ausgewählt:

- Die universelle Ethik, eine Konzeption, die aus einem undogmatischen Christentum hervorging.
- Der radikale Humanismus, eine Konzeption, die auf der Grundlage abendländischer Denktradition ohne christliche Bindung entwickelt wurde.
- Die planetarische Ethik, eine Konzeption, die dem kritischen philosophisch-materialistischen Denken verpflichtet ist.

4.7.1 Universelle Ethik

Albert Schweitzer (1875-1965; Orgelvirtuose, Theologe/Pfarrer, Arzt, Philosoph) begann 1919 die Arbeit an seiner Ethik mit zwei berühmt gewordenen Straßburger Predigten. Seine erste Predigt zur „Ehrfurcht vor dem Leben" begann: „Gut ist Leben erhalten und fördern; schlecht ist: Leben hemmen und zerstören" (Schweitzer 1919/1984, S. 32).

Sein Hauptwerk zur Ethik ist „Kultur und Ethik" (1934), in dem seine universelle Ethik entfaltet wird.[28]

Albert Schweitzer gerät in seiner universellen Ethik in einen zentralen Konflikt, den er nicht zu lösen imstande ist – in ein Dilemma. Mit diesem Dilemma beginnt bereits seine erste Predigt: „Die Ehrfurcht vor dem Leben und das Miterleben des andern Lebens ist das große Ereignis für die

28 Aufgrund der Aktualität gibt es neue Auflagen und Textanthologien. Hier werden überwiegend Grundtexte aus fünf Jahrzehnten der Beckschen Verlagsbuchhandlung 1984,4., und Kultur und Ethik verwendet.

Welt. Die Natur kennt keine Ehrfurcht vor dem Leben. Sie bringt tausendfältig Leben hervor in der sinnvollsten Weise und zerstört es tausendfältig in der sinnlosesten Weise . . . Die Natur ist schön und großartig, von außen betrachtet, aber in ihrem Buch zu lesen, ist schaurig. Und ihre Grausamkeit ist so sinnlos! . . . So steht auch durch die rätselhafte Entzweiung in dem Willen zum Leben Leben gegen Leben und schafft dem andern Leiden und Tod, schuldlos schuldig. Die Natur lehrt grausigen Egoismus, nur dadurch auf kurze Zeit unterbrochen, daß sie in die Wesen den Trieb gelegt hat, dem Leben, das von ihnen abstammt, so lange es ihrer bedarf, Liebe und Helfen entgegenzubringen" (SCHWEITZER 1919/1984, S. 32/33).

Als „schuldlos schuldig" wird der Mensch hier bezeichnet, das heißt als Komponente dieses Lebenssystems ist er dessen Gesetzen unterworfen – er muß töten, um zu leben (auch als Vegetarier) und erst recht als Mediziner. Um Menschenleben zu retten, muß der Mediziner ständig umfänglich Leben zerstören. In seinem medizinischen Ethos, fixiert auf die Erhaltung des Menschenlebens, verlängert er menschliches Leben – setzt die Regulationsmechanismen der Natur in diesem Bereich außer Kraft, ermöglicht die menschliche Überbevölkerung des Planeten und stört bis zerstört auf dieser Basis das Menschenleben tragende Lebenssystem unseres Planeten. Damit wird das humanistisch-anthropozentrische Dilemma in SCHWEITZERS Arbeit zentral. – SCHWEITZER entgeht in seiner Dilemma-Situation der Sinn des Lebenssystems, deshalb erklärt er die Natur für sinnlos – „Und ihre Grausamkeit ist sinnlos" (S. 33).

Aus dieser seiner Situation interpretiert er die Sonderstellung des Menschen und diskutiert Wege aus der Schuld. „Die Welt, dem unwissenden Egoismus überantwortet, ist wie ein Tal, das im Finstern liegt; nur oben auf den Höhen liegt Helligkeit. Alle müssen in dem Dunkel leben, nur eines darf hinaus, das Licht schauen: Das höchste, der Mensch . . . Ethik ist Ehrfurcht vor dem Willen zum Leben in mir und außer mir. Aus der Ehrfurcht vor dem Willen zum Leben in mir kommt zuerst die tiefe Lebensbejahung der Resignation. Ich erfasse meinen Willen zum Leben nicht nur als etwas, das sich in glücklichen Ereignissen auslebt, sondern zugleich als etwas, das sich selber erlebt. Lasse ich mir dieses Selbsterleben nicht in Gedankenlosigkeit entschwinden, sondern verharre ich darin, es als wertvoll zu empfinden, so geht mir das Geheimnis der geistigen Selbstbehauptung auf . . . Nur der, der in vertiefter Hingebung an den eigenen Willen zum Leben innerliche Freiheit von den Ereignissen erfährt, ist fähig, sich in tiefer und stetiger Weise anderm Leben hinzugeben . . . Nur subjektive Entscheide kann der Mensch in den ethischen Konflikten treffen. Niemand kann für ihn bestimmen, wo jedesmal die äußerste Grenze der Möglichkeit des Verharrens in der Erhaltung und Förderung von Leben liegt. Er allein hat es zu beurteilen, indem er sich dabei von der aufs höchste gesteigerten Verantwortung gegen das andere Leben leiten läßt.

Nie dürfen wir abgestumpft werden. In der Wahrheit sind wir, wenn wir die Konflikte immer tiefer erleben. Das gute Gewissen ist eine Erfindung des Teufels" (S. 39/40).

„Weiter hilft die Gesinnung der Ehrfurcht vor dem Leben denen, die am schwersten um ihr Menschentum zu kämpfen haben, dadurch, daß sie die Vorstellung des Menschentums als des um jeden Preis zu wahrenden Gutes in ihnen wach hält. Sie bewahrt sie davor, sich einseitig in den Kampf um die Verringerung der materiellen Unfreiheit zu verrennen, und heißt sie bedenken, daß viel mehr Menschentum und innerliche Freiheit mit ihren Lebensumständen vereinbar ist, als sie darin verwirklichen. Sie leitet sie an, sich Sammlung und Innerlichkeit zu wahren, wo sie sie bisher preisgaben" (S. 52).

„Die Einsicht, daß wir augenblicklich so wenig Macht über die wirtschaftlichen Verhältnisse haben, entmutigt uns nicht. Wir wissen, daß dies zu einem bedeutenden Teil dadurch bedingt ist, daß bisher Tatsachen gegen Tatsachen und Leidenschaften gegen Leidenschaften kämpften. Aus unserm Wirklichkeitssinn kommt unsere Machtlosigkeit. Viel mehr vermögen wir über die Dinge, wenn wir uns entschließen, die Probleme durch Gesinnung lösen zu wollen" (S. 53).

„Nur aus der Ehrfurcht vor dem Leben sind die Maßstäbe der wirtschaftlichen Gerechtigkeit zu gewinnen, in der wir uns miteinander zu verständigen haben . . . Alle Fortschritte des Wissens und Könnens wirken sich zuletzt verhängnisvoll aus, wenn wir nicht durch entsprechenden Fortschritt unserer Geistigkeit Gewalt über sie behalten. Durch die Macht, die wir über die Kräfte der Natur gewinnen, bekommen wir auch in unheimlicher Weise als Menschen über Menschen Gewalt . . . Helfen kann nur, daß wir die Macht, die uns gegeneinander gegeben ist, ablegen. Dies ist aber eine Tat der Geistigkeit" (S. 54).

„Fähig zu dieser Leistung werden wir nur in denkender Ehrfurcht vor dem Leben. Fängt Ehrfurcht vor dem Leben an, irgendwo am Denken und an der Gesinnung zu arbeiten, dann ist das Wunder möglich. Die Macht der in ihr gegebenen elementaren und lebendigen Geistigkeit ist unberechenbar" (S. 55).

„Die Philosophie will sich die Ethik als ein wohlgeordnetes System von wohl durchführbaren Pflichten und Geboten vorstellen. Sobald wir aber den Grundsatz der Liebe irgendwie anerkennen, langen wir, auch wenn wir ihn nur auf Menschen beschränken, tatsächlich bei der Ethik grenzenloser Verantwortungen und Pflichten an" (S. 96).

„Die Ethik der Liebe zu allen Geschöpfen im einzelnen auszudenken: dies ist die schwere Aufgabe, die unserer Zeit gestellt ist" (S. 98).

„Grenzenlose Verantwortung und grenzenlose Pflichten" sind die Quintessenz der universellen Ethik Albert SCHWEITZERS. Es ist die anthropozentrische Glaubensposition, in der aus der Ebenbildlichkeit Gottes diese enorme Verantwortlichkeit hergeleitet wird. – Damit wird der Mensch folgerichtigerweise in Schuld gestürzt. „In dem Konflikt zwischen der Erhaltung meines Daseins und der Vernichtung und Schädigung des anderen Daseins kann ich das Ethische und das Notwendige niemals zu einem relativ Ethischen vereinigen, sondern muß mich zwischen ethisch und notwendig entscheiden und, wenn ich das letztere wähle, es auf mich nehmen, durch Schädigung von Leben schuldig zu werden" (SCHWEITZER 1923/1984, S. 42).

An diesem Punkt tut sich ein weiteres Problem auf. Um soviel Schuld tragen zu können, wird ein „therapeutisches Prinzip" notwendig – letzteres löst in gewisser Weise wiederum die auferlegte Verantwortlichkeit auf.

Um der Schuld zu entgehen, muß ich auf die Gnade hoffen, und sie kann jeden treffen, auch den, der Jahrzehnte lang für Profit zerstört hat. – Das christlich-therapeutische Konzept ist letztlich moralisch gefährlich und kann zur Verantwortungsdiffusion beitragen.

Da SCHWEITZER aufgrund seines anthropozentrisch-dualistischen Weltbildes die Grausamkeit der Natur zwar erkennt, er sie aber nicht verstehen kann, gerät er mit seiner Forderung, ausschließlich Leben zu schützen und zu mehren, in die Position, in der er alle Regelmechanismen der Natur schwer behindert (gerade als Arzt)[29].

Er leistet einen erheblichen Beitrag zur fundamentalen Veränderung des Lebenssystems unseres Planeten und zerstört damit in zeitlicher Verzögerung extrem viel Leben. – Diesem Dilemma ist nur in einer Verschränkung anthropozentrisch-dualistischer und planetarisch-monistischer Ethik konstruktiv zu begegnen.

Die Medizin ermöglicht das nahezu grenzenlose Anwachsen einzelner Arten und Gattungen. Damit wird die Dynamik des Lebenssystems unseres Planeten fortschreitend verändert, und zwar so schwerwiegend, daß schließlich unsere Lebensgrundlage zerstört ist.

Der große Beitrag aus Albert SCHWEITZERS Ethik für unser Denken besteht darin, daß er uns auf christlicher Basis erste Schritte aus der anthropozentrischen Sichtweise geführt hat.

„Ethisch ist mehr als unegoistisch! Ethisch ist nur die Ehrfurcht meines Willens zum Leben vor jedem anderen Willen zum Leben" (SCHWEITZER 1919/1984, S. 42). Das daraus resultierende Solidaritäts- und Ausgleichsverhalten, – nicht die intelligente Beherrschung des „niederen Lebens"

---

29 Die Medizin hat von Anfang an das Ziel, in die Regelsysteme des Lebenssystems unseres Planeten einzugreifen und viele davon zum Vorteil des Menschen außer Kraft zu setzen. Damit steht der Arzt per Definition in extremer anthropozentrischer Position, und er kämpft gegen die Natur.

durch das „höhere Leben" –, das Mitlebenlernen ist für die Rettung unserer Lebensgrundlage gefragt – ist Gegenstand ökologischer Pädagogik.

4.7.2 Radikaler Humanismus

Erich FROMM (1900-1980, Psychiater und Sozialphilosoph) war einer der ersten, der den abendländischen Humanismus sowie Gesellschaft und Wirtschaft auf der Grundlage der Psychoanalyse kritisierte.

1955 erschien sein Buch „Wege aus einer kranken Gesellschaft", in dem er unsere Gesellschaft und der abendländischen Kultur die Diagnose stellt.[30]

Zunächst FROMMS Analyse unserer Situation:

„Die große Verheißung unbegrenzten Fortschritts – die Aussicht auf Unterwerfung der Natur und auf materiellen Überfluß, auf das größtmögliche Glück der größtmöglichen Zahl und auf uneingeschränkte persönliche Freiheit – das war es, was die Hoffnung und die Zuversicht von Generationen seit Beginn des Industriezeitalters aufrechterhielt. Zwar hatte die menschliche Zivilisation mit der aktiven Beherrschung der Natur durch den Menschen begonnen, aber dieser Herrschaft waren bis zum Beginn des Industriezeitalters Grenzen gesetzt. Von der Ersetzung der menschlichen und tierischen Körperkraft durch mechanische und später nukleare Energie bis zur Ablösung des menschlichen Verstandes durch den Computer bestärkte uns der industrielle Fortschritt in dem Glauben, auf dem Wege zu unbegrenzter Produktion und damit auch zu unbegrenztem Konsum zu sein; durch die Technik allmächtig und durch die Wissenschaft allwissend zu werden" (1976, S. 11).

„Daß sich die Große Verheißung nicht erfüllt hat, liegt, neben den system-immanenten ökonomischen Widersprüchen innerhalb des Industrialismus an den zwei wichtigsten psychologischen Prämissen des Systems selbst:

1. daß das Ziel des Lebens Glück, d.h. ein Maximum an Lustempfindungen sei, auch definiert als die Befriedigung aller Wünsche oder subjektiven Bedürfnisse, die ein Mensch haben kann (radikaler Hedonismus);
2. daß Egoismus, Selbstsucht und Habgier – Eigenschaften, die das System fördern muß, um existieren zu können – zu Harmonie und Frieden führen.

Radikaler Hedonismus wurde bekanntlich in verschiedenen Epochen der Geschichte von den Reichen praktiziert. Wer über unbegrenzte Mit-

---

30 Die für diese Auseinandersetzung wichtigen Werke sind „Die Revolution der Hoffnung" (1968) und „Haben und Sein" (1976).

tel verfügte wie beispielsweise die Elite Roms und die der italienischen Städte in der Renaissance sowie die Englands und Frankreichs im 18. und 19. Jahrhundert, der versuchte seinem Leben durch unbegrenztes Vergnügen einen Sinn zu geben" (S. 13).

Das System (wirtschafts- und politisches System) korrumpiert den Menschen. Was das System braucht, wird durchgesetzt und zum Grundbedürfnis des Menschen erklärt. Das System macht den Menschen krank.

Von Bedeutung ist nicht zuletzt ein weiterer Faktor: das Verhältnis des Menschen zur Natur wurde zutiefst feindselig. Als ‚Mißgeburt' der Natur – zwar aufgrund unserer Existenzbedingungen Teil der Natur, aber dank unserer Vernunft diese transzendierend – haben wir unser existentielles Problem zu lösen versucht, indem wir die messianische Vision der Harmonie zwischen Menschheit und Natur aufgaben und uns diese untertan machten bzw. für unsere eigenen Zwecke umgestalteten, bis aus der Unterjochung der Natur mehr und mehr deren Zerstörung geworden war. Unser Eroberungsdrang und unsere Feindseligkeit haben uns blind gemacht für die Tatsache, daß die Naturschätze begrenzt sind und eines Tages zur Neige gehen können, und daß sich die Natur gegen den Raubbau der Menschen zur Wehr setzt" (S. 17).

„Die Notwendigkeit radikaler menschlicher Veränderung erhebt sich somit weder als bloße ethische oder religiöse Forderung, noch ausschließlich als psychologisches Postulat, das sich aus der pathogenen Natur unseres gegenwärtigen sozialen Charakters ergibt, sondern auch als Voraussetzung für das nackte Überleben der Menschheit. Richtig leben heißt nicht länger nur ein ethisches oder religiöses Gebot erfüllen. Zum erstenmal in der Geschichte hängt das physische Überleben der Menschheit von einer radikalen Veränderung des Herzens ab. Dieses ist jedoch nur in dem Maße möglich, in dem drastische ökonomische und soziale Veränderungen eintreten, die dem einzelnen die Chance geben, sich zu wandeln, und den Mut und die Vorstellungskraft, die er braucht, um diese Veränderung zu erreichen" (1976, S. 19).

Was versteht Fromm unter „Sein" und „Haben"?

„1. Mit ‚Sein' oder ‚Haben' meine ich nicht bestimmte einzelne Eigenschaften einer Person, wie sie in Feststellungen wie ‚ich habe ein Auto', ‚ich bin weiß' oder ‚ich bin glücklich' Ausdruck finden. Ich meine zwei grundsätzliche Arten der Selbstorientierung und der Orientierung auf die Welt hin, zwei verschiedene Charakterstrukturen, deren jeweilige Vorrangigkeit die Gesamtheit dessen bestimmt, was jemand denkt, fühlt und tut.

2. In der aufs Haben orientierten Existenz ist die Beziehung zur Welt die des Besitzergreifens und Besitzens, eine Beziehung, in der ich jedermann und alles, mich selbst eingeschlossen, zu meinem Besitz machen will.

3. Bei der aufs Sein hin orientierten Existenz müssen wir zwei Formen des Seins unterscheiden. Die eine steht im Gegensatz zum Haben, Du Marais hat sie in seiner Erklärung beschrieben, und bedeutet Lebendigkeit und wirkliche Bezogenheit zur Welt. Die andere Form des Seins steht im Gegensatz zum Schein und meint die wahre Natur, die wirkliche Realität einer Person im Gegensatz zu trügerischem Schein, wie sie in der Etymologie des Wortes sein beschrieben wird (Benveniste)" (1976, S. 33/34).

„Konsumieren ist eine Form des Habens, vielleicht die wichtigste in den heutigen ‚Überflußgesellschaften'; seine Qualitäten sind ambivalent. Es vermindert die Angst, weil mir das Konsumierte nicht weggenommen werden kann, aber es zwingt mich auch, immer mehr zu konsumieren, denn das einmal Konsumierte hört bald auf, mich zu befriedigen. Der moderne Konsument könnte sich mit der Formel identifizieren: Ich bin, was ich habe und was ich konsumiere" (1976, S. 36).

Nachdem Fromm die Situation analysiert, uns die Diagnose gestellt hat, eröffnet er uns die Möglichkeit einer Therapie – diese Therapie hat als Bedingung die Annahme des „radikalen Humanismus", seinem Beitrag zur Ethik-Diskussion.

Die Grundkonzeption dieses radikalen Humanismus:

(1) „‚Worauf es heute ankommt, ist nicht der Unterschied zwischen denen, die glauben, und denen, die nicht glauben, sondern der Unterschied zwischen denen, die ein mitfühlendes Herz haben, und denen, die es nicht haben' (Abbe' Pire).
Diese neue Einstellung zum Leben läßt sich noch spezieller in folgenden Grundsätzen ausdrücken: Die Entwicklung des Menschen erfordert, daß er es fertigbringt, aus dem engen Gefängnis seines ‚Ego' herauszutreten und seine Gier, seine Selbstsucht, die Isolierung von seinen Mitmenschen und damit seine tiefe Einsamkeit zu überwinden. Es ist dies die Voraussetzung dafür, daß er sich der Welt öffnet und zu ihr in Beziehung tritt, daß er verwundbar wird und trotzdem seine Identität und Integrität erlebt; es ist die Voraussetzung dafür, daß der Mensch sich an allem Lebendigen freut, daß er seine Fähigkeiten in die ihn umgebende Welt verströmt und daß er ‚interessiert' ist. Kurz, wenn man seine Gier und seine Ichsucht überwindet, gelangt man dazu zu sein, anstatt zu haben und zu benutzen.

(2) Ein anderes Prinzip, das – allerdings in ganz anderer Hinsicht – allen radikalen Humanisten gemeinsam ist, besteht darin, daß sie den Götzendienst in jeder Form und Gestalt ablehnen und bekämpfen – den Götzendienst im Sinn der Propheten als Verehrung des Werks der eigenen Hände, wodurch der Mensch den Dingen untertan und dabei selbst zu einem Ding wird. Die Götzen, gegen die die Propheten des Alten Testaments ankämpften, waren Idole aus Stein oder Holz oder

auch Bäume oder Berge. Die Idole unserer Zeit sind Führer und Institutionen, insbesondere der Staat, die Nation, die Produktion, Gesetz und Ordnung und alles, was der Mensch mit seinen Händen herstellt. Ob jemand an Gott glaubt oder nicht, ist von untergeordneter Bedeutung gegenüber der Frage, ob er Götzen ablehnt oder nicht. Unser Begriff der Entfremdung entspricht genau dem biblischen Begriff des Götzendienstes. Es handelt sich darum, daß der Mensch sich den Dingen, die er selbst geschaffen hat, und den Umständen, die er selbst herbeigeführt hat, unterwirft. Was auch immer Gläubige und Nicht-Gläubige voneinander trennen mag, es gibt etwas, das sie vereint, wenn sie ihrer gemeinsamen Tradition treu bleiben, die in ihrem gemeinsamen Kampf gegen den Götzendienst und in der tiefen Überzeugung besteht, daß kein Ding und keine Institution je den Platz Gottes oder – wie Nicht-Gläubige vielleicht lieber sagen – den leeren Platz einnehmen, der dem Nicht-Ding (no-thing) vorbehalten ist.

(3) Eine dritte Gemeinsamkeit der radikalen Humanisten ist die Überzeugung, daß es eine Hierarchie der Werte gibt, bei der die Werte niedrigerer Ordnung sich aus dem höchsten Wert ergeben, und daß diese Werte verbindliche und verpflichtende Grundsätze für das praktische Leben des einzelnen und der Gesellschaft darstellen. In bezug auf die Radikalität, mit der diese Werte im praktischen Leben verwirklicht werden, mag es Unterschiede geben, wie es ja auch im Christentum und im Buddhismus Unterschiede gibt zwischen denen, die ein mönchisches Leben führen, und denen, die das nicht tun. Aber alle diese Unterschiede sind relativ unwichtig gegenüber dem allgemeinen Grundprinzip, daß es gewisse Werte gibt, für die es keinen Kompromiß gibt. Ich möchte behaupten, daß es zu einem dramatischen Wandel in unserer gesamten Kultur käme, wenn die Menschen die Zehn Gebote oder Buddhas ‚Achtfachen Weg' wirklich als Leitprinzipien ihres Lebens anerkennen würden. Wir brauchen hier nicht zu argumentieren, wie dies im einzelnen zu praktizieren wäre, denn worauf es ankommt, ist, alle die zu sammeln, die sich lieber zum Prinzip der Praxis bekennen als zu dem der Unterwerfung unter eine Ideologie.

(4) Ein weiteres gemeinsames Prinzip ist die Solidarität aller Menschen und die Loyalität gegenüber dem Leben und der Menschheit, welche stets vor der Loyalität gegenüber einer speziellen Gruppe Vorrang haben muß. Tatsächlich stimmt aber diese Formulierung nicht ganz. Jede echte Liebe zu einem anderen Menschen besitzt die besondere Eigenschaft, daß ich in diesem Menschen nicht nur ihn selbst, sondern die ganze Menschheit oder – wie ein Christ oder ein gläubiger Jude sagen würde – Gott liebe. Und auch wenn ich mein Vaterland liebe, so gilt diese Liebe gleichzeitig dem Menschen an sich und der ganzen Menschheit; ist dies nicht der Fall, so beruht diese Bindung

> auf der Unfähigkeit, unabhängig zu sein, und ist letzten Endes nur eine weitere Manifestation des Götzendienstes" (FROMM 1968/1991, S. 160-162).

„Wenn die konstruktiven Kräfte unserer Industriegesellschaft, die gegenwärtig von einer abstumpfenden Bürokratie, von einem künstlichen Konsum und einer manipulierten Langeweile erstickt werden, durch eine neue hoffnungsvolle Stimmung und die hier erörterten gesellschaftlichen und kulturellen Veränderungen freigesetzt werden, wenn der einzelne sein Selbstvertrauen zurückgewinnt, wenn die Menschen in einem spontanen, echten Gruppenleben miteinander in Kontakt treten, dann werden neue geistig-seelische Möglichkeiten auftauchen und gedeihen, die vielleicht eines Tages zu einem gesellschaftlich annehmbaren Gesamtsystem vereinigt werden können.

Der allerwichtigste Faktor ist jedoch die Wiedererweckung von Mitgefühl, Liebe und einem Sinn für Gerechtigkeit und Wahrheit angesichts der politischen, sozialen und kulturellen Situation der heutigen Industriegesellschaft, sowie ein Handeln, das von diesen Werten bestimmt wird . . .

Die einzige Bedingung für eine solche geistige Wiedergeburt ist, daß der Mensch wieder zu leben beginnt und seine Gesellschaft für das Leben und nicht für den Tod organisiert" (1968/1991, S. 164 u. 165).

4.7.3 Planetarische Ethik

Carl AMERY (* 1920) ist Philologe und Schriftsteller. Als engagierter Linkskatholik wandte er sich mit seinem Buch „Das Ende der Vorsehung" (Die gnadenlosen Folgen des Christentums) der Situation der Menschheit zu. Er deckt die Zerstörungspotenzen von Kultur und Religion auf und bleibt nicht bei der allgemeinen Kritik der faktischen Zerstörung stehen.

„Die Prämissen des biblischen Schöpfungsberichts und der ihm folgenden Erzählungen lassen sich etwa so zusammenfassen:

Erstens Der Mensch wird an einem eigenen Tag der Schöpfung gebildet, und zwar nach Gottes Bild und Gleichnis . . .

Aus der Tatsache, daß ihm die Kommunikation zu anderen Arten des Lebens . . . verschlossen ist, wird gefolgert, daß ein tiefer Graben zwischen dem Menschen und dem Rest der Schöpfung angelegt ist . . .

daß der Mensch in Theorie und Praxis der Kulminationspunkt ist: er ist telos, Ende und Ziel des Weltgeschehens.

Zweitens ... Der Mensch wird gerufen, diese Erde zu erfüllen und sich untertan zu machen ... Auflagen sind nicht damit verbunden ... Sonne und Mond sind Beleuchtungskörper, sonst nichts; Rohstoffe, Flora, Fauna sind ein Arsenal, über das er frei verfügt ...

Drittens Diese Zuordnung ist ursprünglich als völlige Harmonie angelegt, als Paradies ...

Die sehr realistischen Autoren des Alten Testaments sehen natürlich klar, daß wir in keinem Paradies leben ... Aber dieser der Spezies unerträgliche Zustand wird als Ergebnis einer Fehlentscheidung gedeutet ... die erste in der Genesis genannte Zielverfehlung nennen wir Erbsünde.

... Der Schlange wird dereinst der Kopf zertreten werden. Das heißt aber: Heilsgeschichte wird verheißen.

Viertens Schöpfungsauftrag, und das heißt auch Schöpfungsgarantie, werden ... nochmals präzisiert ... Nach der Sintflut wird Versöhnung gefeiert ... ‚Nicht aufhören werden Saat und Erde mehr, Furcht und Zittern' (das heißt Furcht und Zittern vor dem Menschen) ‚wird die Tiere nicht mehr verlassen'... Von nun an steht er (Gott) bedingungslos zu seinem Erbarmen. Die Stabilität der Erde, die Hinordnung der gesamten planetarischen Biosphäre auf den Menschen, wird erneut bestätigt und detailliert – ungeachtet aller Verbrechen" (Amery 1972/1982, S. 15-18).

Und so nimmt denn die Menschheitsgeschichte ihren Lauf, in göttlicher Herausgehobenheit zerstören wir nach und nach die Biosphäre u.a., gestützt auf die Verheißungen unserer Religion. Amery kommt zu dem Schluß, daß nur ein neues, anderes Kulturkonzept mit einer neuen Ethik helfen kann.

In seinem nächsten Band „Natur als Politik. Die ökologische Chance des Menschen" (1976/1980) wendet er sich dem atheistischen System des Staatssozialismus zu und kritisiert in gleicher Weise den „inkonsequenten" und den profanen Materialismus –, er kommt bereits 1978 zu einem vernichtenden Ergebnis, sowohl des realen Sozialismus als auch des Kapitalismus. Er fordert die Revolution. „Revolution ist also ökologisch gesprochen die Vernichtung parasitär gewordener Organisations- und Erklärungssysteme" (Amery 1976/1980, S. 13).

„Bisher hat sich der Materialismus, und zwar der inkonsequente Materialismus, damit begnügt, die Welt zu verändern. Jetzt gilt es, Schwereres zu unternehmen: sie zu erhalten" (Amery 1976/1980, S. 182).

Dazu formuliert er Handlungsmaximen, seine elf Thesen zum ökologischen oder konsequenten Materialismus:

„1. Die Welt gehört nicht einer bestimmten Gattung; sie gehört der Welt. (Buch Lüh-Shih, 4.Jh.v.Chr.)

2. In dieser Welt nimmt der Mensch als Art den ihm zukommenden Platz ein: den Platz einer Raubtierart dritter oder vierter (ökologischer) Ordnung. Sie ist ähnlichen Kreisläufen wie jede vergleichbare Art untergeordnet.

3. Die Fähigkeit des Menschen, sein überorganisches Potential in die ökologischen Kreisläufe eingreifen zu lassen, ändert an diesem Status materiell nichts. Sie bewirkt nicht das Privileg einer ökologischen Mittelpunkts- oder Sonderstellung.

4. Ein Materialismus, der das überorganische Potential des Menschen unreflektiert zur Expansion seiner Art auf Kosten anderen Lebens und anderer Materie einsetzt, ist ein inkonsequenter Materialismus.

5. Die politisch-gesellschaftliche Konkretisierung des inkonsequenten Materialismus ist das Industriesystem.

   Es ist – *historisch:* die logische Ausdehnung des Sklavensystems und des sklavenjagenden Imperialismus auf die Beziehung Mensch-Natur;

   philosophisch: das Festhalten an einem Dualismus Mensch-Materie, also zum Anthropozentrismus der Praxis;

   politisch: der zwangsläufige Verzicht auf jede Langzeitplanung und damit auf jedwede Bereitstellung irgendeiner humanen Zukunft;

   ökologisch: die Entscheidung für kurzfristige artspezifische Vorteile auf Kosten anderer Arten und anderer Materie; und damit

   physikalisch: die Beschleunigung der Entropie auf Kosten der Lebensvielfalt und ihrer Fähigkeit, Entropie umzukehren oder mindestens zu neutralisieren bzw. zu optimieren.

   Das Industriesystem ist demnach letzten Endes die Option des Menschen gegen das Leben und für die Wüste.

6. Da die Theorie/Praxis des inkonsequenten Materialismus, das heißt das Industriesystem, den Widerspruch der Entropiebeschleunigung in sich trägt (und damit den Untergang), sind nur zwei Möglichkeiten gegeben:

   entweder das Industriesystem bricht vor dem Ökosystem –

   oder das Ökosystem bricht vor dem Industriesystem zusammen.

   Die Logik des Überlebens der Menschheit erfordert deshalb die raschestmögliche Zerstörung des Industriesystems, und zwar fast um jeden Preis.

7. Konsequenter Materialismus bedeutet in der Praxis den Einsatz des überorganischen Potentials des Menschen zur Bestimmung seiner Möglichkeiten innerhalb der erkennbaren ökologischen Kreisläufe, zur Stabilisierung seiner Existenzweise innerhalb dieser Kreisläufe – und damit zur Neuorientierung seiner politisch-gesellschaftlich-wirtschaftlichen Tätigkeit.

   Dies bedeutet:

   Die Leitvorstellungen aus der politischen Ökonomie, welche das Zeitalter des inkonsequenten Materialismus bestimmten, müssen theoretisch und praktisch den Leitvorstellungen der Ökologie untergeordnet werden.

8. Der Einsatz von politischen, wirtschaftlichen, gesellschaftlichen Mitteln erfolgt in der Praxis des ökologischen Materialismus nicht mehr nach anthropozentrischen Gesichtspunkten. Entscheidend ist vielmehr die möglichst umfassend gesicherte Ökostabilität und das Minimum an impact, das heißt an nichtmenschlicher Auswirkung.

9. Solche Entscheidungsgänge sind nicht antihuman, sondern sichern den einzig noch möglichen Humanismus. Sie beziehen die bisher vernachlässigten Faktoren von Raum, Zahl und Zeit in den Entscheidungsprozeß mit ein; Faktoren, deren Nichtbeachtung bisher immer zu unmenschlicher Praxis gegen immer größere Gruppen von menschlichem ‚Abschaum' geführt hat.

10. Der Tod des Verletzlichen signalisiert den Tod der Menschheit selbst. Das Heil des Verwundbarsten ist das Heil der Menschheit selbst. Es ist auf der zarten Vielfalt der Lebensketten erbaut, die zu schonen und zu respektieren unsere zentrale politische Pflicht für jede vorstellbare Zukunft ist und bleiben wird.

    Daraus ergibt sich:

11. Bisher hat sich der Materialismus begnügt, die Welt zu verändern; jetzt kommt es darauf an, sie zu erhalten" (Amery 1976/1980, S. 184/185).

4.8 Umgang mit der Pluralität der Ethiken und der Privatisierung der Moral

Die Grundstruktur jedes Wertesystems einer Ethik entspricht den zentralen Annahmen in dem zugrundeliegenden Weltbild, d.h. es ist dualistisch oder monistisch, anthropozentrisch oder planetarisch usw. aufgebaut.

Da ökologische Pädagogik sich primär auf das Lebenssystem unseres Planeten bezieht, das in seiner Substanz naturwissenschaftlich zu verstehen ist, muß eine „neue" Ethik, die uns aus den Problemen, die wir bezogen auf dieses Lebenssystem haben, mit einem entsprechend fortgeschrittenen naturwissenschaftlichen Weltbild, wie es zum Beispiel durch die LOVELOCKsche Gaia-Hypothese vorliegt, kompatibel sein –, oder sie ist im Rahmen einer ökologischen Pädagogik nicht zu akzeptieren.

Der zentrale Grundsatz lautet dann: Menschliches Handeln darf das Lebenssystem unseres Planeten in seiner derzeitigen, dem Menschen vorteilhaften Konsistenz nicht mutwillig schädigen, es sollte dieses fördern.

Alle weiteren Ableitungen, auch aus anthropozentrischen oder dualistischen Werten, dürfen in ihren Konsequenzen diesen Grundsatz nicht verletzen, anderenfalls ist Handeln nicht mehr als „ethisch" begründet zu bezeichnen.

Moralische Normen sollten, um einer konstruktiven pädagogischen Intention zu genügen, zunächst die grundlegenden evolutionär vermuteten Verhaltensdispositionen berücksichtigen.

Die moralische Erziehung entspricht damit zunächst einem utilitaristischen Ansatz. Sie fördert zuallererst die Relativierung von Egoismen, reziproken Altruismus. Sie erzieht zu grundlegenden Tugenden, wie sie den Richtnormen einer tit for tat-Strategie entsprechen: Nettigkeit – Versöhnlichkeit – Provozierbarkeit usw.

Sie trainiert solche Strategien, macht ihren Wert in der Kooperation erfahrbar und läßt die in ihnen begründete Gerechtigkeit erlebbar werden.

Über die größere Nettigkeit und Versöhnlichkeit der tit for two tat-Strategie erreicht sie den Abschluß ihrer basalen Moralnormen. Letzteres ist keineswegs eine Angelegenheit für die Grundschule – sollte Gegenstand auch für die Sekundarstufe und das Erwachsenenalter bleiben.

Die Moral der Sittlichkeit, wie sie in den Ethiken unserer kulturellen Tradition entwickelt wurde, sollte bereits in der Grundschule beginnend in der Sekundarstufe zum Inhalt intentionaler Bildung werden.

Sie wird dann die jeweilige, individuelle Ausprägung privatisierter Moral erzeugen und im Falle des Erfolges zu einer „sittlichen" führen.

Bei großer Hochschätzung für Sittlichkeit muß doch festgestellt werden, daß es über die Geschichte der Menschheit in den verschiedenen Epochen immer nur einzelnen Personen gelungen ist, eine solche zu einer wirksamen Ausprägung auszubilden. – Nicht nur die Mehrheit, sondern auch die meisten geschichtlich bedeutsamen Personen in den bisherigen Geschichtsepochen erfüllten oft nicht einmal die basalen hier diskutierten Moralvorstellungen, und unsere Epoche bildet dabei keineswegs eine Ausnahme, wenn doch, dann jedenfalls keine positive.

So muß notgedrungen festgestellt werden, daß es der größte Erfolg der Pädagogik wäre, wenn es uns zukünftig gelänge, die hier herausgestellten basalen Moralnormen in der Mehrheit der Menschen wirksam zu etablieren.

Die Verschränkung der Werte aus einer anthropozentrischen und einer biozentrisch-planetarischen Ethik ist in bezug auf die in einer pluralistischen Gesellschaft immer stärkere Privatisierung der Moral an konkreten Beispielen in Bildungssituationen (auch Unterricht) zu diskutieren und zu Entscheidungsnormen zu entwickeln.

Beispiel der Verschränkung von anthropozentrischen (a), biozentrisch-planetarischen (b), individualistischen (i) Wertesystemen und Gemeinschaftsethik (g):

(a) Das Auto ist ein unentbehrliches Hilfsmittel

(b) Autoverkehr schädigt das Lebenssystem unseres Planeten

Am Mittwoch vormittag habe ich einen Termin an einem Ort, den ich mit meinem Auto in ca. 20 Minuten erreichen kann, mit öffentlichen Verkehrsmitteln dauert es mindestens zwei Stunden.

(a) Die Benützung des Autos scheint in diesem Fall unausweichlich

(b) Die Benützung des Autos ist kontraindiziert

Die Durchsetzung anthropozentrischer Werte sollte mit den biozentrisch-planetarischen verschränkt werden.

(a/b) Ich benutze heute für diesen Termin mein Auto; morgen verzichte ich auf den Individualverkehr

Die Verschränkung erfolgt hier als summativer Ausgleich – das reicht nicht aus, ist aber ein positiver Anfang (es ist vor allem konstruktive Bewußtseinsarbeit).

(a/i) Wir können den Individualverkehr nicht aufgeben. Das Auto gehört zu den Möglichkeiten der Selbstverwirklichung des einzelnen

(b/g) Der Fortbestand der menschlichen Gemeinschaft ist zusammen mit dem Lebenssystem unseres Planeten gefährdet, wenn Verkehr nicht drastisch reduziert wird.

(a/i, b/g) Ich ändere meine Lebensplanung und meine Haushaltsführung, damit sich mein Verkehrsbedarf insgesamt verringert (gehe seltener einkaufen, schließe mich Gruppen für regionale Versorgung an, führe für mich autofreie Tage ein usw.)

Verkehr ist auch ein strukturelles Problem, ein allgemeines Transportproblem. Transporte sind generell zu minimalisieren. Beginn: regionale Versorgung, saisonales Leben/Ernährung u.ä.

(a/i) Wenn ich mein Auto heute nicht benutze, hilft das dem Lebenssystem unseres Planeten kaum

(b/g) Ein Auto bedeutet faktisch nichts, der Verkehr ist drastisch zu verringern

(a/i, b/g) Ich handle ab sofort politisch – trete verstärkt für Beschränkungen einerseits und Ausbau von Nahverkehrssystemen andererseits ein (auch wenn ich mein Auto noch nicht aufgebe). Konkreter erster Schritt: ich trete aus einem Verkehrsclub aus, der zentral Politik für Individualverkehr und „das Auto“ macht und in einen Verkehrsclub ein, dessen Politik zentral auf die Reduktion des Individualverkehrs und die Entwicklung anderer Verkehrssysteme gerichtet ist.

Es ist vor allem notwendig, politisch zu handeln, das heißt sich für gemeinschaftliche, großflächige Veränderungen zu gruppieren.

(a/i) Wenn ich mein Auto heute nicht benutze, kann ich weniger Termine wahrnehmen – mir erwachsen geschäftliche Nachteile – ich verliere meine ökonomische Basis, ich nütze dem Lebenssystem unseres Planeten nichts, denn ich mache durch meinen Verzicht nur den Weg frei für die Rücksichtslosen. Das könnte auf längere Sicht sogar das Gegenteil bewirken.

(b/g) Der Mensch zerstört nicht als einzelner das Lebenssystems unseres Planeten. Er zerstört in Masse und als Gemeinschaft mit zerstörerischer Wirtschaftsweise (notwendig ist: Massen in Gemeinschaften – in ökologisch wirtschaftende Gemeinschaften zu überführen).

(a/i, b/g) Individuelle Nachteile, insbesondere auch wirtschaftliche, erwachsen mir und dem Lebenssystem nur, wenn nicht alle die gleichen Möglichkeiten/die gleichen Beschränkungen haben, d.h. gemeinsamer Verzicht. Ich kämpfe für solche Beschränkungen. Der Konflikt erweist sich schließlich auch als einer vom Typ „soziale Falle“. In einer Wettbewerbsgesellschaft (letzteres ist nicht nur ein kapitalistisches, es ist bereits ein evolutionäres Phänomen), kann ein „gemeinsamer Verzicht“ nur durch Rahmenregelungen (ordnungspolitische Eingriffe) hergestellt werden. Wie weit marktwirtschaftliche Regelungen (insbesondere Verteuerungen) dabei konstruktiv sind, ist noch zu erproben. Die weltweite freie Marktwirtschaft ist hier insbesondere und konkret als besonderes Zerstörungspotential ins Auge zu fassen.

Bei den Verschränkungsbemühungen zwischen Individual- (i), Gemeinschaftsethik (g), anthropozentrischem (a) und biozentrisch-planetarischem Wertesystem (b) wird nicht einfach eine Verhaltensmaxime fest-, sondern vor allem die Konfliktstruktur offengelegt.

Dabei zeigt sich, daß wir es hier mit wenigstens vier Konfliktebenen zu tun haben.

Der Konflikt ist ein

– individueller
– struktureller
– politischer (im engeren Sinne)
– wirtschaftlicher (Lösungen können auch hier nur politisch gefunden werden).

Verhaltensmaximen bzw. Lösungswege können dann für alle vier Ebenen gefunden und angegangen werden.

Insbesondere ist bei der Behandlung der individuellen Konfliktebene die Entdeckung FREUDS (1923), daß der Mensch seine Intelligenz überwiegend dazu benutzt, die Fehler seines nicht intelligenten (vernünftigen) Handelns zu rationalisieren, zu berücksichtigen. In den Argumentationen ist darauf zu achten, daß sie nicht überwiegend oder ausschließlich zur Legitimation falschen Verhaltens und als Blockade gegen eine Veränderung des Verhaltens mißbraucht werden.

In der Betrachtung aller vier Konfliktebenen erweist sich, daß die bisher in der Umwelterziehung überwiegend propagierte individuelle Ebene letztlich von untergeordneter Bedeutung ist. Sie ist wichtig: erstens zur Initialzündung, zweitens zur „Bewußtseinspflege" – über sie müssen die Probleme und das Bedürfnis nach Lösung im Bewußtsein aktuell gehalten werden. Die ausschlaggebende Bedeutung liegt dann aber auf den anderen Ebenen.

Der Mensch ist und bleibt in die Evolution des Lebenssystems, dem er angehört, eingebunden, sein Handeln folgt primär und elementar seiner evolutionsgeschichtlich entstandenen Grundausstattung, – aber um mit BRECHT zu sprechen „. . . doch sein höheres Streben ist ein schöner Zug" (Dreigroschenoper). In vielen Bereichen der Kultur, immer dann, wenn die primären und elemantaren Durchsetzungs- und Lebenskonkurrenzbedürfnisse ausreichend erfüllt sind, treffen wir ohne Zweifel hervorragende Zeugnisse der tatsächlichen Realisierung seines höheren Strebens. Diese sind umso häufiger, wenn sie gleichzeitig das Ansehen, die Macht oder auch nur die Überlegenheit, d.h. einen Vorsprung in der Lebenskonkurrenz, sichern. Selbst wenn uns die Verursacher versichern, daß sie niemals daran gedacht hätten, ist dies kein Beweis, daß hier nicht evolutionäre Grundmechanismen an den kulturellen Schöpfungen zentral beteiligt waren – das „höhere Streben“ fördert auch die Illusion, die zur evolutionären Grundausstattung gehört (der Mensch negiert gar zu gerne den „alten Adam“ und stilisiert sich zur sittlichen Person).

Diese Darstellung ist nicht Ressentiment gegen das Werk, ist nicht als Herabminderung kultureller Leistungen gemeint; sondern sie soll dem Erkennen des realen Menschen dienen. Der reale, evolutionär entwikkelte und gebundene Mensch muß von der Pädagogik entdeckt werden, wenn Pädagogik ihrer Aufgabe: „Zukunft für den Menschen zu sichern“; „Anwalt der Zukunft“ (LITT 1927) zu sein, gerecht werden, wenn sie nicht Untergangspädagogik sein will.

Die Offenheit der Zukunft als Postulat für die Selbstentfaltung der Individuen ist „offenen“ Auges für die folgenden Generationen nicht mehr zu erkennen. Die permante Forderung des transzendentalen Subjekts, der sittlichen Person, führt angesichts der alltäglichen Erwartungen und der weitreichenden, globalisierten Verantwortlichkeiten zur moralischen Überforderung, die letztlich handlungsunwillig und handlungsunfähig macht.

Eine ökologische Pädagogik muß die bisher in den Pädagogiken als „niedrige Beweggründe“ negierte oder übersprungene evolutionäre Wirklichkeit des Menschen akzeptieren und konstruktiv in ihr Programm aufnehmen. Die Kanalisierung und Relativierung der Egoismen, der Sicherung einer einfachsten, auf rationale Nutzenoptimierung gegründete Moral, ist zentraler Gegenstand von Bildung in einer ökologischen Pädagogik. Der sittliche Mensch ist ein wünschenswertes Additivum, ein höheres Bildungsprogramm, – das nur ohne Überspringung des basalen, auf einfacher utilitaristischer Ethik aufruhenden Programms der einfachen Sozial- und Rationalmachung des „alten Adam“ realisiert werden dürfte –, sonst stellt es eine Möglichkeit der Flucht aus einfacher fundamentaler Verantwortung dar. Dieses basale Bildungsprogramm ist nicht nur ein grundlegendes für kleine Kinder, – es ist aufgrund der evolutionären Wirklichkeit des Menschen ein lebenslanges, auch für Wissenschaftler, Wirtschaftler und Politiker.

Zentrale Aufgabe einer ökologischen Pädagogik ist, bezogen auf den Menschen, Entwicklung eines klaren Blickes für die evolutionäre Wirklichkeit des Menschen, die Erzeugung relativ sozialen und rationalen Handelns (nicht Abschaffung, sondern Kultivierung der Egoismen), – die Einsicht in umfassende höhere Notwendigkeiten (ohne Anspruch, sie individuell in übermenschlichem Modellvorleben bewältigen zu wollen), bei klarer Einsicht in die eigenen Schwächen und Unzulänglichkeiten. – Aus dem allem ist eine hohe Akzeptanz und ein Engagement für gesellschaftliche Rahmenregelungen, welche die Egoismen einengen, mitweltverträgliches Wirtschaften als Ziel haben, die Schuld vom Individuum nehmen, seine weitere Verantwortung auf ein angemessenes Maß reduzieren, das Individuum in Bindung wieder frei machen. *In einem*

Kranz von mitweltfördernden und die Veränderung des Lebenssystems unseres Planeten nicht weiter beschleunigenden Rahmenbedingungen für Handeln und Wirtschaft darf der Mensch wieder Mensch sein, kommt er aus einer nur hinderlichen moralischen Überforderung heraus.

Engagement und Akzeptanz für die Durchsetzung solcher Rahmenbedingen sind eine grundlegende Verantwortlichkeit des ökologisch wirtschaftenden Menschen, deren Erzeugung sollte zentrales Bildungsprogramm einer ökologischen Pädagogik sein.

5. Die kranke Gesellschaft

Das vorherrschende Weltbild, seine philosophischen und geistigen Grundlagen, das daraus resultierende naturwissenschaftlich-technologische Zivilisationskonzept mit der praktizierten Haltung eines profanen Materialismus dominieren trotz anderer ethischer Ansätze unsere Moral, unser Denken und Handeln. Sie haben nicht nur ihre Auswirkungen auf individuelles Handeln, sondern auch auf das gesellschaftliche, kollektive Handeln, die Arbeit, deren Produkte und ihre Vermarktung, auf die Wirtschafts- und Produktionsweise unserer Gesellschaft. Die Produktionsweise ist in ihrer Entwicklung zunehmend zerstörerischer für unseren Planeten und letztlich auch für den Menschen direkt geworden.

Pädagogik favorisiert die Befreiung des Menschen aus gesellschaftlichen und natürlichen (biologisch-planetarischen) Zwängen. Voraussetzung ist die Beherrschung der Natur, die Befreiung des sich selbst verwirklichenden Individuums von den Naturzwängen, damit favorisiert sie die Unterwerfung der Natur und den Geist des naturwissenschaftlich-technologischen Zivilisationskonzeptes und indirekt (trotz hin und wieder gegenteiliger Beteuerungen) die vorherrschende Produktions- und Wirtschaftsweise. Um eine „Überführung gesellschaftlicher Determinanten in pädagogische Determinanten" (Prinzip 3, S. 57) zum Zwecke der „Konzentration der menschlichen Gesamtpraxis auf die Höherentwicklung der Menschheit" (Prinzip 4, S. 58) denken und fördern zu können und dieses gar für eine ökologisch wirtschaftende Gesellschaft in den Blick zu nehmen, ist eine systematisch-analytische Auseinandersetzung mit der mittlerweile krankhaften Situation in Produktion und Wirtschaft als tragender gesellschaftlicher Realität notwendig.

Diese erfolgt hier am Beispiel der Produktion unserer Nahrungsmittel und der um sie gruppierten Wirtschaft. – Die hier wiedergegebene Analyse kommt zu dem Ergebnis, daß das betrachtete Produktions- und Wirtschaftssystem oder die Gesellschaft, welche dieses betreibt, krank sind.

Das Beispiel Landwirtschaft wurde deshalb gewählt, weil sich in diesem Sektor ein besonders virulenter Krankheitsherd zeigt, weil an diesem Bereich am unmittelbarsten das grundlegend wichtige Verhältnis Mensch-Natur sich widerspiegelt und weil auf der Ebene der Ernährung, als basalem Konsumbereich aller Menschen, der konkreteste und globalste Ansatz für Verhaltensänderungen liegt.

Auf der anderen Seite sieht LOVELOCK (1991, S. 233) in unserer Landwirtschaft eine besondere Gefahr für das Lebenssystem unseres Planeten erwachsen.

Wege aus der Krankheit sind bereits bekannt, anscheinend ist die überwiegende Mehrheit der Menschen aber nicht geneigt, sie zu beschreiten. Der mögliche Beitrag einer ökologischen Pädagogik zur Lösung dieser Problematik wird in seinen Grundzügen herausgearbeitet.

5.1 Diagnose und Beschreibung

Erich FROMM (1954/1982) stellte als Philosoph und Psychiater die Frage, ob es neben der individuellen Pathologie, die sich mit der Krankheit der Individuen einer Gesellschaft befaßt, nicht auch eine Pathologie der Gesellschaft selbst, eine Pathologie der Kultur, gibt. Die westliche Kultur, die gegenwärtige westliche Gesellschaft, ist krank. In seinem 1955 erschienenen Werk „Wege aus einer kranken Gesellschaft" stellt er bereits diese Diagnose und sucht nach Wegen aus dieser Krankheit. – Seine zentralen Feststellungen beziehen sich auf die Technologie, die industrielle Produktion und die Wirtschaftsweise der westlichen Zivilisation. Letztere, so stellt er fest, ist nicht mehr für das Wohl des Menschen da, sondern sie macht die Menschen krank.

Technologie dient längst nicht mehr dem Menschen, sondern der Mensch dient in entfremdender Arbeit dem reibungslosen Funktionieren unserer technologisierten Produktion. „Stehen wir vor einem tragischen, unlösbaren Dilemma? Müssen wir kranke Menschen produzieren, um eine gesunde Wirtschaft zu haben . . .?" (FROMM 1968/1991, S. 16). Die Wirtschaft selbst hat sich zu einem destruktiven, alle Lebensbereiche und den Globus umspannenden System entwickelt, das den Rhythmus unseres Lebens diktiert und um seines Funktionierens willen nicht nur den Menschen krank macht, sondern die für den Menschen günstigen Bedingungen in dem Lebenssystem unseres Planeten zerstört. In weiten Teilen sind die Prinzipien, welche die Wirtschaft steuern, nur noch pseudorational, sie stellen oft eine Abfolge von Bedingungen und Lenkungen dar, die bei näherer Betrachtung nur als „Wahnsinn mit Methode" bezeichnet werden können. Ein besonders prägnantes Beispiel finden wir dazu in unserer Landwirtschaft. – Die Produktion unserer

Nahrungsmittel erfolgt in einer industrialisierten naturzerstörerischen Weise, die vom Markt diktiert, schon längst alle Prinzipien des Marktes mißachtet. Wir leiden unter einer kaum begreiflichen Schwemme von Nahrungsmitteln (Butterberge, Milchseen, Weinozeane usw.). Die Erzeuger, die Landwirte, müssen ständig ihre Produktion steigern, damit sie überleben können. Der größte Teil ihrer Produktion wird subventioniert, die Überproduktionen werden vom Markt genommen und eingelagert. Die Bundesrepublik gibt Milliarden für den Ankauf dieser nicht benötigten Produkte aus, sie zahlt noch einmal die gleichen Milliardenbeträge für die Lagerung selbst und verschleudert dann diese Waren auf dem Weltmarkt bzw. überläßt sie Ländern der sogenannten Dritten Welt – damit wird dort nicht selten der Markt für Nahrungsmittel verdorben und die einheimischen Bauern entmutigt, ausreichend zu produzieren.

Zur Erzeugung der Überschüsse benötigen wir eine chemiegeleitete und chemiebegleitete Produktionsweise, bei der unsere Böden abgetötet und vergiftet werden und unser Trinkwasser durch Pestizide verseucht.

Durch die Anreicherung von Stickstoff (Nitraten) im Trinkwasser und den Nährmitteln sind heute bereits vielerorts Babys hochgradig gefährdet.

Während wir große Umweltprogramme diskutieren, wird großflächig Naturzerstörung subventioniert (vgl. PRIEBE 1990).

Bei einer naturverträglichen Wirtschaftsweise wäre die Produktion etwa um die Beträge der Überschüsse geringer. Mit der äußerst ungesunden Subventionspolitik unserer Landwirtschaft in Verbindung mit EG-Ausgleichszahlungen geht ein gewaltiges Verkehrsaufkommen für landwirtschaftliche Produkte einher. Tausende von Lastzügen rollen Tag und Nacht, kreuz und quer durch Europa. Da werden Kartoffeln aus Schleswig-Holstein nach Italien gefahren, dort „gewaschen" und nach Hamburg zurück auf den Markt transportiert. Die Einnahmen, die mit den Kartoffeln zu erzielen sind, werden aufgrund der regionalen Subventions-, Transportzuschuß- und EG-Ausgleichszahlungen auf diese Weise gesteigert, letzteres ist die Rationalität in dem unsinnigen Verfahren (auch Krankheitsabläufe entbehren meist nicht ihrer eigenen Rationalität).

Die Rationalität der Subventionen ist in der Strukturpolitik verankert. Landwirtschaft gehört zusammen mit dem Bergbau zum ersten Sektor, der zweite Sektor ist durch die industrielle Produktion gekennzeichnet, der dritte, heute in den westlichen Industrieländern dominante Sektor, wird meist als Dienstleistungssektor bezeichnet. Eine Strukturwandelthese besagt, daß in einer Dienstleistungsgesellschaft, zu der hin wir uns entwickeln, der erste Sektor ganz heruntergefahren werden muß. Er rechnet sich nicht mehr – einerseits bezögen wir besser die aus diesem Sektor notwendigen Produkte aus Ländern, die diesen Strukturwandel noch nicht durchgemacht haben. Wir lassen uns am besten von sogenannten Hungerländern ernähren.

Um andererseits strukturelle Härten für Betriebe, für den Arbeitsmarkt und die Wirtschaft ganzer Regionen, die bisher vom ersten Sektor lebten, zu vermeiden bzw. abzumildern, setzt die Strukturpolitik den Markt außer Kraft. Hier beginnt eine Subventionspolitik, die viele Probleme gebiert und zu einem immer breiteren krankhaften Netz auswuchert, dies insbesondere, wenn falsche oder nicht komplex genug gedachte Grundentscheidungen die Richtung bestimmen (vgl. PRIEBE 1990).

Ein zentrales Symptom der Krankheit ist, daß außer einer speziellen Gruppe von Geschäftemachern (Lagerhausvermieter, Exporteure u.a.) mehr oder weniger alle darunter leiden – auch den Bauern, für welche diese Wirtschaftspolitik gemacht sein könnte, geht es keineswegs gut, die meisten kleineren Betriebe sind bereits daran zugrunde gegangen, mit dem Nebeneffekt, daß die Krankheit, die Vergiftung unserer Lebensgrund-lagen, dadurch keineswegs nachläßt, sondern immer weiter zunimmt.

Um nicht an Wahnsinn denken zu müssen, möchte man gerne glauben, daß die verantwortlichen Politiker den Fortgang dieser Krankheit nur deshalb stützen, weil es um ein sehr großes Wählerpotential geht, und Politiker in einer Demokratie eben von Wählern abhängen. Weit gefehlt, es handelt sich nur um ca. fünf Prozent der Wählerschaft, und von denen sind die allerwenigsten Wechselwähler – die Mehrheit dieser fünf Prozent wählt traditionell ihre Partei (vgl. PRIEBE 1990).

Sollte Land einen so hohen traditionellen Wert darstellen, daß sich die großen politischen Anstrengungen von daher legitimieren? Aber welch ein Wahnsinn, wenn dann die Minderheit, die das Land besitzt, ihren so dominierenden politischen Einfluß dazu nutzt, ihren „kostbaren" Besitz zu zerstören.

Es geht bei den hier aufgeworfenen Fragen nicht um Spezialprobleme der Landwirtschaftspolitik. Dies geht uns alle an –, die Erzeuger und die Verbraucher sind gefordert. Es sind die von uns gewählten Politiker, die anscheinend ohne ausreichende Legitimation Naturzerstörung subventionieren. Erzeugerschulung und Verbraucherbildung sind zur Bewältigung der bereits aufgelaufenen Probleme gefragt.

In der Begrifflichkeit der Strukturpolitik und des Strukturwandels müssen unsere Bildungsbemühungen einen Wandel weg von der eingeführten Sektorenbetrachtung hin zu einer ökologisch wirtschaftenden Gesellschaft vorbereiten, fördern und stützen. In einer solchen Gesellschaft verlieren Landwirtschaft und Bergbau das Stigma der systeminternen Rückständigkeit –, es erfolgen eine Neubewertung und eine neue ressourcenschonende Wirtschaftsweise.

Die menschlichen Grundbedürfnisse: Luft, Wasser und Nahrung sind vor allem neu zu bewerten. Das neue Verhältnis Mensch – Natur in einer ökologisch wirtschaftenden Gesellschaft zeigt sich vor allem im Umgang mit Luft, Wasser und „dem Land“ sowie im Verhältnis zu unserer Ernährung.

5.1.1 Das Land

Der Begriff „Land“ wurde in unserer Kultur systematisch entwertet. Er bezeichnet: festen Grund (Festland) – Erdboden – bebaubares Feld – Ackerboden – freies Feld – Saatfeld – Brache.

Er ist auch der Urgrund für Leben. – Land ist der Teil der Mutter Erde, der einer Menschengruppe, einem Stamm (Volk) Heimat ist. Land bezeichnete früher einen hohen, bei manchen Völkern den höchsten Wert. Das Land gebiert, schützt, nährt den Menschen und konnte deshalb nicht gehandelt, nicht verkauft oder gekauft werden. Bei den Inuit (Eskimos) sind Land und Leben wert-identisch. Dieses Verständnis ist noch in vielen Selbstzeugnissen nordamerianischer Indianer niedergelegt.

„Der große Geist ist unser Vater, aber die Erde ist unsere Mutter. Sie ernährt uns, was wir in den Boden legen, gibt sie uns zurück ... Wenn wir verwundet werden, gehen wir zu unserer Mutter und legen so weit dies möglich, den verletzten Teil auf sie, um geheilt zu werden“ (BIG THUNDER; MCLUHAN 1971, S. 22).[31]

„... es gibt nur eine unabwendbare Pflicht – die Pflicht des Gebets. – ... Jede Seele hat der Morgensonne, der neuen süßen Erde und der Großen Stille in Einsamkeit zu begegnen ...“ (OHIYESA; MCLUHAN 1971, S. 36).

Der Teil der Mutter Erde, der einem Volk eignet, wird durch dessen Blut und Asche zu seinem Land.

„Jedem Volk, das Gott geschaffen hat, machte er eine Heimstatt. Das Land, das er für jedes Volk geschaffen hat, versorgte er mit allem, was das Volk für seine Wohlfahrt braucht ...“ (GERONIMO; MCLUHAN 1971, S. 154).

„Der Boden, auf dem wir stehen, ist heiliger Grund. Es ist der ‚Staub‘ und das Blut unserer Vorfahren ...“ (PLENTY-COUPS; MCLUHAN 1971, S. 136).

„Unser Land ist wertvoller als euer Geld. Es besteht für ewig ... Es wurde vom Großen Geist für uns hier plaziert. Wir können es nicht verkaufen, weil es nicht uns gehört ... Als Geschenk können wir Euch alles, was wir haben und ihr mitnehmen könnt, geben, aber das Land niemals“ (CHIEF OF THE BLACKFEET; MCLUHAN 1971, S. 53).

31 Übersetzt vom Autor

„Die Weißen kümmerten sich niemals um das Land oder Wild oder den Bären ... Wir fällen keine Bäume. Wir verbrauchen nur totes Holz. Aber die Weißen pflügen den Boden, reißen die Bäume nieder, töten einfach alles ... Der Geist des Landes haßt sie ..." (WINTU; McLUHAN 1971, S. 15).

„Ihr verlangt von mir, den Boden zu pflügen. Soll ich ein Messer nehmen und meiner Mutter Brust aufreißen? Wenn ich dann sterbe, wird sie mich nicht an ihre Brust nehmen für meine ewige Ruhe. Ihr verlangt von mir nach Steinen (Erz) zu graben. Soll ich durch ihre Haut nach ihren Knochen graben? Wenn ich dann sterbe, werde ich keinen Eingang in ihren Körper finden, um wiedergeboren zu werden. Ihr verlangt, daß ich das Gras schneide und Heu mache und es verkaufe, um so reich wie die Weißen zu werden. Aber wie soll ich es wagen, meiner Mutter Haare zu schneiden" (SMOHALLA; McLUHAN 1971, S. 56).

Das Verhältnis zum Land war ein grundlegend religiöses und sehr persönliches. War die Natur als Ganzes, als mächtige Welt, in die der Mensch geworfen, sich behaupten mußte, die Bühne des Wettstreits, des Kampfes voller Unberechenbarkeit und Grausamkeit, so war das Land (die Mutter Erde), der Boden, der ruhende Pol in all dieser Dynamik, der sichere Ort, die Heimat – kostbares Gut.

Das Land gehörte allen und mußte von allen verteidigt werden. – Wenn wir heute Unsummen für die Verteidigung unseres „Vaterlandes" ausgeben, dann geht es nicht mehr um „das Land", um unsere Mitwelt, sondern um die künstlich geschaffene Umwelt, um unsere Industrie, unsere Wirtschaft, unseren Lebensstandard.

SCHREIER (1992) möchte den Begriff „Land" zu einer didaktischen Kategorie machen. „Land" bezeichnet eine Gemeinschaft, einen ökologischen und sozialen Raum, der zum Wohle des Menschen geachtet und respektiert werden muß (vgl. SCHREIER 1992, S. 30). In unserem heutigen vorherrschenden Weltbild, in der naturwissenschaftlich/technologischen Zivilisation ist uns dieser Wertbezug weitgehend verloren gegangen.

Die Stadt, die künstliche Umwelt, die sich der Mensch geschaffen hat, wurde zum Zentrum; seine natürliche Mitwelt, die draußen auf dem Land anzutreffen ist, trat in den Hintergrund. Sie wurde zur Provinz, zum Hinterland – auf dem Land zu leben wurde synonym für zurückgeblieben, für geringwertig, wenn nicht gar für unwert.

Das Schicksal des Lebenssystems unseres Planeten hängt von der dynamischen Stabilität der Atmosphäre (vgl. LOVELOCK 1991) und von der Gesundheit des Bodens, „des Landes", ab (natürlich auch vom Wasser – aber solange die Böden gesund und funktionsfähig sind, läßt sich Wasser durch Bodenfilterung reinigen).

Das Verhältnis Mensch – Natur ist, aller Nostalgie entkleidet, sein Verhältnis zum „Land". Land ist mehr als der Boden, ist zusätzlich der Ort emotionaler Bindung, ein Konzept von Verantwortlichkeit. Deshalb spielt es in der ökologischen Pädagogik eine nicht zu unterschätzende Rolle.

5.1.2 Die Wirtschaft mit dem Land

Das Land in seinem ursprünglichen und tatsächlichen Wert ist Handelsgut und dann als Handelsgut zunehmend wertloser geworden. Nur wenn es im Sinne unserer Mitwelt zweckentfremdet werden kann, wenn es der Ausweitung unserer Umwelt (der kulturellen Kunstwelt) dient, dann wird es wieder wertvoll, versiegeltes oder zur Versiegelung freigegebenes, für Bergbau und Industrie benötigtes Land wird zum hochwertigen Wirtschaftsgut.

Pro Jahr werden in der BRD mindestens 36.000 ha (das sind wenigstens 220 Fußballfelder an jedem Arbeitstag) zusätzlich zubetoniert, asphaltiert oder verbaut (vgl. auch HARTMANN 1984, FÖRSTER 1986). Das Land als Produktionsfaktor für Leben, als einzigem seine Produktionskraft selbst reproduzierendem Produktionsfaktor auf diesem Planeten, ist zu einem Problemfaktor in unserem Wirtschaftssystem geworden, zu einem Negativ-Wirtschaftswert. Aufgrund der hoch subventionierten Überschüsse in der Landwirtschaft wenden wir ständig mehr Geld zur Stillegung von Nutzflächen auf. Grundsätzlich wäre es im Sinne eines ökologischen Kulturkonzeptes höchst wünschenswert, wenn möglichst viel Land aus der industriell-landwirtschaftlichen Produktion an die Natur, das Lebenssystem unseres Planeten, zurückgegeben würde.

Allerdings ist dies nicht die Konsequenz der Wirtschaft mit dem Land. Die Konsequenz ist, daß der Wert des Landes weiter sinkt, daß Bedenken gegen die fortschreitende Versiegelung gar nicht erst aufkommen oder minimiert werden. Da wir ja zuviel Land haben – einen Überfluß in unserem Bewußtsein –, wo bereits ein gravierendes Defizit für die Erhaltung des Lebenssystems unseres Planeten entstanden ist, vergeuden und verderben wir dieses Gut. Eine weitere Konsequenz ist, daß das verbleibende landwirtschaftliche Nutzland aufgrund der Stillegungen oft noch stärker übernutzt wird, d.h. trotz Landstillegungen steigt die Vergiftung der Böden und des Grundwassers an. Um die Einnahmen der Landwirte bei fallenden Preisen (Weltmarktniveau) zu sichern, wird versucht werden, auch die Produktion bei weniger Land möglichst hoch zu halten.

Die Landprodukte sind außerhalb der Edelhölzer bislang nur dann marktgerecht und wertvoll, wenn sie mit vielen Kunstkniffen hergestellt, zusatzbehandelt, weiterverarbeitet und erheblich verkünstlicht (denaturiert) sind. Sie müssen groß, gleichmäßig, schön, fast endlos lagerfähig, von gleichbleibendem Aroma (geringster gemeinsamer Nenner), kalorienarm bis kalorienfrei, ohne Arbeitseinsatz konsumierbar und billig sein, d.h. sie werden weitestmöglich zu Kunstprodukten gemacht. Wir sind auf dem besten Weg, unsere Ernährung der chemischen Industrie anzuvertrauen, das Land wird zum Standort für entsprechende Industrie, zur Wohnfläche und zu Verkehrswegen, natürliches Wasser zum Kühl- und Kloakensystem. Unser Trinkwasser ist längst ein Produkt, das ohne die chemische Industrie lebensgefährlich wäre.

5.1.3 Der Pakt mit der chemischen Industrie

Im Jahre 1830 entdeckte Justus von LIEBIG (1803-1873) das Minimaltonnenprinzip.

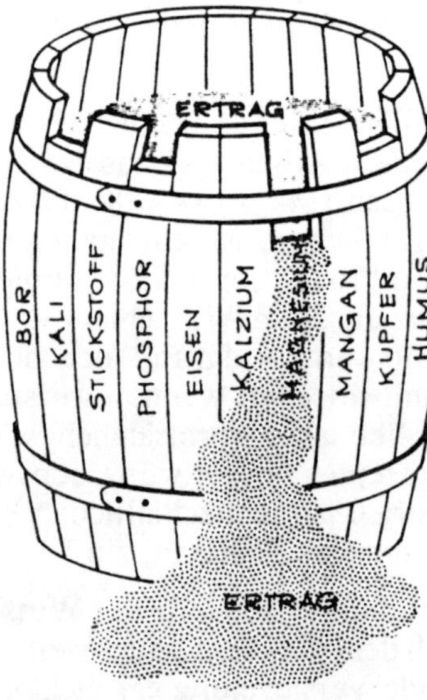

Abb. 14: LIEBIGsches Gesetz zur Ernährung der Pflanzen und zur Erhöhung der Ernteerträge

Die niedrigste Faßdaube bestimmt die Höhe des Ertrages. Das Faß könnte voll werden, würde man die „Magnesium-Daube" erhöhen = nachdüngen. Tatsächlich liegen noch verschiedene Wechselwirkungen zwischen den Mineralien vor, die von v. LIEBIG nicht berücksichtigt waren. – Seine Entdeckung löste die Entwicklung einer Agrochemie aus und begründete die erste „grüne Revolution" (aber auch einen sprunghaften Anstieg des Bevölkerungswachstums). Einige Jahre später entdeckte von LIEBIG die Bedeutung der Biomassebilanz. In seinen Chemischen Briefen (44.-47.; 1878/1967) setzte er sich vehement für die Berücksichtigung dieses Prinzips ein und warnte vor den Folgen der reinen Mineraldüngerwirtschaft.

Er hätte zum Begründer einer biologisch-organischen Landwirtschaft werden können – doch seine Warnungen blieben ungehört, er wurde statt dessen der Vater der Agrochemie. Seit dieser Zeit ging ein Teil der Einkünfte der Landwirte an die chemische Industrie. Mit der Losung permanenter Ertragssteigerung (der grünen Revolution) war es im nächsten Schritt notwendig, jede Erntereduzierung durch Schädlinge, Pilze oder Krankheiten radikal zu verhindern. Die chemische Pflanzenpflege wurde begründet, und der Agrochemie eröffnete sich damit ein gewaltiger weltweiter Wachstumsmarkt. Die Saatgutzucht ging bald in die Hände der chemischen Industrie über bzw. wurde von dieser kontrolliert. Hochleistungszüchtungen führten zu immer empfindlicheren, weniger robusten Pflanzen, die aufgrund ihrer erhöhten Anfälligkeit immer mehr Pflanzenpflege brauchten. – Sie waren auch gegen herkömmliche Kräuter (Unkräuter) immer weniger durchsetzungsfähig und bedurften deshalb mehr Hackpflege und mehr Handarbeit bzw. eines immer ausgeklügelteren Maschineneinsatzes. – Da Arbeitskräfte knapp und für die landwirtschaftliche Produktion zu teuer wurden, dominierte die chemische Industrie durch ihre Herbizidproduktion bald auch diesen Sektor der Landwirtschaft.

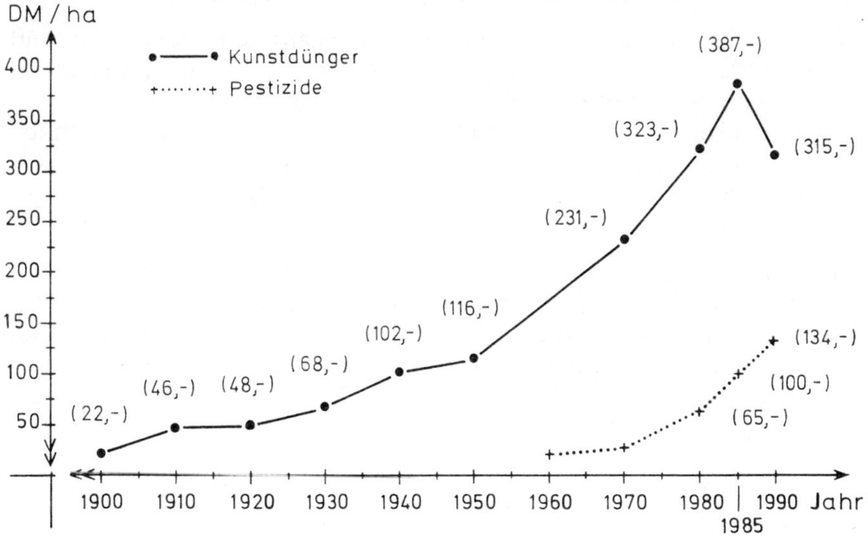

Abb. 15: Steigerung des Düngemittel- und Pflanzenschutzeinsatzes in DM/ha über einen längeren Zeitraum extrapoliert[32]

32 Die Tabelle wurde ab 1979/80 nach dem Agrarbericht 1991 (BUNDESREGIERUNG 1991) und für 1900-1970 nach HERRMANN 1985, S. 167, erstellt; dabei wurden die kg/ha-Angaben bei HERRMANN mit dem kg-Preis von 1980 in DM übertragen.

Zeit	Düngemittel	Planzenschutz
1986	333	110
1987	313	120
1988	321	129
1989	315	134
1990	288	116

Tab. 6: Steigerung des Düngemittel- und Pflanzenschutzeinsatzes (in DM/ha, nach: BUNDESREGIERUNG 1992, S. 41)

Der fortschrittliche Bauer ist einen immer umfänglicheren Pakt mit der chemischen Industrie eingegangen, der ihn mehr und mehr abhängig machte. Er brauchte immer neue und immer mehr Pestizide, da Schädlinge resistent werden und sie sich generell nach Tötung ihrer biologischen Feinde (durch die gleiche chemische Keule) und die naturkonträre Monokulturwirtschaft immer schneller ausbreiten können; eine vergleichbare Entwicklung ist bei den Herbiziden zu beobachten.

Nach den Hybridzüchtungen, von denen die agroindustrielle Wirtschaft heute abhängt, versucht jetzt die chemische Industrie mit Hilfe der von ihr weitgehend usurpierten Gentechnologie neben anderem die neue völlig herbizidresistente Kulturpflanze zu konstruieren, dann können mit Totalherbiziden alles andere pflanzliche Leben auf den Feldern ausgelöscht, der Ertrag noch einmal und auch die Abhängigkeit weiter gesteigert werden.

Einen analogen, wenn auch kleineren Markt hat sich die pharmazeutische Industrie in der Massentierzucht erobert. Der Pakt mit der chemischen Industrie führte zu einer regelrechten Kolonialisierung der Landwirtschaft, d.h. der Landwirt fragt heute nicht mehr, was für den Boden, das Land (sein Kapital), das Beste ist – was Pflanzen und Tiere brauchen, um gesund und wertvoll zu sein. – Sondern er nimmt unter dem Druck der Produktionssteigerung oft aufgrund der Kredit-Zins-Zange, in der er sich befindet, die Saatgut-, Dünge- und Spritzpläne der chemischen Industrie als Handlungsanweisungen und verfährt danach.

Der frühere Agrochemie-Manager Jose LUTZENBERGER (1990)[33] hat die Seite gewechselt. Seit den achtziger Jahren kämpft er für die Befreiung

33 LUTZENBERGER, J./SCHWARTZKOPFF, M.: Giftige Ernte – Tödlicher Irrweg der Agrarchemie Beispiel: Brasilien. – Mit einem Viertel des weltweiten Umsatzes an Pestiziden im Wert von zehn Milliarden DM liegt die BRD an zweiter Stelle der Exporteure.

der Bauern aus der „Kolonialisierung“ durch die chemische Industrie und für die Ausbreitung der organisch-biologischen Wirtschaftsweise als einem Ausweg aus der Krankheit. Er propagiert einen neuen Bauern-Befreiungs-Krieg.

5.1.4 Probleme mit unserer Ernährung und unserem Haushalt

Unsere Lebensmittelprodukte haben eine hohe Sicht-, Lager- und Marktqualität. Sie sind außerdem nach warenästhetischen Gesichtspunkten gestylt (vgl. Haug 1972, S. 24 f).

Abb. 16: Agrarproduktwerbung (Anzeige aus der Fachzeitschrift Fruchthandel 1987, Nr. 4)

Das marktgerechte Lebensmittel:

— groß, gleichmäßig, „schön“
— lange lagerfähig, gut transportfähig
— gleichbleibend im Aroma
— kalorienarm (-frei)
— ohne Arbeit konsumierbar
— billig — billiger — billigst

— manikürt
— mumifiziert
— verschnitten
— light
— instant
— minderwertig
— „künstlich“

Zur Erreichung dieses Zustandes sind ab der Pflanzzeit in erheblichem Maße chemische Behandlungen notwendig. Das Ergebnis ist ein Verlust an Geschmacksqualität, an Ernährungswert und eine ständig steigende Anreicherung mit giftigen Reststoffen.

	erlaubte Rückstandsmengen
Frühstück	
100g Organgensaft	0,05 mg
100g Melone	0,05 mg
50g Schinken	0,01 mg
Mittag	
150g Salat	0,03 mg
50g schwarze Bohnen	0,01 mg
150g Früchte	0,03 mg
150g Fleisch	0,03 mg
Abendbrot	
100g Fleisch	0,02 mg
100g Salat	0,01 mg
150g Obst	0,03 mg
Totale Tagesaufnahme von Ethion	**0,27 mg**

Tab. 7: Die täglich erlaubte Giftration, bezogen auf nur ein Pestizid und Festnahrung (LUTZENBERGER/SCHWARTZKOPFF 1990, S. 56)

Zur Regulierung und zum Schutz der Verbraucher wurden Grenzwerte eingeführt. Nach Angaben der Weltgesundheitsorganisation wurde für Ethion, ein Insektizid, eine täglich akzeptierte Tagesdosis von 0-0,0005 mg/kg Körpergewicht angenommen. Eine Person mit einem Gewicht von 70 kg dürfte dann täglich 0,035 mg Ethion zu sich nehmen, ohne Gesundheitsschäden befürchten zu müssen.

Die drei hypothetischen Mahlzeiten in Tab. 7 führen bereits für ein Insektizid zu einer achtfachen Überschreitung der Tageshöchstdosis (ohne Berücksichtigung des Trinkwassers, durch das bei der Anwendung dieses Pestizids in dieser Gegend zusätzliche Mengen aufgenommen werden würden).

Die Grenzwerte für einzelne Nahrungsmittel, die Allgegenwart mancher Pestizide und Herbizide in Pflanzen und im Grundwasser sowie die mögliche synergetische[34] Wirkung mancher Gifte stellen uns vor völlig unge-

34 Synergismus (biologisch/medizinisch): das Zusammenwirken in gleicher Richtung – der gemeinsame Effekt ist stärker als die Summe der zwei einzelnen Effekte. Manche Giftstoffe summieren nicht ihre Wirkung, sondern sie multiplizieren sie.

löste Probleme. Der viel beschworene Schutz der Verbraucher ist auch in der BRD überhaupt nicht gegeben. Es sei denn, wir hätten genaue Informationen über alle Rückstände und würden unsere Tagesmahlzeiten nach Gifttabellen zusammenstellen.

Ökologie[35] hat in vielfältiger Weise etwas mit dem Haushalt zu tun, auch mit dem Wirtschaftshaushalt (nicht nur mit dem Naturhaushalt). Unsere Haushaltsführung ist nicht gesund. Nicht nur, daß wir staatlich auf Kredit leben, Wechsel ziehen, die unsere Nachfahren begleichen müssen –, auch unsere private Haushaltsführung zeigt ungesunde Züge. Unser individuelles Budget ist so aufgebaut, daß für unseren basalen und lebensnotwendigen Konsum – unsere Ernährung – fast nichts übrig bleibt.

Unsere Wirtschaftspolitik ist so angelegt, daß wir zum Teil über sinkende Lebensmittelpreise einen steigenden Lebensstandard erzielen und mehr Geld für unnötigen Konsum freihaben, der dann wiederum anderen Wirtschaftszweigen steigende Wachstumsraten beschert.

In 20 Jahren sind die Ausgaben für unsere Ernährung bezogen auf unsere durchschnittlichen Einnahmen um die Hälfte gesunken. Dabei sind wir zu Preisen gelangt, für die man kein gesundes Nahrungsmittel erzeugen kann. Nur in nicht mehr verantwortbarer Massentierhaltung, nur in agrochemischer industrialisierter Landwirtschaft können bei zusätzlichen Subventionen Lebensmittel zu so niedrigen Preisen erzeugt werden, d.h. auch nur unter Bedingungen, die unsere Böden und unser Grundwasser vergiften. Die Grundlage für eine Änderung, eine Verbesserung dieser Misere ist eine neue angemessene Budgetierung, eine neue individuelle und staatliche Haushaltsaufstellung, die reale Preise für Nahrungsmittel ermöglicht.

Sich gesünder zu ernähren, umweltzerstörerische Lebensmittel abzulehnen, eine artgerechte und naturverträgliche Produktion durchzusetzen, heißt sehr viel mehr, als nur mehr Aufwand für sein Essen zu betreiben. Es bedeutet gleichzeitig umfängliches Verändern des Konsumverhaltens, denn man kann ja das Geld, das man für seine Lebensmittel mehr ausgibt, nicht zweimal ausgeben.

Unser Verhältnis zur Natur zeigt sich in unserem Verhalten gegenüber unserem Boden (dem Land), zusammen mit dem Wasser und unserer Atmosphäre wie bereits vorher dargestellt und nicht zuletzt in unserem Verhältnis zu unseren Nahrungsmitteln und deren Erzeugung.

---

35 Vgl.: oikos (griech.): der Haushalt, aber auch der Freundeskreis – dessen Versorgung und dessen soziales Leben betreffend.

5.2. Wege aus der Krankheit

FROMM (1955/1982) zeigt als Weg zu einer gesunden Gesellschaft, heraus aus der industriell entfremdeten verbürokratisierten krankmachenden Gesellschaft, den „kommunitären Sozialismus" (FROMM 1982, S. 254 f). Er setzt diesen schon 1955 vom real existierenden Sozialismus und vom Totalitarismus (seien es Faschismus oder Stalinismus) ab. Seiner konkreten Utopie folgten zahlreiche Gruppen (z.B. die Findhorn Gemeinde in Nordschottland, vgl. HAWKEN 1975/1985). Die konkrete Utopie von FROMM ist, so können wir nach dreißig Jahren Erfahrung sagen, praktizierbar und lebbar –, aber sie bedarf eines weitgehend veränderten Menschen.

Trotz einer Anzahl ermutigender Beispiele, wie die Findhorn Gemeinde, die von 1962 bis 1992 um ein Hundertfaches angewachsen ist, sind bisher nur sehr wenige Veränderungen in der richtigen Richtung zu verzeichnen.

Der Einstieg in den Veränderungsprozeß kann durch ein neues Verhältnis zur Produktion unserer Nahrungsmittel (durch Wissen über, Verständnis für und Mitverantwortung in unsere basale Lebensgestaltung) erfolgen. Verbraucher-Erzeuger-Gemeinschaften, regionale Versorgung sind ein Anfang für neues Konsumentenverhalten und der Beginn für eine ökologisch wirtschaftende Gesellschaft.

Bereits in den zwanziger Jahren entstanden zwei von einander unabhängige Bewegungen ökologischer Landwirtschaft.

5.2.1 Die organisch-biologische Wirtschaftsweise

Der Schweizer Botaniker und Pflanzenökologe H. MÜLLER (1891-1988) gründete zu Beginn der zwanziger Jahre eine Bauernpartei, ein bäuerliches Bildungswerk und die Zeitschrift „Der Schweizer Jungbauer", in der politischen Intention gegen die Verarmung der Bauern und für eine gesunde Ernährung. Das bäuerliche Bildungswerk sollte in finanzielle Not geratenen Kleinbauern helfen –, ihnen einen Weg zur Selbsthilfe zeigen. Seine Frau (Marie Müller) gründete auf dem Möschberg im Berner Land die „Hausmütterschule", aus der bald die „Freie Landbauschule für organisch-biologische Wirtschaftsweise" hervorging. Zentrales Anliegen war:

- die natürliche Bodenfruchtbarkeit ohne chemische Mittel zu erhöhen und
- gesunde, reine Nahrungsmittel zu erzeugen.

1946 gründete MÜLLER in Galmitz eine Absatzgenossenschaft der organisch-biologisch wirtschaftenden Bauern dieser Gegend und führte einen Paketversand ein.

1955 veröffentlichte er das Lehrbuch für die organisch-biologische Wirtschaftsweise: „Praktische Anleitung zum organisch-biologischen Gartenbau". Grundlegend für die organisch-biologische Wirtschaftsweise wurde das Werk des Mikrobiologen Rusch, H.P. (1968): „Bodenfruchtbarkeit".

„Wer biologischen Land- und Gartenbau betreiben will, muß vor allem bereit sein, die Lebensgesetze des Bodens, seiner Bewohner und der Pflanzen kennenzulernen. Er muß bereit sein, sie zu respektieren, nach ihnen zu handeln. Das bedingt infolgedessen zuerst ein entsprechendes Denken, eine entsprechende geistige Haltung . . ." (Müller 1972, S. 4).

1988 starb H. Müller im Alter von 97 Jahren mitten in seiner Arbeit als Redakteur und Herausgeber der Verbands-Zeitschrift des organisch-biologischen Landbaus in der Schweiz: „Kultur und Politik". An diesem Titel der Zeitschrift wird klar, daß er nicht nur Nahrungsmittel auf organisch-biologischer Basis erzeugen, sondern darüber Kultur, Politik und Gesellschaft ändern wollte – hin zu einer ökologisch wirtschaftenden Gesellschaft.

5.2.2 Die biologisch-dynamische Wirtschaftsweise

Die biologisch-dynamische Wirtschaftsweise wurde bereits 1924 von R. Steiner (1924/1984) in acht Vorträgen entwickelt. Steiner (1861-1925) hatte aus seiner Kulturkritik heraus eine ganzheitliche, eine kosmische Sicht des Lebens entwickelt, die anthroposophischen Geisteswissenschaften.

Steiner betont die Realität der Geisteswelt vor der materiellen Welt. Er sieht in den Lebensformen (Pflanze – Tier – Mensch) beide Welten integriert[36] Alle drei Lebensformen hängen von den Geistes- oder „Bildekräften" des Kosmos ab. Nur in einem ausgewogenen „Durchwirken" auf der Grundlage eines gesunden Bodens können sich alle drei gesund entfalten.

Der Mensch ist auch in bezug auf seine geistigen Kräfte grundlegend auf hochwertige gesunde Lebensmittel angewiesen, und die Gesunderhaltung des Bodens (des Landes) ist dafür die oberste Voraussetzung. Die Lebens- und Wirtschaftsweise des Menschen ist deshalb grundsätzlich so zu gestalten, daß alles Leben gefördert wird.

Aus dieser Sicht konnte Steiner, ohne selbst je Landwirtschaft studiert oder praktiziert zu haben, an seinem Lebensabend eine naturverträgliche Landwirtschaft vom Schreibtisch aus entwerfen. Die biologisch-dynami-

---

36 Steiner ist insbesondere von daher für eine ökologische Pädagogik interessant, da er trotz seines extrem dualistischen Ansatzes keine prinzipiellen Unterschiede zwischen Pflanze, Tier und Mensch akzeptierte.

sche Landwirtschaft und vor allem das Konzept der artgerechten Tierhaltung haben sich sehr erfolgreich rund um den Globus verbreitet, mit weiterhin steigender Tendenz.

Neben diesen großen biologischen Nahrungsmittelerzeugergruppen gibt es mittlerweile einige neuere Mischformen. Alle sind in der „Stiftung Ökologie und Landbau“[37] zusammengeschlossen. Es gab „Anfang 1991 in den alten Bundesländern 3444 anerkannte ökologisch wirtschaftende Betriebe mit einer Fläche von 76 133 ha“ (Bundesregierung 1992, S. 42).

Während es sich bei der biologisch-dynamischen Wirtschaftsweise um ein Gesamtlebenskonzept, die anthroposophische Anschauungs- und Lebensweise mit umfänglichen Folgerungen für das menschliche Dasein und das Verhältnis Mensch – Natur handelt, geht es bei den anderen nur um die Erzeugung der Nahrungsmittel in naturverträglicher Art und Weise. Bei allen bleiben in bezug auf den Pflanzenbestand jedoch im Gegensatz zum nächsten hier genannten Weg, der Permakultur, viele relativierte Monokulturflächen bestehen.[38]

5.2.3 Permakultur – ein unelaboriertes Bildungskonzept für eine ökologisch wirtschaftende Gesellschaft

Seit Beginn der achtziger Jahre gibt es ein neues Gesamtlebenskonzept. In bezug auf die Erzeugung unserer Nahrungsmittel will Permakultur mit den Monokulturflächen Schluß machen (Mollison 1978 und 1988).

Die erste Umgestaltung unseres Planeten dürfte in wenigen Jahren abgeschlossen sein. Die Regenwälder sind dann abgeholzt, die Bergwälder auf dem Rückzug, die großen Städte breiten sich mit Industriearealen und Mülldeponien wie Geschwüre auf der Erdkruste aus, und die Ebenen

---

37 Stiftung Ökologie und Landbau, Weinstraße Süd 51, D-6702 Dürkheim.

38 Meist wird behauptet, daß wir nur in Monokulturen und nur mit Minimierung der menschlichen Arbeitskraft unsere Bevölkerung ernähren könnten, daß nur dann wirtschaftlich produziert werden könne. – Eine geringe Umlenkung der Subventionierung und eine Verknüpfung der Lösung der Landwirtschafts- mit den Arbeitslosenproblemen könnte uns allerdings hier sehr schnell eines Besseren belehren. Subventioniert werden sollte nur noch Arbeitskraft für Landwirtschaft, denn eine organisch-biologische Landwirtschaft unter Berücksichtigung zentraler Permakulturprinzipien (Abkehr von der Monokultur) ist nur mit mehr Arbeitskraft zu bewerkstelligen. So sollten für jeden entsprechend wirtschaftenden Betrieb 1 – 3 Arbeitskräfte vom Staat bezahlt werden, und dies sollte die einzige Subvention für die Landwirtschaft sein, gleichzeitig könnte etwa 1 Million Arbeitsplätze geschaffen werden (was die Subventionskosten durch Verringerung der Arbeitslosenquote erheblich verringern würde). – Diese sinnvolle Subventionsmethode wurde bereits von Oman in der Fischerei erprobt.

und Täler sind, soweit sie nicht bereits versteppt sind, in Agrarwüsten verwandelt.

Dieses Szenario benützen die Permakulturplaner, um zur zweiten Umgestaltung des Planeten aufzurufen. Ihr Slogan ist: „Voran zur Natur."

Permakultur will unseren Planeten renaturieren, die Monokultur- und die Neuwüstenflächen in weitgehend sich selbsterhaltende „Ökotope mit Mensch" (sustainable systems) verwandeln.

Ihre zentrale Kritik richtet sich gegen die Verwüstung unseres Planeten durch das Agrobusiness und gegen die Energievergeudungswirtschaft. Sie konstruiert deshalb, um die Energiebilanz wieder positiv zu machen, Ökosysteme (bei Optimierung der Vielfalt an Pflanzen, Insekten und Kleintieren), die landwirtschaftlich kontrolliert und genutzt, in denen ein Teil der Nahrungsmittel durch Sammeln, viele durch extensives und nur wenige durch intensives Gärtnern erzeugt werden.

Nach einer solchen zweiten Umgestaltung unseres Planeten bilden diese Ökosysteme der Natur teil-analoge Lebenssystemeinheiten und in ihrer Vernetzung ein neues, dem Menschen dienliches Lebenssystem auf unserem Planeten.

Nach der zweiten Umgestaltung wird dann die Lebenserwartung der Menschheit von jetzt weit weniger als tausend auf über eine Milliarde Jahre ansteigen.[39]

Permakultur beginnt beim einzelnen Menschen, seinem Wohnen, seiner Ernährung, insbesondere seiner Einstellung zu beiden. Seine Bedürfnisse im basalen Bereich der Reproduktion seines Lebens sind zu verändern. Diesem Vorgang folgen dann fast zwangsläufig die weitreichende Veränderung des Konsumverhaltens und die Umgestaltung von Wirtschaft und Produktion. Permakultur stellt so gesehen ein noch nicht ausgearbeitetes Bildungskonzept dar.

Ihre Grundlagen und Maximen sind geeignet, den Menschen für eine „ökologisch wirtschaftende Gesellschaft" vorzubereiten und zu bilden. Zwei zentrale Kategorien dieses Bildungskonzeptes sind: „der Gärtner"

39 Die Bewertung der Probleme, die wir uns auf diesem Planeten bereiten, und die Einschätzung der Konsequenzen fällt bei den Fachleuten und Kritikern unterschiedlich aus. Tatsächlich sind die Konsequenzen unbestimmt; sicher ist nur, daß sie uns treffen und für unsere Lebensbedürfnisse nicht günstig sein werden. Das Lebenssystem unseres Planeten nähert sich einem Zustand, in dem relativ kurzfristig Umwälzendes passieren kann, die Veränderungen können sich aber auch über Jahrhunderte hinziehen, bevor ein endgültiges Aus für das menschliche Leben kommt. Nach zwei Milliarden Jahren erfolgt in jedem Fall das Aus aufgrund der kosmischen Evolution (der Entropie unseres Universums).

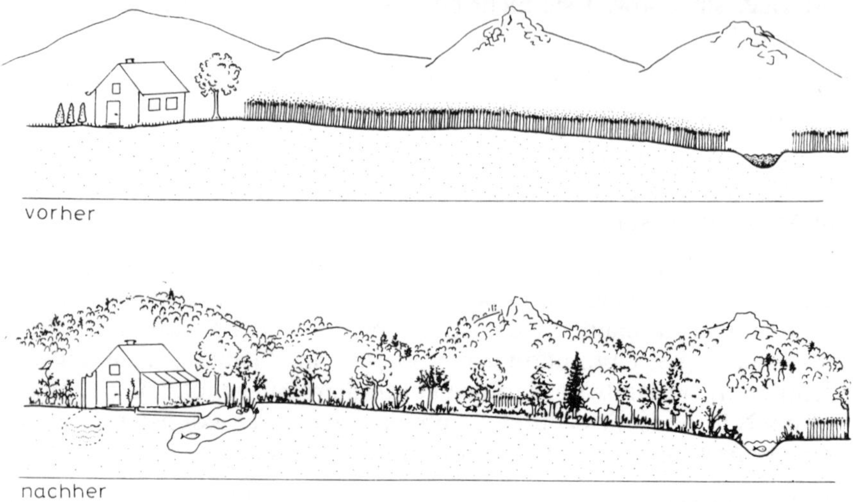

Abb. 17: Landwirtschaftliche Flächen nach Etablierung der Permakultur

und „die Selbstversorgung". Bei beiden handelt es sich nicht wie in früheren Zeiten um ökonomische Kategorien zur Hebung des Volkswohls. Der „Mensch als Gärtner" bezeichnet ein neues, nicht nostalgisches Verhältnis zur Natur. Als „Permakulturgärtner" lernt der Mensch das Lebenssystem unseres Planeten von Grund auf kennen und verstehen – erst dann wird es ihm möglich, sich weitgehendst in seine Mitwelt einzupassen. Deshalb erscheint diese Bildungskategorie allgemein nützlich und verbindlich. Was immer ein gebildeter Mensch später tun mag, die „Bildung zum Gärtner" befähigt ihn, ein naturverträgliches Leben zu führen.

„Selbstversorgung" bezeichnet als Bildungskategorie die Eigen- und Mitverantwortung zunächst und vor allem für alle eigenen persönlichen Belange –, „ich sorge für mich selbst" – im folgenden auch für andere (als Hilfe, daß sie selbst für sich sorgen können) und, indem ich dies tue, für die Welt. Sie bezeichnet das Engagement für Hilfe als Selbst- und Mithilfe, für Erhaltung der dafür notwendigen Ressourcen sowohl lebenspraktisch als auch politisch.

Selbstversorgung macht auf die konkreteste Weise mit den unmittelbaren Gegebenheiten der Natur vertraut, z.B. durch saisonales Leben. Sie heißt nicht immer und längst nicht ausschließlich Selbst-, aber immer weitestgehend Regionalversorgung.

Sie ist die zentrale, konkrete Kategorie für die Veränderung einer individuellen Wertehierarchie und die Einleitung zu einem anderen Leben, das zu einer ökologisch wirtschaftenden Gesellschaft führen kann.

Für eine ökologische Pädagogik, welche die Bildungsaufgabe hin zu einer ökologisch wirtschaftenden Gesellschaft übernimmt (und das sollte sie wohl), wird auf dieser Grundlage der Schulgarten zu einem zentralen Erfahrungsraum für Bildung. Dazu muß sich der ökologisch-pädagogische Garten allerdings wesentlich von tradierten Schulgärten unterscheiden (vgl. KLEBER 1993).

Unsere Produktions-, Wirtschafts- und Ernährungsweise nähert sich in vielfältiger Weise einer Katastrophe. Nahrungsmittelallergien steigen ständig an. Es ist auf dieser Ebene die Frage, wie weit sich der menschliche Körper der schleichenden Vergiftung anpassen kann, und wann die Grenzen erreicht sind.

Unser Verhältnis zu dem Lebenssystem unseres Planeten zeigt sich nicht zuletzt im Umgang mit unseren Nahrungsmitteln und in unserer staatlichen und individuellen Haushaltsführung. Unsere Bereitschaft, für natürliche Produkte einen tatsächlichen Erzeugerpreis zu zahlen und unser politischer Wille, den Wahnsinn mit der Produktionsweise und der Wirtschaft mit unseren Nahnrungsmitteln nicht mehr mitzutragen, können Anfang für einen Weg aus der Krankheit sein. Zusammen mit einsichtigen Bauern aufzustehen gegen die chemische Produktion von Kunstnahrungsprodukten (LUTZENBERGER/SCHWARTZKOPFF 1990), ist längstens notwendig. Das Umlernen in bezug auf Ernährung und die Produktion von Nahrungsmitteln – die Begründung von hierzu notwendigen Erzeuger-Verbraucher-Gemeinschaften, die Entdeckung des weitreichenden hohen Wertes der Selbst- und regionalen Versorgung und die Rückkehr zum saisonalen Leben, zur jahreszeitlich angemessenenen Ernährung, sind zentraler Gegenstand einer ökologischen Pädagogik. Wir dürfen nicht länger, nur weil wir es uns wirtschaftlich leisten können, alle Erzeugnisse des Globus jederzeit zu unserer Verfügung haben wollen. Rund um die Uhr ist eine Riesenflotte von Düsenklippern von Kontinent zu Kontinent unterwegs, um unseren Tisch zu decken. Der Energieaufwand, den wir heute für die Bereitstellung unserer Ernährung betreiben, ist unvorstellbar – reiner Wahnsinn.

Pflanzen wachsen und bauen ihren Nährwert (Kalorien als Brennwert) durch die Ausnutzung der Sonnenenergie – der unserem Lebenssystem inhärent zur Verfügung stehenden Energie – auf. Tiere und Menschen ernähren sich letztlich aus dieser „Quelle" – ohne irgendeinen zusätzlichen Energiebedarf (ohne Fremdenergie).

Dicht bei der Ernährung zum Energie-Nulltarif lagen noch die Jäger und Sammler.

Die Sammler haben manche Nahrungsmittel gekocht, die Jäger zur Herstellung ihrer Waffen Feuer verwendet, deshalb liegen sie oberhalb des Nulltarifs. Die aufgewendete Energie ist von 0,03 auf 40 fossile Energieeinheiten für eine Nahrungsmittelkalorie angewachsen (Tendenz steigend).

	Fremdenergie-Einheit	Nährwert-Einheit
Verbraucher		
Jäger/Sammler	0,03	1
früher Ackerbauer	0,05	1
Mittelalter	0,10	1
Markt BRD 1990	40,00	1
Werte für einzelne Nahrungsmittel		
Kartoffeln	0,50	1
Eier	7,00	1
Milch	10,00	1
Rindfleisch	30,00	1
Hochseefisch	250,00	1
Treibhausgemüse im Winter	600,00	1

Tab. 8: Der Anstieg des Energieverbrauchs für die Erzeugung unserer Nahrungsmittel (bei den Einzelwerten ohne Transport, Verpackung und Vermarktung)

Mais ist ähnlich wie Kartoffeln noch immer mit einer positiven Energiebilanz zu erzeugen (0,3 : 1) – doch für die Vermarktung sind 8,5 Fremdenergieeinheiten dazuzurechnen. Kommt der Mais aus der Dose in einem US-Haushalt auf den Tisch, ist das Verhältnis 9 : 1; auf den Tischen der Bundesrepublik wäre das Verhältnis über 10 : 1.

Wir müssen vor allem unsere Haushaltsführung, bezogen auf unsere Ernährung, verändern. – Wir müssen den geistig-rationalen Wert des Selbstversorgerprinzips und den Wert einer saisonalen Ernährung für unser Verhältnis zur Natur und die Lösung unserer Probleme in dieser Welt entdecken beziehungsweise verinnerlichen. Dann sind wir auf dem Weg aus der Krankheit unserer Gesellschaft. Mit entsprechendem Handeln zerstören wir den zentralen Krankheitsherd und rüsten uns für ihre Bekämpfung auf anderen benachbarten Gebieten.

Ökologische Pädagogik hat gemäß Grundzug 5: Eigenverantwortlichkeit/fundamentales Lernen des „Mitlebens“ im Lebenssystem unseres

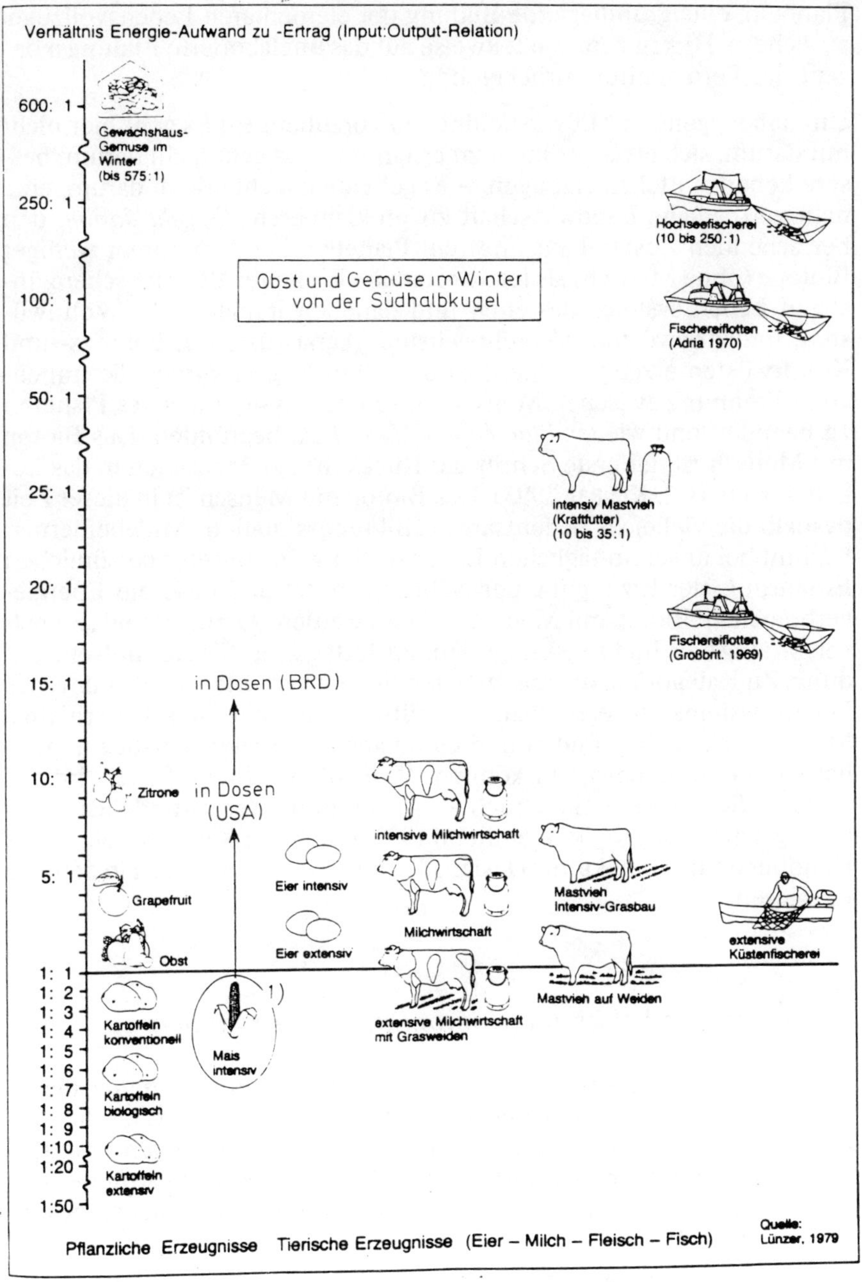

Abb. 18: Verhältnis Energie-Autwand zu Energie-Ertrag (n. Lünzer 1979, zit.n. Vogtmann 1991, S. 293)

Planeten, eine grundlegende Bildung der elementaren Lebensvollzüge, zu sichern. Hierzu kann sie teilweise auf das unelaborierte Bildungskonzept der Permakultur zurückgreifen.

Um naheliegenden Mißverständnissen vorzubeugen: Es geht hier nicht nur darum, sich etwa gesünder zu ernähren, – es geht nicht darum, bessere Lebensmittel zu erzeugen, – es geht auch nicht primär darum, eine naturverträgliche Landwirtschaft zu proklamieren. *Es geht darum,* den herrschenden Zustand auf unserem Planeten, bei dem immer weniger Biotope (ohne Mensch) als letzte originäre Einheiten des menschengünstigen Lebenssystems bestehen und daneben immer mehr Wohnwüsten, Industriewüsten, Verkehrswüsten, Agrarwüsten, Erholungs- und Kulturwüsten erzeugt werden, zu beenden. *Es geht darum,* die unheilvolle Trennung zwischen Mensch und Lebenssystem unseres Planeten zu beenden und wieder *Biotope mit Mensch* zu begründen. Das Biotop mit Mensch ist der erste Schritt der Rückkehr des Menschen in das Lebenssystem (vgl. KLEBER 1993). Das Biotop mit Mensch ist in dieser Zeit deshalb die vielleicht bedeutsamste Bildungssituation. Mitlebenlernen beginnt bei unserem täglichen Lebensvollzug, bei unserer persönlichen Ernährung, der Erzeugung der Nahrungsmittel und unserem Energieverbrauch im Biotop mit Mensch. Hierzu werden „Gärtner" und „Selbstversorgung" zu Bildungskategorien, zu Kategorien für Bewußtseinsbildung. Zu Kategorien, die uns zu einem neuen vertieften Verständnis des Lebenssystems unseres Planeten führen, die ein neues Verhältnis Mensch : Natur begründen und einen sehr konkreten Einstieg in Verhaltensänderung bewirken können. (Für die praktische Seite wird auf KLEBER: Schulgarten-Handbuch – Anwendung der Grundzüge einer ökologischen Pädagogik, Weinheim 1993; und MOLLISON: Permakultur – Handbuch für Permakultur Design, Tagari 1988, ab 1993 auch in deutsch verwiesen.)

5.3 Ängste als Sekundärsymptomatik der Krankheit

Die Krankheit unserer Gesellschaft hat mehrere Krankheitsherde, die im einzelnen hier nicht alle dargelegt werden können. Ein psychisches Sekundärsymptom sind die Ängste, die uns alle in besinnlichen Stunden, bei der nächsten Beinahekatastrophe und manchmal auch ganz unerwartet überfallen. Diese Ängste sind bei Kindern und Jugendlichen besonders bedrohlich.

MEINERZHAGEN (1988) befragte Kinder in Mitteleuropa danach, wie sie sich die Welt an ihrem 30. Geburtstag vorstellen.

Niki Repanis (10 Jahre) aus Frankfurt antwortete:

„Wenn ich dreißig bin, wird es vielleicht keine Bäume mehr geben.

Wenn ich dreißig bin, dann werden die Blumen vielleicht Gasmasken tragen müssen.

Wenn ich dreißig bin, werden fast alle Tiere ausgestorben sein, von den Abgasen vergiftet.

Ja, vielleicht werde ich gar nicht dreißig, wer weiß" (S. 34).

UNTERBRUNNER (1991) ließ die Jugendlichen eine Phantasiereise in die Zukunft machen (Zeitziel: 20 Jahre).

Ein 14jähriges Mädchen erzählt: „Ich bin in meiner Phantasie über die Welt darübergeflogen . . . und habe nichts Grünes mehr gesehen, keine

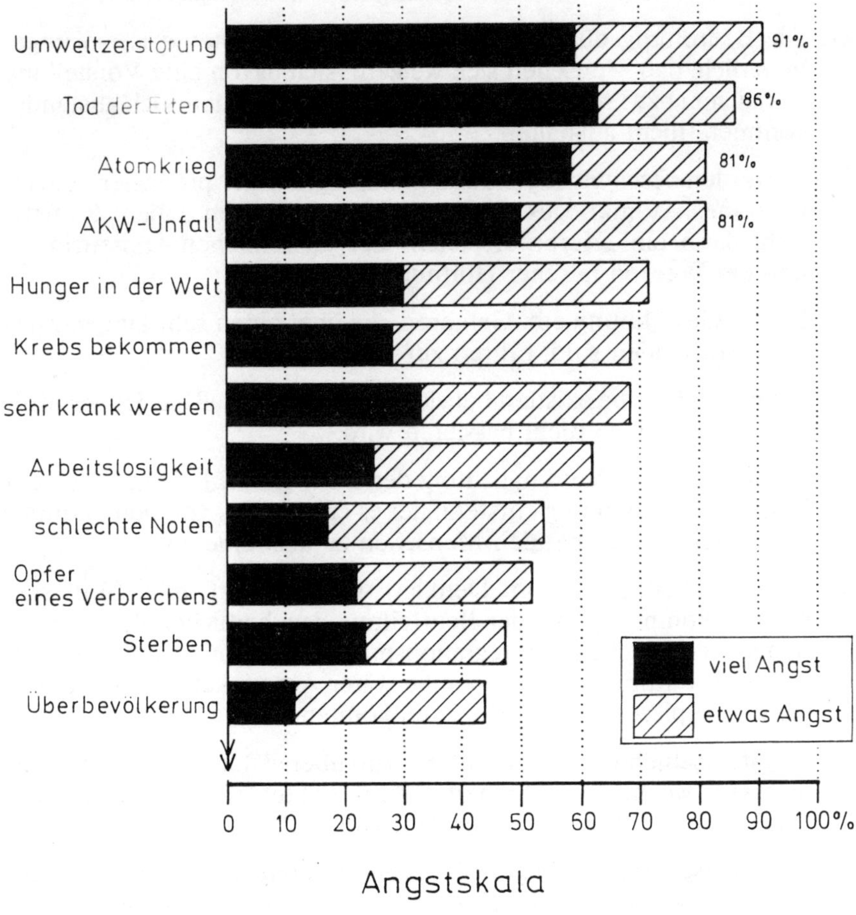

Abb. 19: Ängste von Heranwachsenden (n. UNTERBRUNNER 1991, S. 28 modifiziert)

Blumen und keine Tiere. Und da habe ich mir gedacht: wenn's in 20 Jahren so ausschaut, da möchte ich nicht mehr leben" (S. 17). UNTERBRUNNER befragte 1079 Jugendliche nach ihren Ängsten.

Ökologische Pädagogik ist, wie in Abschnitt I dieses Buches aufgezeigt, eine Weiterentwicklung sowohl der Umwelt- als auch der Friedenspädagogik. Sie ist weder eine Katastrophen- noch eine Illusionspädagogik; gerade deshalb hat sie sich aber auch der Ängste, die aus diesen Bereichen stammen, anzunehmen.

Auf diesem Gebiet gibt es eine Reihe Vorarbeiten aus der Friedenspädagogik.

RICHTER (1984) sieht eine allgemeine und individuelle Gefahr und nennt folgende Faktoren für die Verleugnung der Atomkriegsgefahr:

„1. Die Bedrohung durch die modernen Waffensysteme ist so ungeheuerlich, daß Menschen sich weigern, sich davon eine Vorstellung zu machen bzw. solch eine Vorstellung, sollte sie dennoch zustandekommen, nicht aushalten.

2. Es werden beschwichtigende „Schutzprogramme" propagiert, die im Fall eines Atomkrieges die Bevölkerung schützen sollen. RICHTER sieht darin ein „Herunterspielen" der tatsächlichen Dimensionen und ein Wecken falscher Hoffnung.

3. Es tritt Gewöhnung ein. Gefahren, die über einen sehr langen Zeitraum vorhanden sind, führen zur Abstumpfung.

4. Ein naiver Glaube existiert bei vielen Menschen, daß das Unvernünftige letztlich doch nicht passieren wird.

5. Der Prozeß der „Verdinglichung des Denkens" führt dazu, daß ein Begriff von Atomkrieg entsteht, der es ermöglicht, von den darunter leidenden und sterbenden Menschen zu abstrahieren.

6. Die Ganzheitlichkeit (im Denken) wird geopfert, man fühlt sich selbst inkompetent bei der Beurteilung ganzheitlicher Zusammenhänge. Persönliche Desintegrationsprozesse finden statt. So läßt sich erklären, warum liebende Familienväter Atomraketen und Kampfgase konzipieren und produzieren können.

7. Angstverschiebung findet statt: Es wird überall dort Unsicherheit zugelassen, wo man das Sicherheitsrisiko aktiv mindern zu können glaubt. Versicherungen haben Hochkonjunktur.

8. Autoritätsgläubigkeit begünstigt in besonderem Maße Angstverleugnung. Ein großer Teil der Erwachsenen, so RICHTER, ist unfähig, einen Zustand von Unsicherheit in kritischer Besonnenheit zu ertragen. Statt dessen wird an andere, z.B. Politiker und Experten, delegiert und deren Macht – als Selbstschutz – überschätzt.

9. Stereotype Identifizierung führt zur Ausprägung von Feindbildern und blockiert differenzierte Wahrnehmung“ (RICHTER 1984, S. 100).

Es lassen sich all diese Faktoren in gleicher Weise auf die Mitweltzerstörung anwenden. Wir können eine Bedrohung durch die andere austauschen.

Diese Faktoren gelten in gleicher Weise für einen Unfall in einem Atomkraftwerk, das Fortschreiten des Waldsterbens, für die globale Klimaveränderung, für das Ozonloch . . .

MACY (1986) entwickelt ein Programm für die konstruktive Bewältigung, das nachstehenden Grundsätzen folgt:

„– Es ist natürlich und ein Zeichen geistiger Gesundheit, wenn ein Mensch Schmerzen um die Welt empfindet. Dieser Schmerz ist nur krankhaft, wenn er verleugnet wird. Erst in der Verleugnung wird er dysfunktional.
– Information allein genügt nicht. Die Information muß auch auf der emotionalen Ebene verarbeitet werden.
– Das Zulassen unterdrückter Gefühle setzt Energie frei und macht den Verstand klarer (Katharsis).
– Wenn der Schmerz um die Welt zugelassen wird, kann die Verbundenheit mit allem Lebendigen wieder gespürt werden“ (MACY 1986, S. 38).

UNTERBRUNNER (1991) adaptiert dieses und weitet es aus zu einem Programm zur Bewältigung von Umweltängsten (vgl. auch PREUSS 1991).

Ökologische Pädagogik hat dem 6. Grundzug „Globale Mitverantwortung als Fakt des unentrinnbar Eingebundenseins“ folgend, sich solcher Ängste anzunehmen. An Umweltängsten der Heranwachsenden wird das unentrinnbar globale Eingebundensein evident. Die Ängste führen zu Ohnmacht und Lähmung des weiteren Denkens und Handelns, – ihre Leugnung verhindert durch „Verschiebung“, „Übertragung“, „Verantwortungsflucht“ und unbegründete „Illusionsbildung“ ebenfalls oft die Bildung eines Menschen für eine ökologisch wirtschaftende Gesellschaft und eine tragbare Mitverantwortlichkeit. In der Aufgabe, die Bildung eines ökologisch wirtschaftenden Menschen zu ermöglichen, hat ökologische Pädagogik an der Aufarbeitung solcher Ängste mitzuarbeiten (für die praktische Seite wird auf die oben genannte Literatur verwiesen).

6. Über Schwierigkeiten, „Natur zu verstehen“ und „naturverträglich“ zu handeln

Neben den Schwierigkeiten, die durch basale menschliche Verhaltensgrunddispositionen, das kapitalistisch-industrielle Wirtschaftssystem und die sozialen Dilemmata, wie sie im vorangegangenen Kapitel schon diskutiert wurden, bestehen, gibt es noch spezielle Verständnisschranken. Da ist zunächst die *Zeitschranke* zu diskutieren. Veränderungen in der Natur, zum Beispiel der Ausbau intakter Ökosysteme mit Optimierung der Vielfalt an Lebewesen auf einem verwüsteten Monokulturgelände, dauern sehr lange, Hunderte von Jahren. Experten rechnen für den Aufbau eines tropischen Regenwaldes sogar mehrere Tausend Jahre. Das menschliche Leben ist, bezogen auf die Entwicklungszeiten in der Natur, so kurz, daß wir aus dieser Perspektive nicht einmal als Eintagsfliege, sondern nur als „Minutenwesen“ bezeichnet werden müssen. Jeder Ausschnitt, den der Mensch daraus selbst erfahren kann, ist höchst unvollständig, oft mißleitend, und wenn eine Intention auf das Ganze besteht, frustrierend, da Fortschritte kaum zu registrieren sind. Unser je eigener Erfahrungshorizont ist so schmal, daß auf rein induktiver Basis jedes Verständnis für das Lebenssytem unseres Planeten unmöglich ist. In ihrer Trias von: Problembewußtsein – Situationsbezug – Handlungsorientierung setzt Umwelterziehung auf induktives Lernen, und es ist jeweils kritisch zu hinterfragen, inwieweit dabei ein tiefergehendes Verständnis verhindert wird. Über Betroffenheit wird eine Individualisierung der Problematik vorgenommen, in der durch andauernde Betriebsamkeit zwar eine Abarbeitung individueller Ängste geleistet, aber auch die Illusion genährt wird, es handele sich um Oberflächenphänomene, die durch nicht erlahmenden Aktionismus bewältigt werden könnten. Das führt nach CRAMER (1989, S. 40 f) zu einer defensiven Neubewertung der Bedrohungseinschätzung und verstellt oft Verstehen. Eingedenk der Zeitschranke und der verzerrten, bzw. falschen unmittelbaren induktiven Erkenntnis[40] sind entgegen der bisherigen Umwelterziehung mehr deduktive Verfahren heranzuziehen, wobei so oft wie möglich Induktions-Deduktions-Verschränkungen vorgenommen werden sollten.

---

40 Induktive Erkenntnis entsteht durch das verallgemeinernde Schließen von beobachteten Fällen auf gleichartige, nicht beobachtete Fälle (inductio: Hinaufführen – Induktion ist die logische Hauptmethode aller Erfahrungswissenschaften).
Deduktion bezeichnet das Ableiten des Besonderen aus dem Allgemeinen. Deduktive Erkenntnis entsteht durch die Betrachtung von Allgemeinem, nicht unmittelbar Erfahrbarem und das Darausherleiten von Speziellem, z.B. Handlungsanweisungen.

Weltbild- und Ethikerziehung sind Bildungsbereiche für deduktive Erkenntnisse, aber auch Naturwissenschaften sind aus der ökologischen Perspektive nicht mehr ausschließlich induktiv (analytisch) zu betreiben.

Von unmittelbarerer Wirkung ist die *Ästhetikschranke.* Einige Komponenten des Lebenssystems werden zwar als schön empfunden (Vögel, Schmetterlinge, Blumen, Bäume), aber das Lebenssystem als Ganzes (verkürzt: die Natur in natura) folgt in der Regel nicht dem ästhetischen Empfinden des Menschen. Berührungspunkte zwischen der Schönheit in der Natur und dem ästhetischen Empfinden der Menschen (Vogelsang, Blütenpracht usw.) hemmen oft mehr das Verständnis, als daß sie es fördern. Nur wenn wir solche Komponenten aus ihrem Kontext gelöst in unsere ästhetische Ordnung gebracht haben, dann wird das Ergebnis (Natur) „schön".

In unserem allgemeinen Empfinden ist die Unordnung in der Natur – ist z.B. eine Dornbuschsavanne, eine Tundra auf längere Zeit kaum auszuhalten. Wir brauchen den durchgestylten Park. Architektonische Leistungen mit ausgewählten Komponenten der Natur sind „schöne Natur".

Natur aber ist Wildnis, ist Chaos (hochkomplexe Ordnung, die wir als solche nicht unmittelbar erkennen können), ist „ungestalt", ist anders als wir sie uns in unseren Sehnsüchten erträumen.

Die Ästhetikschranke ist mächtig – aus vielen Wohngebieten wurden Anwohner, die ihren Garten nach Permakulturgrundsätzen betreiben wollten, gerichtlich verfolgt und vertrieben. Unsere Standard-Vorgärten gleichen einer Naturkatastrophe. Bis heute müssen wir Natur kaputt machen, damit Natur schön wird. Die Ästhetikschranke verhindert massiv das Verstehen des Lebenssystems unseres Planeten, der Natur.

Diese Schranke muß abgebaut werden. Wir müssen uns auf Natur einlassen, die ihr eigenen „Werte", die ihr eigene „Ästhetik" schätzen lernen. Hierzu können Schulgärten eine Vorreiterstellung einnehmen, ein Übungsfeld sein. Indem wir uns mit behutsamer Gestaltung, über Gestaltungskompromisse der Natur annähern (vgl. KLEBER 1993). Der Mensch muß, um in größerer Zahl auf diesem Planeten leben zu können, um sich zu ernähren, Natur umgestalten – hohe Gestaltungssensibilität ist hier gefordert. – Damit er nicht zu seinem Wohlbefinden, aufgrund der Kultivierung seines ästhetischen Empfindens ständig Natur zerstören muß, ist es notwendig, eine naturbezogene neue Ästhetik zu entwickeln. – Grundsätzlich und vorweg ist allerdings die Ästhetikschranke bewußt zu machen und allen Meinungen und Aussagen über Natur zu mißtrauen, wenn die Ästhetikschranke nicht bewußt überschritten wurde.

Es geht nicht um unsere gereinigte Märchennatur, unsere Naturideologie, sondern um das virulente Lebenssystem unseres Planeten, das zu verstehen, zu bewundern und zu fördern ist.

Wenn wir von Abgasen halb erstickt und von den Betonschluchten unserer Städte erdrückt nach draußen kommen, atmen wir in dem malträtierten Zerrbild von Natur, das uns geblieben ist, auf.

Wir empfinden etwas Wohltuendes, wir empfinden Natur äußerst wohlwollend gegenüber dem Menschen. Natur ist nicht menschenfeindlich – ganz und gar nicht –, sie ist neutral, gleichgültig, grausam –, nicht umsonst wollte der Mensch sie immer überwinden –, aber sie ist fundamental notwendig. – Wir können sie möglicherweise wegen der Grausamkeiten gegenüber allem einschließlich uns nicht lieben – da unser Leben aber nur ein winziger Teil von ihr ist, gebührt ihr unsere Ehrfurcht, auf... daß wir lange leben und daß es uns wohlgehe in dem Land, das uns gegeben wurde . . . (vgl. AT, 5. Buch Mose, 5,16).[41]

Die Grausamkeit der Natur ist eine ständige harte Herausforderung an alle, die nicht gleichgültig sind. Bereits die wenigen Zitate von Albert SCHWEITZER im vorangegangenen Kapitel zeigten, wie gerade er trotz seiner ethischen Forderung („Ehrfurcht vor dem Leben") unter der Grausamkeit der Natur gelitten hat. Er qualifizierte das Lebenssystem unseres Planeten insgesamt als unsinnig ab. Die Grausamkeit verwehrte ihm das Verständnis: durch „Grausamkeit" erhalten sich viele sich-selbsterhaltende Systeme in einer dynamischen Balance (oft auch als Gleichgewicht interpretiert). Regelmechanismen, die einzelne Indivduen oft in großer Anzahl verderben (z.B. Seuchen), erscheinen uns, die wir gegebenenfalls Betroffene sein können, natürlicherweise grausam und verstellen uns oft das Verstehen ihrer Sinnhaftigkeit, in einer humanistischen Perspektive erscheinen sie uns sinnlos.

Die *Humanitätsschranke* läßt uns in Unverständnis oder Ignoranz (in Nicht-verstehen-wollen) Regelmechanismen zerstören, ohne neue ausreichende Regelungen selbst einzuführen. In einem vollen Verständnis des Lebenssystems unseres Planeten und unserer eigenen Lebensgrundlagen hätten wir, für jede Mark, die wir für die Verlängerung des mensch-

41 Im Dekalog (der Wiederholung der Zehn Gebote) heißt es in Vers 16: „Du sollst deinen Vater und deine Mutter ehren . . . damit es dir wohl gehe in dem Land . . ."
Der Dekalog hat eindeutig eine soziale Ausrichtung, er beachtet nicht das Lebenssystem, die Erde, das Land (Problematik des jüdisch-christlichen Weltbildes) –, die soziale Ausrichtung ist für das individuelle Leben wichtig. Biozentrisch lautet dieses wichtige Gebot: „Du sollst deine Mutter Erde, das Land, Gaia, das Lebenssystem deines Planeten ehren . . ." – Ein biozentrischer Dekalog scheint in unserer Kultur wichtig. Wir könnten dann aus dem theozentrisch/anthropozentrischen Dekalog der Bibel und einem biozentrischen Dekalog verschränkte Verhaltensmaximen ableiten – was für Christen wichtig sein dürfte.

lichen Lebens, für die Bekämpfung von Seuchen u.ä. ausgaben, jeweils den gleichen oder einen höheren Betrag für die Regulation des Bevölkerungswachstums ausgeben müssen.

Können wir die Zeitschranke umgehen, die Ästhetikschranke überwinden und haben wir einen Ausweg aus dem Humanitätsdilemma gefunden, dann stehen wir noch vor einer „kommunikativen Schranke".

Es ist schwer, sich über die Probleme des Lebenssystems unseres Planeten zu verständigen, das weiß jeder, der es nicht nur in einer verschworenen Gemeinschaft, sondern öffentlich versucht hat.

Ein zentraler Begriff in der Diskussion ist derjenige des „ökologischen Gleichgewichts". Von vielen wird hierbei an das physikalische Gleichgewicht (steady state) gedacht, dies gibt es im Lebenssystem unseres Planeten nicht, es geht um gewisse zeitlich begrenzte Balance. Wir stehen in der Evolution der Biospähre in einer Dynamik mit offenem Ausgang, d.h. was uns als Gleichgewicht erscheinen mag, ist eine vorübergehende Balance zwischen verschiedenen dynamischen Faktoren, die zu einer zeitlich und räumlich vorübergehenden Stabilität von Netzwerken führt. – Wenn de HAAN schreibt: „Was wir für ökologisch halten, ist für manche Lebewesen schlicht eine ökologische Katastrophe" (de HAAN 1982, S. 35), so ist das richtig, aber nicht dramatisch, jeder Vorteil für einen ist ein Nachteil für einen anderen in diesem Lebenssystem.

Wenn wir von der Zerstörung der Natur oder des Lebenssystems unseres Planeten reden, dann ist dies grundlegend falsch (vgl. Diskussion zur Umgestaltung und Zerstörung, S. 20). Ein System in Evolution verändert sich ständig und fortlaufend, es wird zu einem wesentlich späteren Zeitpunkt nicht mehr dasselbe sein, das alte ist „zerstört". In unserer Situation geht es um die Geschwindigkeit der Umgestaltung und damit die rasante Veränderung, insbesondere auch in bezug auf die Vielfalt der Lebewesen. Wir zerstören nicht das Lebenssystem, aber wir verändern es rasant und umwälzend (dabei zerstören wir die Lebensgrundlage für viele Lebewesen, wir verkürzen deren evolutionäre Lebenszeiträume gewaltig, so auch unsere).

Aus den meisten Diskussionen unserer Zeit zur der Thematik scheint eine Vielzahl von Illusionen auf: Stabilisierung von Kreisläufen, Maximierung von Vielfalt, Dezentralisierung u.a. sind keine Lösungen, sind nicht ökologisch.[42] Was wir natürlich nennen, ist meist nicht natürlich, es ist bestenfalls ein Kompromiß zwischen unserem analytisch-technologischen Denken und Naturerscheinungen oder unserem ästhetischen Empfinden und Naturwesenheiten, im schlimmsten Fall ist es eine no-

42 Der sehr aufschlußreiche Artikel: „Die falsche Natürlichkeit" von de HAAN, öko.päd. 3, 1982, ist hierzu zu empfehlen.

stalgische Reminiszenz und unnatürlich. „Eine Ökopädagogik scheint mir noch gar nicht auf eine Sprache, einen Umgang mit Natur verweisen zu können, die mehr bietet als der herkömmliche Zugriff auf die Welt um uns herum“ (de HAAN 1982, S. 38).

Es ist Aufgabe ökologischer Pädagogik, die Zeitschranke, die Ästhetikschranke und die Humanitätsschranke sowie die Kommunikationsschranke bewußt zu machen, sie bewußt im Denken zu überschreiten und dadurch ein umfassenderes Verständnis für das Lebenssystem unseres Planeten und für zeitweilig sich-selbsterhaltende Systeme zu erzeugen.

Auf dieser Grundlage ist dann unser Handeln zu kritisieren und sind angemessenere Handlungsmaximen zu entwickeln.

III. Der Ort einer ökologischen Pädagogik im schulischen Lernen

1. Die Ökologisierung der Schule als Betrieb

Schulen sind rechtliche Anstalten, sie entsprechen wirtschaftlich Dienstleistungsbetrieben, pädagogisch sind sie Orte, an denen sich in einem fortlaufenden Prozeß, der sich in Situationen fraktionieren läßt, Bildung realisiert, das „Wichtigste" der nachfolgenden Generation vermittelt, letztere gebildet wird. Solange es Schulen gibt, wird sich deshalb auch ökologische Bildung, ökologische Bewußtseinsbildung in Schulen ereignen oder nicht, und dabei wird der Ort, die sich an ihm realisierenden Situationen und die Organisation der Anstalt von einer nicht zu unterschätzenden Bedeutung sein. Ökologisches Bewußtsein aufbauen, sich auf ökologisches Lernen einlassen – kurz sich ökologisch bilden, heißt, nicht nur zu Veränderungen im persönlichen Leben bereit sein, sondern auch Orte und Anstalten für Bildung zu ökologisieren.

1.1 Möglichkeiten zu einer Öko-Bilanz des Betriebes Schule

Für gesellschaftliche und wirtschaftliche Einrichtungen, insbesondere für Produktionsstätten ist seit einigen Jahren die Ökobilanzierung in der Diskussion. Sie könnte und sollte, so die Argumente der Befürworter, der Einstieg in eine Ökologisierung unserer Wirtschaft sein. Als ein solches Instrument kann sie sowohl Objekt der Bildung als auch Medium zur Ökologisierung der Bildungsorte werden.

Grundsätzlich besteht auch für die organisatorische und materielle Einheit Schule die Möglichkeit, eine Öko-Bilanz durchzuführen. Diese bietet potentiell nicht nur die Chance von Ressourcen- und Finanzmitteleinsparungen durch den Schulträger,[43] sondern auch vielfältige Ansatz-

43 Einsparungen stellen nicht nur die Chance dar, Schulträger für dieses Projekt zu gewinnen, sondern sollten auch derart ausgestaltet werden, daß eingesparte Mittel zu einem bestimmten Anteil wieder an die Schule zurückfließen, damit diese den ökologischen Umbau und Wandel der Schule realisieren kann (vgl. dazu ZEISEL/KOTSCHATE 1988, S. 158 f.).

punkte für ökologisches Lernen. SCHEILKE (vgl. 1988, S. 218) formuliert zu Recht, daß mit dieser Methode die „Kulisse“ der Alltagsökologie ins „Rampenlicht“ der Betrachtung gerückt wird. Hierbei kann der heimliche Lehrplan des ökologisch unverantwortlichen Handelns ins Bewußtsein gerückt werden, was in den vorangegangenen Kapiteln als Dominanz der anthroprozentrischen Weltsicht aufgezeigt wurde. Mit der Erstellung eines Maßnahmenkataloges kann Mitweltbewußtsein in der Verschränkung von anthropozentrischer und biozentrischer Weltsicht zum Ausdruck gebracht werden.

Eine Öko-Bilanz dient als Instrument zur Bestimmung der Input-Output-Relation beim Einsatz und Verbrauch von Ressourcen als Produkt- oder als Betriebsbilanz. Für die Schule kommt nur die Betriebsbilanz infrage. Beim Input ist danach zu fragen, was zur Durchführung der Veranstaltung Schule an Wasser, Luft, Energie, Bodenverbrauch und an Rohstoffen eingesetzt wird. Auf der Output-Seite wäre eine Ermittlung von dabei anfallenden Abfällen, Abwässern, Abluft, Energieabgabe, Bodenbelastung u.a.m. festzuhalten. Unter methodischen und inhaltlichen Gesichtspunkten wäre hierbei ein Rückgriff auf die Erfahrungswerte der „ökologischen Buchhaltung“ als einem Konzept innerhalb der Öko-Bilanzierung möglich (vgl. BRAUNSCHWEIG 1991; 1988 und SCHEILKE 1987). „Die ökologische Buchhaltung (ÖB) ist ein neuartiger Ansatz zur Erfassung und Bewertung der Einwirkungen von ... einzelnen Unternehmen auf die Umwelt. Sie stellt eine Art „Gesamtrechnung“ aller Umwelteinwirkungen einer Einheit dar“ (BRAUNSCHWEIG 1991, S. 24).

Eine Darlegung der Verfahrensschritte einer ökologischen Buchhaltung kann hier im Kontext zu entwickelnder Grundzüge einer ökologischen Pädagogik nicht geleistet werden. Aufgrund der dabei in Erscheinung tretenden Komplexität der ökologischen Eingebundenheit und Wechselwirkungen von Schule, ist diese Aufgabe nur fächerübergreifend und darüberhinaus als Aufgabe aller am Betrieb Schule Beteiligter zu realisieren. Zur Durchführung einer Öko-Bilanz in der Schule sei über die schon genannte Literatur hinaus auf folgende Titel verwiesen:

– Freudenberg, A./Kraus, J.: Die ökologische Buchhaltung an der evangelischen Akademie Bad Boll 1983.

– Pfriem, R.: Ökologisch-ökonomische Bewertung in der Stadtentwicklung. Bd. 2 (Reihe: Ökologie und Ökonomie in der Stadt. Bausteine zur Humanökologie. Deutsches Institut für Fernstudien an der Universität Tübingen), Tübingen 1991[44]

---

44 Zur Erarbeitung einzelner Aspekte zur „Ökologie der Schule“ sei auf die gesamte Reihe dieser Studienbriefe 1.-5. im Kontext humanökologischer Betrachtungen verwiesen.

Als Ergebnis einer Öko-Bilanz einer im Innenstadtbezirk liegenden Schule ergäbe sich z.B., daß deren Umfeld durch extreme Bodenversiegelung gekennzeichnet ist, und man könnte dann ökologisch und pädagogisch sinnvolle Gegenmaßnahmen treffen: eine Dach- und Wandbegrünung und wenn irgendwie möglich einen Schulgarten anlegen.

Dies sind Nachfolgeprojekte, welche aus der Öko-Bilanz hervorgehen können, die den Vorteil hätten, neben der Fülle von Einzelprojekten an Schulen, nicht nur didaktisch, sondern auch ökologisch fundiert begründet zu sein (vgl. z. B. BEICKLER/PIETSCH 1992).

Ein interessantes Projekt ergibt auch die Erstellung einer Matrix, die die induzierten Belastungen klassifiziert, wie sie z. B. durch den PKW-Verkehr der zur Schule fahrenden Schüler, Lehrer entstehen (vgl. dazu WERBER/STÄUDEL 1990).

Von den meisten Öko-Bilanzen wird der „Faktor" Mensch nicht berücksichtigt, im Betrieb Schule muß er zum zentralen Bestandteil, zur Zielkategorie pädagogischen Handelns, letztendlich der bewerkstelligten Öko-Bilanzen bestimmt werden. Bei der Durchführung einer Öko-Bilanz treten spezifische Konfliktfelder hervor, die pädagogisch nützlich sind, da sie zentral die Verschränkung bio- und anthropozentischer Gesichtspunkte thematisieren. Das „Ja, aber" wird aktualisiert. Entscheidungen mit Begründungen werden erforderlich, bewußtes Handeln, ökologisch verantwortliches Handeln wird möglich. Dies resultiert aus Dilemma-Situationen, die bei der Erstellung der Bilanz-Kataloge, der Bewertungseinheiten der jeweiligen Ressourcen und der Abgrenzung dessen, was zum Betrieb Schule gehören soll und was nicht notwendig dazugehört, auftritt. Zudem wird die Phantasie der Schüler gefordert, um die verschiedensten Felder des Ressourceneinsatzes im Schulalltag zu entdecken, zu quantifizieren und qualitativ zu bewerten.

Dabei hat Schule gegenüber unternehmerischen Öko-Bilanzen unter Umständen einen entscheidenden Vorteil: Können Unternehmen aus ökonomischen, aus marktbedingten Existenzüberlegungen angeblich in bestimmten Bereichen nicht ökologisch handeln, so hat die Schule hier einen Freiraum, der gleichzeitig Chancen bietet. Der Freiraum ist pädagogisch legitimiert. Eine Öko-Bilanzierung der eigenen Schule ist als integrierendes Projekt aller am Schulleben beteiligten Personen nur in einer Neuorientierung schulischen Lernens und Lehrens zu leisten (vgl. auch ROSE 1992). Vorstellbar wäre eine Grundlegung des Ziels Öko-Bilanz in eine Projektwoche zu Beginn des Schuljahres, worin die notwendigen Schritte, Arbeitsgruppen und benötigten Informationen erarbeitet würden, die dann in verschiedenen Fächern und im Epochenunterricht weitergeführt werden könnten. Das Verständnis und die einfache Folgenabschätzung verschiedener sich gegenseitig beeinflußender Elemente kann für Schüler älteren Jahrganges mit Hilfe des von VESTER (1976, S. 60 ff.) entwickelten Papiercomputers erzielt werden. Er gibt nicht nur Einblicke in ökologische Wechselwirkungen, sondern stellt auch eine Planungshilfe bei der Durchführung von Projekten dar, indem er die Wirkung einzelner Schritte, Faktoren herausstellt, die besonders zu beachten sind.

Nach oder noch während des Schuljahres könnten erste Ergebnis-Projekte daraus entstehen, die zu einem Gesamtprojekt Ökologisierung der Schule ihren Beitrag leisten können. Das Rahmenkonzept zur „Gestaltung des Schullebens und Öffnung von Schule" in Nordrhein-Westfalen (KULTUSMINISTER 1983) bietet zur Umsetzung solcher Projekte eine bildungspolitische Chance auf dem richtigen Weg, wozu auch schon verschiedene ermutigende Ergebnisse einzelner Schulen vorliegen (vgl. LANDESINSTITUT für Schule und Weiterbildung, 1992). Ziel dieser ersten Schritte zu einer Ökologisierung der Schule ist: „Die Schule als ökologischer Lernort soll das kleine Abbild einer zukunftsorientierten Gesellschaft sein" (SCHRECK 1988, S. 129), wobei sie zum Demonstrationsfeld und Erlebnisgegenstand für ökologisches Bewußtsein wie Handeln werden soll.

1.2 Schularchitektur als äußerer Widerspruch zu ökologischer Pädagogik

Nimmt man die Ökologie des Betriebes Schule in den Blick, dann können die Aspekte der prägenden Wirkung der Schularchitektur, der Schulraumgestaltung im Kontext einer Mitwelterziehung nicht länger unberücksichtigt bleiben. Die Schule als Institution, als Unterrichtsschule, als Erziehungs- und Bildungseinrichtung war bisher meist Gegenstand pädagogischer und didaktischer Kritik und Reformbemühungen ohne ökologische und ganzheitsorientierte Ausrichtung. Der Raum als „dritter Pädagoge"[45] wurde vernachlässigt und dies vor dem Hintergrund, daß er Arbeits- und Lebensraum von Lehrern und Schülern für lange und entscheidende Jahre ihres Lebens ist, der seine reproduktive Wirkung auch außerhalb der Schule entfaltet. „Dabei handelt es sich um einen Prägestock aus harter Materie. Denn er besteht aus einer massiven Gebäudestruktur, die alle pädagogischen Nutzungsformen und die Möglichkeiten jeder schulorganisatorischen Veränderung beeinflußt. Die Gebäudestruktur wirkt auf Verhaltensweisen und Kommunikationsformen in der Schule ein. Die starre Gleichförmigkeit und materiale Kälte des Schulgebäudes beeinträchtigt aber nicht nur das gegenwärtige Schulklima, es prägt zugleich die künftige Lebenswelt und die Raumvorstellungen unserer Kinder" (KOCH 1992, S. 6 f.). Diese Feststellung von KOCH bezieht

45 Loris MALAGUZZI von der Projektgruppe Reggio führte den Raum als „dritten Pädagogen" in die Diskussion ein (vgl. hierzu auch KAHL 1992).

sich insbesondere auf jene Schulgebäude und riesigen Schulzentren, die als Ergebnis von Schulökonomie und Schulverwaltung in den 60er und 70er Jahre entstanden sind.

Sie vernachlässigen entwicklungspsychologische Tatsachen, nach denen Kinder Architektur anders als Jugendliche und diese immer noch weniger rationalistisch als Erwachsene wahrnehmen, sich entsprechend darin bewegen und sich dadurch im gewissen Sinne auch aneignen (vgl. MEYER-BUCK 1990, S. 64; HENTIG 1973, S. 51). Dies zeigt die Vernachlässigung einer Didaktik aus Sicht des „dritten Pädagogen" (des Raumes), der einen heimlichen Lehrplan aufrecht erhält. Daß dies den Erkenntnissen des kulturanthropologischen Forschungsansatzes des „heimlichen Lehrplans" (hidden curriculum) folgt (ZINNECKER 1984, S. 604/5) machte schon BENJAMIN (1961) deutlich, wenn er eine doppelte Rezeption des Raumes, der Architektur durch Wahrnehmung und Gebrauch erkennt und ihre sozialisatorische Prägekraft, die pädagogisch im Sinne des heimlichen Lehrplans deutlich wird, im Aneignungsprozeß auf dem Wege der Wahrnehmung und der Alltagsgewohnheiten beschreibt, wobei die Macht der Gewohnheiten die Wahrnehmungsmöglichkeiten bestimmt (vgl. MEYER/MÜLLER 1984, S. 272 ff). Daß bestimmte Raumstrukturen das Verhalten beeinflussen, ist bekannt (MITSCHERLICH 1969; KÜKELHAUS 1978, 1979), in ihrem Extrem der Verfremdung führt es zu Vandalismus, weichere Formen der Reaktion liegen – z. B. in der Flucht – darin, daß Schüler Räume als Plätze zu „Anti-Räumen" definieren (vgl. KAHL 1992, S. 31), die einer Identifikation mit der Schule widersprechen. Schule wird so nicht Wohnstätte des Alltagslebens von Schülern, sie geht am Interesse von Schülern vorbei. Eine Schule im Interesse der SchülerInnen definiert von HENTIG wie folgt: „In der neuen Schule muß man Gegenstände auffinden, erproben und wieder verlassen können; man muß Gruppen aufsuchen und wechseln können; man muß Tätigkeiten erfinden, Zwecke setzen, Handlungen entwerfen und in immer neuen Ansätzen ausführen können. Also: viel ‚rohes' Gelände; ein wenig Schutz vor Wetter und aufgeregten Ordnungshütern; Schuppen, Schuppen, nochmals Schuppen; Materialien und Funktionen, die sichtbar und zugänglich sind; Personen in vielfältigster Funktion und Zusammensetzung – die gerade nicht durch Pädagogik bestimmt sind; Räume, die nicht Idylle und nicht Bahnhofshalle sind, von denen die einen Offenheit und die anderen Geborgenheit gewähren, die aber beide nicht darüber belehren, warum man sie jeweils braucht und wann man sie aufgibt!" (von HENTIG 1973, S. 54/55). Erst die Umgestaltung, eine Verfremdung der Klassenräume aus Sicht ihres rationalistischen Planungskalküls, läßt spezifische Formen des Schullebens wieder zu, was darauf hinweist, daß auch andere Interaktionen, Sozialbeziehungen und nicht zuletzt Lernprozesse in der Schule von der Architektur und der Gestaltung des Schulgebäudes abhängig sind. Die Schule in ihrer räumlichen und materialen Gestalt sollte Gegenstand von ökologischen Zusammenhängen und Lehr- und Lernformen werden, Raum für soziales- und Organ-Lernen. „Wenn wir den Kindern und Jugendlichen keine Umwelt schaffen, die ihnen nicht schon äußerlich Umstellung und Wagnis, das Aushalten wie die Überwindung von Unterschieden, die Anstrengung der Sinne, die Wahrnehmung und Durchbrechung von Grenzen zumutet, werden die wichtigsten psychischen und physischen Erfahrungsmotivationen ausfallen" (von HENTIG 1972, S. 52).

Ansätze dazu liegen dort, wo Schule auf ein menschliches Maß zurückgenommen werden kann. Die Schulraumstruktur muß im Aufbrechen der traditionellen Klassenschule eine differenzierte Raumstruktur vorlegen, die durch Eigenbeteiligung an der Gestaltung die Identitätsstiftung und aktive Auseinandersetzung hiermit anstrebt. Eine differenzierte Planung muß einer Veränderung schulorganisatorischer Abläufe, Unterrichtsmethodik und Lehrinhalten Rechnung tragen. „So sind für die unterschiedlichen Phasen des Unterrichts jeweils spezifische Zugriffsbedingungen zu den Lehr- und Lernmaterialien erforderlich. Die Einrichtung und die Strukturierung der Räume sollen der Differenziertheit der Unterrichtsabschnitte entsprechen, und unter dem Aspekt der Methodenvarianz sollen die räumlichen Bezugsbereiche festgelegt werden: Es muß ein störungsfreier Einsatz von Arbeitsmaterialien gewährleistet werden, der für die Schüler einer heterogenen Gruppe zwar unterschiedliche Lernzeiten, aber dennoch gemeinsames Lernen ermöglicht. Dadurch entstehen keine schematisierten Schulräume, sondern ein differenziertes, die unterschiedlichen Unterrichtssituationen aufnehmendes räumliches Angebot, welches zugleich humane Raumbezüge erkennen läßt" (KOCH 1992, S. 7). Daß dies eine Realutopie ist, wird durch die vielen Lernwerkstätten und projektorientierten Unterrichtsformen insbesondere im Primarbereich angezeigt (vgl. z. B. ANDRESEN 1992), welche allerdings nicht installiert werden kann, sondern vom persönlichen und pädagogischen Engagement der Lehrer, Schüler, Eltern, d. h. aller am Schulleben Beteiligten getragen sein muß, um erfolgreich zu sein. Damit diese andere Lebens- und Lernform möglich ist, muß ein erheblicher Teil der schulischen Lebenswelt von den Beteiligten selbst gestaltbar und veränderbar sein, damit Lerngruppen einen hohen Identifikationsgrad in ihrem Raum finden, dem differenzierten Angebot von Unterricht entspricht, zu ökologischem Lernen anregt und hinführt, es muß offen sein für neue Bedürfnisse und neue Schülergenerationen. BECKER: „Wirksames (früher sagte man bildendes Lernen, also die Person veränderndes) Lernen läßt sich aber (im Gegensatz zum Lieblingsdogma der Schule) nur sehr beschränkt als kollektiver Lernprozeß im Gleichschritt organisieren" (BECKER 1990, S. 33), was zur Folge hat, daß der kollektive Lernprozeß im Klassenverband aufgelöst werden muß. Dies stößt bei gegenwärtigen Schulen auf bauliche und gestalterische Grenzen. Der Rückbau der Lernfabriken ist deshalb in baulicher und didaktischer Perspektive erforderlich. Ansätze dazu liegen vor (vgl. z. B. BUDDENSIEK 1991; BECK

1989), die auch durch die didaktischen Diskussionen im Kontext schulischer Umwelterziehung angeregt wurden. Dazu gehört, daß sich die Form der Schule den neuen Funktionen anpassen kann, was durch die überkommenen Strukturen der alten Schulanstalten nur partiell möglich ist. Auch hier muß durch Phantasiearbeit der Schüler und Lehrer die strukturbildende Kraft des heimlichen Lehrplans, der Raumstruktur aufgebrochen werden.

Ganz verblüffende Möchlichkeiten bieten schon die vielseitigen Verwendungsmöglichkeiten trapezförmiger Tische, die den wechselnden Anforderungen verschiedener Lernsituationen gerecht werden, da sie in ihrer Anordnung mit anderen Tischen ganz andere Interaktions- und Wahrnehmungsformen ausbilden, als der klassische rechteckige Tisch (vgl. BUDDENSIEK 1991, S. 355ff). Idealisierter schließt sich auch eine Auflösung der quadratischen und rechtwinkligen Klassenräume des Frontalunterrichtes an, so daß zumindest bei Neubauten eine Anlehnung an organischen Schulbauten mit wabenförmig vernetzter Raumstruktur anzustreben ist. Ein solcher Klassenraum, der ein Raum für eine Team-Kleingruppe wäre, bestände dann in seiner äußeren Struktur aus sechs Waben (vgl. BULDDENSIEK 1991; 1992), die mit ihren Nischen ein großes Differenzierungsangebot der Lehr-/Lernsituationen als auch der Sozialbeziehungen des gesamten Schullebens zuließen (vgl. auch KOCH 1985 , S. 500ff).

So geht es darum, in der Architektur der Schulbauten, der Raumgestaltung zwei wichtige Grundzüge ökologischer Pädagogik ernstzunehmen, die in der Erkenntnis der Geschichtlichkeit alles Gewordenen, d. h. sozialem wie materialem, liegt und gleichzeitig auf einen möglichst naturnahen, umweltschonenden Umgang mit Natur hinzuweisen und hinzuwirken. Dazu gehört bei Um- wie Neuplanung von Schulräumen und -gebäuden, einem energiesparenden, d. h. soweit als möglich ökologisch orientierten Planungsansatz zu folgen. Dabei gilt es Prämissen ökologischen Bauens auch für den öffentlichen Bereich zu verwirklichen: „Da zwischen ressourcenschonendem Bauen und ökologisch orientiertem Wohnen eine direkte Abhängigkeit besteht und wesentliche Sparmaßnahmen erst während der Nutzung des Gebäudes wirksam werden können, muß die eigenverantwortliche und aktive Beteiligung der Bewohner gefordert werden. Das durch Konventionen geprägte Wohnmuster des fremdbestimmten, fernversorgten und fernentsorgten Bürgers ist hier fehl am Platze“ (KOCH 1990, S. 115) und weiter: „Ökologisches Bauen will eine Verbindung zwischen Gebäude und Vegetation herstellen und regional beheimateten Tier- und Pflanzenarten Lebensräume bieten, anstatt zu verdrängen. Das Pflanzenkleid am Gebäude kann Klimahülle und vertikaler Garten zugleich sein. Schließlich soll ökologisches Bauen den Bewohner zu einem umweltbewußten Leben und Lernen einladen, anstatt es ihm zu verbauen ... Dafür kommt sie seinen Bedürfnissen entgegen, den Bedürfnissen zum Gestalten, zum Verändern, zum Selbstbauen, zum Handwerken, zum Gärtnern, zum Spielen. Ökologisches Bauen versteht Gebäude nicht als Zustand, sondern als Prozeß“ (Otto 1983, S. 31).

In gegenwärtigen Schulbauten ist oft aus falsch verstandenem Rationalismus das Natur-Mensch-Verhältnis eliminiert worden, was Mitweltbewußtsein verunmöglicht. Ansätze dazu, daß der Raum, die Architektur zum einen hohe sozialisatorische und bildende Wirkung haben und zum anderen anregungsvoll gestaltet sein können und damit ihrer Funktion als „dritten Pädagogen“ gerecht werden, liegen in „der ästhetischer Erziehung“ und dem „Environment“ schon vor, die im Sinne ökologischer Pädagogik aufgearbeitet werden müssen.

So ist im Kontext ökologischer Pädagogik die gesamte Schule Lernbereich, was, wie im vorhinein entwickelt wurde, die soziale und die materielle Mitwelt betrifft. Das Kontinuum der Ansatzmöglichkeiten reicht von ökologisch orientiertem Aufbau eines organischen Schulbaus bis zum Rückbau und partieller Restrukturierung von einzelnen Schulgebäudeteilen. Damit dies der entschleierten Funktion des „dritten Pädagogen“ gerecht wird, ist es Aufgabe der gesamten Schulgemeinde, eine ökologische Umgestaltung der Schule vorzunehmen. Damit Schule ein umfassendes Erfahrungsfeld werden kann, ist ein Rückgriff auf Ansätze der ästhetischen Erziehung (Otto 1984; von Hentig 1969) und die Environment-Begriffe aus der Kunst hilfreich, was zudem eine Zusammenführung verschiedener Praxen zu einer Gesamtpraxis fördert. Letzteres machen sich die Grenzüberschreitungen tradierter Praxen, Alltagsgewohnheiten zunutze, um eine Erweiterung der Sinnenbeanspruchung und der Denkmuster zu erreichen. Dieser Akt der Verfremdung der alltäglichen Mitwelt scheint notwendig, um ihr den ihr im ökologischen Sinne gebührenden Platz einzuräumen. Damit liefert sie die Chance zu bewußterer Auseinandersetzung mit der alltäglichen ökologischen Realität, Ansätze dazu finden sich dort im schulischen Bereich, wo Kunst, Handeln und ökologisch bewußtes Wirken und Bewußtsein verschmelzen (vgl. Le Roy 1983).

Dem Ansatz der ästhetischen Erziehung gebührt die Erkenntnis – in der Erweiterung des Begriffs durch von Hentig (1969) –, daß sich ästhetische Erziehung auf Wahrnehmungsprozesse nicht nur von schon mit Wertungen behafteten Gegenständen der Kunst, sondern auch der allgegenwärtigen, gestalteten Mitwelt zu beziehen hätte. Damit wären jene Gegenstände des heimlichen Lehrplans im Natur-Mensch-Verhältnis zum Gegenstand der gesellschaftlichen Kommunikation zu erheben, in denen der Mensch, die ökologische Krise bewirkend, gestaltend auf die Natur einwirkt. Dies betrifft nicht nur Landschaften, Gartengestaltung, sondern auch die Architektur von Schulbauten, in denen sich sowohl der Rationalismus des technischen Zeitalters als auch der daran gebildete Geschmack durchsetzt (Bourdieu 1983), um mittels der Kritik von Wahrnehmungsprozessen die Prägekraft der gestalteten Mitwelt über ihre intentionale Funktionsbestimmung hinaus zu leisten. Daraus folgt, daß mit Hilfe der ästhetischen Erziehung und ökologischen Pädagogik eine Kritik der Bauästhetik, die darin ja zugleich Gegenstand der ökologischen Krise wird, vorzunehmen wäre. Das Fatale liegt innerhalb der ökologischen Krise darin, daß unter anderem auch die menschenverachtende, inhumane Architektur gleichzeitig als vorbildlich, als schön empfunden wird, während ökologische Architektur und Bauweise dahingehend keine Anerkennung findet (vgl. auch Ästhetikschranke, S. 156 ff.). Über den Weg der ästhetischen Erziehung wäre ein Weg zur Ökologisierung der Schul(bauten) zu beschreiten. Hier gilt es, die tief verwurzelten handlungswirksamen Geschmacksstrukturen aufzubrechen, um den Weg für neue Raumwahrnehmungen frei zu machen. Damit gerät ins Blickfeld, daß über die Kritik der Schularchitektur eine Entschlüsselung von Mitweltobjekten zum bildungsrelevanten Vorgang generiert, der über die ästhetische Erziehung der ökologischen Pädagogik einen weiteren Zugang zur Ökologisierung der Schule eröffnet, so daß dies zu einer wirklichen Gemeinschaftsaufgabe von Schule wird, die eine Gesamtpraxis in dieser Aufgabenstellung im BENNERschen Sinne anstrebt (BENNER 1991).

Replik zum „dritten" und „ersten Pädagogen"

Der Raum, Architektur und Innenarchitektur beeinflussen den Menschen ohne Zweifel, sie beeinflussen ihn um so mehr, je weniger er klare sinnbegründende Werte, je weniger er Ideen des Mitlebens im Lebenssystem unseres Planeten hat; wenn er auf Selbstverwirklichung durch Konsum und fortschrittliche Optimierung seiner Konsumwelt und dann auch auf schrankenlosen Verbrauch von Natur eingestellt ist. – Da gibt es die nicht endenden Klagen über unsere Betonuniversitäten, die immer wieder mit Studentensuiziden in Zusammenhang gebracht werden.

Ich arbeite in einer Betonuniversität, 18 Ebenen hoch, – nicht, daß sie vollkommen sei, im Gegenteil, aber ich fühle mich wohl darin, weil sie den Naturverbrauch minimiert. Ich habe an einigen wunderschönen amerikanischen Pavillon-Universitäten gearbeitet, mit dem Campus einer mittleren Kleinstadt, und ich war deprimiert über so viel unsinnigen Naturverbrauch, mit immer wieder riesigen Flächen von Grünbeton zwischen den Arbeitsplatzfladen (große Lebenssystemferne).

Ich fand die lebendigsten Grundschulen in uralten Gebäuden, aber mit einer optimalen Ausnutzung von Arbeitsecken, Fluren und Treppen. Wir haben Untersuchungen über die Ökologie des Klassenraumes durchgeführt. Hier zwei Klassen zum Vergleich:

Gleich viele Schüler, unterschiedliche Lehrer und unterschiedliche Raumgrößen, Raum II war 40% größer als I. Im kleineren Raum I stand die Selbsttätigkeit der Schüler im Vordergrund, es herrschte ein außerordentlich reges Lernklima in einer sehr engen Lernlandschaft. Es gab keine Beschwerden über zu große Enge, fehlenden Raum – alle arbeiteten im für sie richtigen „subjektiven“ Raum. Im (größeren) Raum II gab es eine eher dürftige Lernlandschaft, es herrschte ein passives Lernklima, viel Frontalunterricht, die Schüler beklagten sich über Enge, und die Lehrperson beschwerte sich über fehlende Gruppenräume und ein viel zu kleines Klassenzimmer, um einen fortschrittlichen Unterricht machen zu können. Der „dritte Pädagoge“ (Raum) gewinnt immer, wenn der „erste Pädagoge“ versagt. Wenn Pädagogik nicht eigentlich stattfindet, wird dies nicht selten mit der Mangelhaftigkeit der Architektur, der unzureichenden Raumgestaltung und der fehlenden Innenarchitektur begründet. Der Raum wird zur Entlastungsstrategie für nicht stattfindende Pädagogik, für die eingefahrene Bequemlichkeit des Kollegiums und des Hausmeisters. Ungünstige Habitualisierungskonzepte des Unterrichtes, des Schulemachens verhindert nicht selten günstige Möglichkeiten von Seiten der Raumgestaltung und der Architektur. Damit soll der „dritte Pädagoge“ nicht entwertet werden und nicht einer unsinnigen Architektur das Wort geredet – aber die objektive Außenwelt zeigt verheerende oder segensreiche Ergebnisse, wenn sie subjektiv positiv oder negativ erlebt und das heißt im positiven Falle immer mitgestaltet wird. Letztlich ist das ausschlaggebend, was in den Köpfen der Bewohner der Räume ist – sie können allemal innenarchitektonisch meist noch genügend umgestalten, wenn es der Hausmeister, der Schulleiter und die Schulverwaltung nicht zu verhindern wissen, und wenn es LehrerInnen und SchülerInnen denn wollen.

2. Probleme ökologischen Lernens in der Institution Schule

2.1 Ökologisches Lernen und technomorphes Denken

Das neue Lernen, wie es bereits im Lernbericht als antizipatorisches und partizipatorisches Lernen (vgl. S. 37 sowie Botkin u.a. 1979) vorgestellt wurde, geht von komplexen Zusammenhängen und Problemsituationen aus. Bei einem ganzheitlichen Lerngrundmuster sind unter Aufrechterhaltung des Wechselbeziehungsnetzes des Gesamtproblemfeldes bzw. des Lerngegenstandes immer nur einzelne Komponenten (Problemfeldzellen) rein analytisch zu behandeln. Ökologisches Lernen ist gemäß der begrifflichen Fassung ein vernetztes Lernen. Es ist kein Lernen in kleinsten Schritten, wie es über Jahrhunderte in unseren Schulen praktiziert wurde, wie wir es alle als systematisches, schulisches Lernen verinnerlicht haben. Das Lernen in kleinsten Schritten und aufsteigenden Reihen entspricht dem technomorphen Denken (vgl. Kozdon 1988), wie es sich seit langem in unseren Schulen und unserem Alltag breitgemacht hat. – Unter technomorphen Denken versteht KOZDON eine verstärkt linear-logische operationale Denkweise, die gefühlsbetontes, ganzheitliches Denken in den Hintergrund treten läßt (vgl. KOZDON 1988, S. 29). Unter dem Primat technomorphen Denkens wird schließlich jedes von diesem Muster abweichendes Denken als irrationales, dem Bauch folgen, denunziert und entwertet. Unsere Rationalität schrumpft damit auf ein schmales analytisch reduktionistisches Band, – wie sie für ökonomisches Denken ausschließlich und weitgehend auch für das Lernen in den Naturwissenschaften, aber nicht nur dort, typisch geworden ist. DE BONO (1976/1980) bezeichnet diese Denkweise mit vertikalem Denken und setzt ihr laterales Denken entgegen. Laterales Denken bezeichnet den Wechsel zwischen gewohnten Anschauungen, Dinge zu betrachten und neuen bzw. fremden, denen wir begegnen und die uns höchst ungewohnt sein können. Laterales Denken analysiert nicht vordringlich, sondern synthetisiert und ist deshalb für das Lösen komplexer Probleme und das Verstehenlernen komplexer Zusammenhänge sehr wichtig. Technomorphes Denken wird neuerdings mit der Ausbreitung einer maschinellen Technisierung als Computer-Kritik öffentlich. Technomorphes Denken unterdrückt ökologisches Lernen direkt, es atomisiert und denunziert schließlich jeden ganzheitlichen Versuch als irrational, als von Grund auf unsystematisch und für die Weiterentwicklung unserer Gesellschaft unvorteilhaft, ja höchst gefährlich. Nicht selten wird die Grundschule als ein Bereich des noch nicht stringenten, noch nicht durchgängig systematisierten schulischen Lernens angesehen – ein Ort, an dem wir es uns noch erlauben, hin und wieder nicht technomorphes Denken zu dulden und Raum für ganzheitliches Lernen zuzugestehen – dann erscheint der Computer mit dem sich unter durchgängig technomorphen Strukturen technomorphes Denk- und Lernverhalten optimieren läßt, als Bedrohung des Idylles Primarstufe. Tatsächlich werden die technomorphen Strukturen der Schule seit langem durch die Institutionalisierung und Verbürokratisierung des Lebens und Lernens in dieser öffentlichen Anstalt entwickelt, ausgebaut und immer weiter stabilisiert.

Somit stellt die „verwaltete Schule“ (vgl. ELLWEIM 1964, VOGEL 1977) eine weitere, mittelbar, aber sehr starke Barriere für ökologisches Lernen dar. Forderungen nach einer Veränderung des schulischen Lernens und damit der Schule lagen schon vor der ökologischen Krisenstimmung vor. Außer in Modelleinrichtungen[46] ist es bisher nicht gelungen, eine Änderung im schulischen Lernen durchzusetzen. Das ganzheitlich orientierte

46 Vgl.: von HENTIG z. B. „Der Zusammenschluß von Wissenschaften im ‚Projekt‘“ sowie „Planungsaufgabe und Umstrukturierung der Universität“, in: Magier oder Magister? Stuttgart 1972, s.t. 1974, S. 83 – 103 oder: „Schule als Erfahrungsraum“, Stuttgart 1973

Lernen ist mit der Fächeraufsplittung („dem Fetzenstundenplan“, PETERSEN 1927/1952) nicht zu leisten. Fächerübergreifender Unterricht ist notwendig, Modellversuche in der Sekundarstufe hierzu wurden während der ersten Phase der Umwelterziehung ohne stringent überzeugende Argumentation als gescheitert erklärt, – die institutionellen Hindernisse ließen sich wohl nicht ausreichend aufweichen (vgl S. 38).

Der erste große Versuch für entsprechende Veränderungen aus sozialpsychologischer, pädagogischer und politischer Argumentation einer Reihe führender Reformpädagogen der zwanziger Jahre ist, bis auf die Hinterlassung einiger Spuren in der Primarstufe als gescheitert anzusehen. Die seit den siebziger Jahren viel zwingendere Begründung mit der einzig plausiblen Möglichkeit, die Zukunft der Menschheit zu sichern und vielleicht nur ramponiert aus der ökologischen Krise herauszukommen, hat wiederum nicht ausgereicht, die notwendigen Veränderungen der Rahmenbedingungen für schulisches Lernen entsprechend umfänglich zu verändern. Was erneut zur Frage führen muß – ob die Schule veränderungsfähig ist oder ob sie abgeschafft werden sollte (vgl. REIMER 1972, ILLICH 1973, RIESEBERG 1992). TREML (vgl. 1980) kommt zu dem Ergebnis, daß ökologisches und ökumenisches Lernen nur außerhalb der Lerninstitutionen erfolgen kann. Ein solcher Radikalismus ist das Ergebnis frustrierenden Bemühens und Scheiterns in dem Bedürfnis, seine Gesellschaft von ihrer Krankheit (FROMM 1954) zu erlösen und die Menschheit retten zu wollen, es ist das Ergebnis eines human hoch zu schätzenden Bemühens. Während die Eifrigsten jeweils schon frustriert und ohnmächtig, den Radikalismus als ultima ratio proklamieren, suchen andere noch nach gemäßigten Lösungen bzw. zu schwächer radikalen Lösungen. Sie bilden Zentrierungsfächer und Komplementärfächer, empfehlen Projektarbeit (im Halbjahr ein Umweltprojekt) und ergänzende außerschulische Umweltaktivitäten (z. B. Green-Team- bzw. Naturschutzarbeit). Es ist notwendig, sich die technomorphen Strukturen unserer Schule und des schulischen Lernens umfänglich bewußt zu machen, um in einer permanenten Pädagogisierungsarbeit[47] gegenhalten zu können, was erst ökologisches Lernen gelingen lassen kann.

2.2 Verwaltete Schule als Barriere für ökologisches Lernen

Innerhalb der Reformdiskussionen um Schule der sechziger und siebziger Jahre ist die Zweck- und Zielsetzung von Schule als verwaltete Schule immer wieder kritisiert worden (ELLWEIN 1964; BECKER 1962; FÜR-

47 Pädagogisierungsarbeit kann auf eine umfängliche Tradition zurückgreifen, in Kap. III/3, S. ... werden dazu einige prominente Beispiele aufgezeigt. Ökologisches Lernen hängt aber auch dann noch vom ökologisch gebildeten Lehrer ab.

STENAU 1973: RUMPF 1978; LORENZ/PAUL 1978; ABELS 1977, 1981). Bezüglich der Diskussion um die Ökologisierung von Schule ist nun zu fragen, inwieweit seinerzeit bestehende Kritikfelder heute dieser Ziel- und Zweckbestimmung im Wege stehen. Innerorganisatorische Strukturen werden maßgeblich von anderen Subsystemen beeinflußt oder gar bestimmt, insbesondere dann, wenn ihre Beziehung hierarchisch organisiert ist, wie dies bei Schule als unterster Verwaltungsebene offensichtlich der Fall ist.

Die Kritik an der verwalteten Schule richtet sich sodann auch gegen jene Einengung menschlichen Gemeinschaftslebens, die mit einer zunehmenden Eigendynamik von Bürokratie (vgl. FÜRSTENAU 1973, S. 350) zum Bürokratismus wird, der sich auch auf alle Bereiche der Bildungsinstitutionen ausweitet. „Man wird indessen der Problematik des Bürokratisierungsprozesses in der modernen Gesellschaft nur gerecht, wenn man die Bürokratie als durchgehende gesellschaftliche Struktur begreift, ... die wir in allen Bereichen des sozialen, politischen und kulturellen Lebens als ‚funktionale Rationalisierung' zu verzeichnen haben. Dabei ist zu beachten, daß die bisherige Entwicklung der bürokratischen Lebensformen bedingt ist durch den hohen Organisationsgrad der kapitalistischen Verkehrswirtschaft, der mit ihr entstehenden gesellschaftlichen Großgebilde und des modernen Verwaltungsstaates" (STAMMER 1969, S. 148). Der Politikwissenschaftler ELLWEIN (1964, S. 217 ff) betont jedoch deutlich, daß das deutsche Phänomen einer verwalteten Schule eine historische Herausbildung in Deutschland ist, die in der hier vorfindlichen Form nicht einer Systemnotwendigkeit oder sozialen Evolution entspricht, sondern in Deutschland maßgeblich auf die Abstinenz von politischer Seite zurückzuführen ist, so daß die mit Machtvakuum ausgestatteten Bereiche im Schulwesen von der Verwaltung in der ihr eigenen Dynamik besetzt wurden, was z. B. in ihrem Verordnungswesen zum Ausdruck kommt. Insofern kann von Bürokratismus in der Schule gesprochen werden, als die von WEBER (1972) herausgearbeiteten Prinzipien einer idealen Verwaltungsorganisation auf Schule als unterster Verwaltungsebene zutreffen, d. h. ihren Einfluß auf den verschiedenen Handlungsebenen geltend machen. Die wesentlichen Prinzipien sind:

- das Prinzip der Amtshierarchie;
- das Prinzip der Amtsführung nach abstrakten Regeln und generellen Normen;
- das Prinzip der aktenmäßigen Verwaltung;
- das Prinzip des monokratischen Einzelbeamtentums;
- das Prinzip der Einengung der Befugnisse (vgl. LORENZ/PAUL 1978, S. 43).

Diese verwaltungsorganisatorischen Prinzipien sind in Schule allgegenwärtig, sie behindern pädagogische Arbeit im allgemeinen und Lernen, das nicht auf technomorphen Denkstrukturen basiert im besonderen.

Schule hat sich über den Zivilisierungsprozeß immer weiter ausdifferenziert und sie hat über den gesellschaftlichen Entwicklungsprozeß immer mehr Funktionszuweisungen erhalten: Qualifikation, Selektion, Allokation, Integration, Legitimation, Personalisation, Durchsetzung eines demokratischen Selbstbewußtseins (vgl. Abels 1977; 1981; Twellmann u.a. 1981; Herrlitz 1984; Kleber 1992). Diese Erwartungsbündel für Leistungen der Schule sind interdependent (vgl. Ulich 1976, S. 195). Der Zuweisungsprozeß ist nicht abgeschlossen: Bildung eines Umweltbewußtseins kam mit der Diskussion über unsere Probleme im Lebenssystem dieses Planeten hinzu (vgl. KMK 1980).

Die Kultusministerkonferenz (1980) fügte diese Funktion hinzu als ein Additivum, die Aufnahme von Seiten der Institution Schule war damit nicht erschwert – das jetzt benötigte Umweltbewußtsein sollte mit traditionellem Unterricht erzeugt werden (etwas mehr Naturschutz macht keine Veränderung der Schule oder des schulischen Lernens notwendig).

Mit der Forderung nach einem Umweltbewußtsein rückte aber neben die Funktion der Reproduktion der jeweiligen Gesellschaft die biologische und soziale Reproduktion des Lebenssystems unseres Planeten, aus Umwelt- wird dann Mitweltbewußtsein und die Forderung nach ökologischem Lernen.

Ökologisches Lernen beinhaltet im Lernprozeß dann Prinzipien, deren Umsetzung Mikelskis sich wie folgt vorstellt: „Ökologisches Lernen läßt sich zusammengefaßt als die unter einer politischen Perspektive denkende und handelnde Auseinandersetzung mit den ökologischen Problemen bezeichnen, bei der globale Überlegensstrategien und individuelle Sinnperspektiven aufeinander bezogen werden. Dieser Prozeß ist geleitet von den sechs Gesichtspunkten: Betroffenheit, Handlungsorientierung, Geschichtlichkeit, Zukunftsorientierung, Ganzheitlichkeit und Vernetztheit" (Mikelskis 1984, S. 140), deren Umsetzung konstitutiv an die Lernsituation und -inhalte der jeweiligen Schule gebunden sind, so daß sie schulorganisatorisch sichergestellt werden müssen, aber sicherlich über die Intentionen des KMK-Beschlusses hinausgehen.

Die Zentrierung der Lernprozesse auf institutionelle Faktoren offenbart Habitualisierungsprozesse innerhalb der Einrichtung Schule, welche Bewußtseinsänderungen behindern. Sie tragen sowohl intentional als auch verdeckt funktional (hidden curriculum) zur Aufrechterhaltung ihres Zweckes, zu Reproduktion tradierter gesellschaftlicher Ziele und Werte bei.

Der der Bildungseinrichtung Schule hierarchisch übergeordnete Verwaltungsapparat konterkariert immer wieder pädagogische Praxis und von

Pädagogen eingeklagte und postulierte Bildungsziele (vgl. FISCHER 1978). RUMPF (1978) beschreibt dies mit Hilfe der Habitualisierungsprozesse: *„Das Interesse ihrer Sicherheit [der Pädagogen] und das Interesse der Funktionsfähigkeit der Institution begünstigt die Aufnahme institutionell vorgeformter Auffassungsschemata – und diese Auffassungsschemata sind, was die Schule angeht, weitgehend von Bedürfnissen und Normen der Verwaltungsorganisation determiniert.* Aus den Bedürfnissen der Verwaltungsorganisation nach Einheitlichkeit, Überschaubarkeit, Kontrollierbarkeit der Lernorganisation erklären sich nicht nur viele feststellbare Züge dieser Lernorganisation – die Normen sind derart ins Bewußtsein der mit Schule Befaßten eingewandert, daß sie das als unumstößliche Natur-Tatsache [Selbstverständlichkeit] zu betrachten neigen, was doch Produkt bestimmter Interpretations- und Wertungsmuster ist: daß es gute, durchschnittliche, schlechte Schüler gibt und geben muß; daß es Klassenräume und Klassen geben muß; daß den Ziffernnoten Realitäten entsprechen; daß es Lehrer in unserem Sinn geben muß, wenn Unterricht stattfinden soll; daß es für alles, was in der Schule geschieht, einen verantwortlichen Vorgesetzten oder doch eigenverantwortlichen Aufsichtsführenden geben muß; daß Ordnung und Friede im Normenkatalog der Schule sehr hoch zu rangieren haben; daß alles, was die Einheitlichkeit und Voraussehbarkeit der in der Schule ablaufenden Prozesse bedroht, als Störfaktor wahrgenommen und mit negativen Wertungen belegt wird; daß Schulwesen durchwegs von einer frappierenden Endgültigkeit charakterisiert ist, die es gegen kritische Rückfragen immunisiert" und weiter, daß „... etwa die Jahrgangsklassen und die Schulnoten historisch und sachlich den Bedürfnissen und Normen einer die Schulen beaufsichtigenden und verwaltenden Organisation entsprungen sind – keineswegs der Analyse von Lernzielen und optimalen zielführenden Lernbedingungen. [Unter Berücksichtigung], ... daß auch Lernprozesse ihre Eigengesetzlichkeit haben, deren Mißachtung den Unterricht ergebnislos macht und deshalb die Lernorganisation um die Früchte bringt, um deretwillen sie eigentlich eingerichtet wurden, diese Erkenntnis ist in unserer Gesellschaft und in unseren Erziehungsinstitutionen noch keineswegs verbreitet" (RUMPF 1968, S. 66). Daß dieses Bild von Schule ein historisch verfestigtes ist, macht BECKER deutlich: „Unsere Schule ist eine „verwaltete Schule"; während die moderne Schule, die ihre geistige Grundlegung in der Aufklärung erfuhr, zunächst noch ein Lebenszusammenhang selbständiger Menschen war, die vom Staat nur überwacht wurde, hat sie sich immer mehr zur untersten Verwaltungshierarchie entwickelt. Sie steht heute auf einer ähnlichen Stufe des Verwaltungsaufbaus wie das Finanzamt, das Arbeitsamt, die Ortspolizei und in einem deutlichen Gegensatz zur Selbstverwaltung der Ortsgemeinde ... Das Bildungsergebnis der modernen Schule wird langsam der konformistische, einfallslose, mühelos gleichschaltbare Mensch, dessen Kenntnisse zwar zum Teil vielseitig, aber qualitativ nicht hochwertig, dafür leicht nachprüfbar sind" (zit. n. ELLWEIN 1964, S. 212).

Die von Max WEBER (1972) für die bürokratische Herrschaft reklamierte Rationalität in Bürokratien durchdringt den schulischen Alltag, die Metaorganisation Verwaltung bestimmt Strukturen pädagogischer Praxis, die ökologisches Lernen in der Schule verunmöglichen. Aber erst diese Reglementierung von innerschulischen Handlungsprozessen erlaubt es der traditionellen Schulverwaltung, Schule zu verwalten und zu kontrollieren. Durch diesen Hegemonialanspruch bürokratischer Erfordernisse „verliert Schule den Charakter einer Instanz und schrumpft zur Institution" (TWELLMANN u.a. 1985, S. 68). Was sich im übrigen auch vollzieht, wenn andere Strukturelemente von Schule ideologischen oder überdimensionierten Charakter gewinnen und nicht zu einer gleichberechtigten Gesamtpraxis im Schulalltag verschmelzen.

Zur Ökologisierung von Schule gehört auch die Ökologisierung von Lehr- und Lernformen, damit nicht ein zusätzlicher Widerspruch zwischen Form und Inhalt produziert wird und jene Form von gefordertem ökologischen Bewußtsein realisiert wird, das die Bereitschaft zu ökologischem Handeln mit einschließt.

Der Ökologisierung nicht nur in der Schule, aber auch dort stehen Habitualisierungen in vielfältiger Weise entgegen, so auch in den habitualisierten Lehr- und Lernformen der Schule.

Soweit bürokratische Strukturen und Habitualisierungen die Effizienz verwalteter Organisationen verhindert, hat die Bürokratieforschung das Human-Relation-Modell[48] entwickelt. Dies geht von Widersprüchen und Konflikten in der Organisation aus und führt zur Effektivitätssteigerung im Hinblick auf den Systemzweck. Ob dieses auch zur Veränderung von Schule und schulischem Lernen verwendet werden kann, muß jeweils kritisch überprüft werden (vgl. TREML 1981; TAPPE/WIEGMANN

48 Das Human-Relation-Modell geht in seinem Ursprung auf die Erforschung von menschlichen Beziehungen in Industriebetrieben zurück. Der Schwerpunkt lag auf der Erforschung der Bedeutung der informellen Interaktionen innerhalb formaler Strukturen eines Produktionsablaufs in der Organisation „Betrieb". Elton Mayo unternahm erstmals derartige Forschungen in der 30er und 40er Jahren, worauf sich in der Nachfolge die Human-Relation-Bewegung entwickelte, die sich von organisationssoziologischen Fragestellungen bis zur Erforschung und Vermittlung reiner Management-Techniken (Menschenführung im Betrieb) auffächerte. Von hier aus wurde dann in Deutschland, vor dem Hintergrund des historisch-institutionell geprägten soziologischen Denkens in Europa, durch die Verknüpfung mit der Bürokratie-Theorie (Max WEBER) die Institution Schule als bürokratische Institution untersucht. Dabei stehen neben negativen Folgen für die Persönlichkeitsentwicklung der Organisationsmitglieder durch Folgen des Bürokratismus auch die Antinomie der Schule als Bildungs- versus Verwaltungseinrichtung im Zentrum des Interesses.

1984). Um Möglichkeiten für ökologisches Lernen in Schulen zu eröffnen, ist auf die Bürokratie- und Institutionenkritik, insbesondere auch als Schulkritik, zurückzugreifen (vgl. von HENTIG 1973).

Fürstenau (1973) hat im Kontext des Human-Relation-Modells verschiedene Hierarchieebenen und Rollenkonflikte aus den Betriebsstrukturen der verwalteten Schule abgeleitet, die für ökologisches Lernen im Hinblick auf ein zu bildendes Mitweltbewußtsein hinderlich sind. Entgegen den von HARTFIEL beschriebenen uniform-bürokratischen Betriebsstrukturen, die „nur dann eine Gewähr für rationale, funktionsadäquate Organisation und Zieleffizienz (bieten), wenn es um uniforme, immer in etwa gleicher Substanz und Abfolge zu erledigende Aufgaben geht, für die ein relativ konstant bleibendes Fachwissen und eine ebenso konstant bleibende Regelkenntnis und Kompetenzgliederung benötigt wird“ (HARTFIEL 1973, S.57), ist ein flexibles Organisationsmodell für pädagogische Einrichtungen erforderlich. Um dem primären Zweck einer ökologisch orientierten Schule gerecht zu werden, müssen Strukturen und Inhalte diesem Zweck konsequent untergeordnet werden, d. h. die Verwaltungsorganisation ist der Lernorganisation unterzuordnen. Es ist vor Ort zu prüfen, inwieweit einige der seit über zehn Jahren auf dem Tisch liegenden Forderungen in der Zwischenzeit erfüllt wurden und was in dieser Beziehung dringend noch zu tun ist.

1) Professionalisierung und Autonomisierung der Lehrerrolle auf der untersten Verwaltungsebene: Wider dem Prinzip der Amtsführung nach abstrakten Regeln und generellen Normen „. . . muß die situationsbezogene selbstverantwortliche Kooperation mit Mitarbeitern (LehrerInnen oder der dem jeweiligen Fall aufgrund eigener Entscheidung angepaßte Dienst am Klienten (SchülerInnen) im Konfliktfall vor der Erfüllung vorweg gesetzter Regeln und Verfahrensvorschriften den Vorrang haben, d.h. die selbständige Anpassung der Verfahrensvorschriften an die konkrete Situation. Die Berechtigung (Kompetenz) zu solch selbständiger Entscheidung in den unteren Rängen des Systems bedeutet einen wesentlichen Unterschied zum klassischen Modell“ (FÜRSTENAU 1973, S. 338) einer bürokratischen Organisation einer verwalteten Schule. LehrerInnen, die sich um ökologische Lernansätze in der Schule bemühen, haben mit diesem Konfliktfall alltäglich zu tun.

Entgegen der bestehenden Verwaltungsstruktur von Schule bedeutet dies eine Professionalisierung des Status der Lehrpersonen und eine größere Verlagerung der Entscheidungsbefugnisse von oberen administrativen Ebenen in die der Schule vor Ort. „Die Entscheidungen über Inhalte und Ziele des Unterrichts, Mittelverwendung, Stundentafeln, Pausenordnung, architektonische Gestaltung der Schulgebäude u.a. werden auf der unteren Ebene, also in der Schule gefaßt“ (LORENZ/PAUL 1978, S. 56 ff). Diese Maßnahme würde zudem die Identifikation der Lehrperson mit den Geschicken der Schule mehr verbinden und damit den Einsatz ihrer Persönlichkeit und von Authentizität stärken. Authentizität kann heißen: „Wichtiger als . . . Gegenstände und Anlässe des Lernens selbst ist doch allemal, wie Menschen mit ihnen umgehen, und dafür bleibt der Lehrer die erste und eindrücklichste Probe" (von HENTIG 1973, S. 37). Schon hier muß der pädagogische Bildungsauftrag, der Schule auch der permanenten Innovation (Prozeß dynamischer Gesellschaften, lebenslanges Lernen) unterwirft, eine dezentralen Entscheidungsfunktion wählen, die die Verwaltung als Dienstleistung des Bildungsauftrages versteht und nicht einer Kolonialisierung der Schule durch zunehmende Bürokratisierung. Das hierarchische Rollensystem muß zugunsten der Lehrer vor Ort aufgebrochen werden.

2) Dezentralisierung der Verantwortungs- und Entscheidungskompetenz: Neben der Verschiebung der Verantwortungs- und Entscheidungskompetenz auf die unterste Ebene, zu den Lehrern vor Ort, ist es erforderlich, parallel zu dieser vertikalen Verschiebung die allgemeinen Kommunikations- und Informationsflüsse in der horizontalen Ebene zu modifizieren. Zunächst bedeutet dies, tragfähige Kooperationsmodelle zwischen den Lehrern innerhalb der Schule zu begründen. Der für die Pädagogisierung der Lehr- und Lernprozesse relevante informelle Kommunikationsbereich würde damit seiner dysfunktionalen Kompensations- und Ventilfunktion entkleidet, was nicht Konflikte grundsätzlich aus diesem pädagogischen Arbeitsfeld beseitigt.

Diese Beziehungsebene ist zur Stärkung der Professionalisierung des Lehrerpersonenstatus (was der Verantwortung ihrer Aufgabe entspräche, etwa vergleichbar den Ärzten) zudem durch vielfältige Kommunikationsformen zu erweitern (Konsultationen, Hospitationen, Kooperationen, Erfahrungsaustausch, inner- und außerschulische Arbeitsgemeinschaften), was nicht nur die o.g. Spannungen in der Lehrerrolle partiell auflöst, sondern eine wichtige Unterstützung auf dem Weg zu neuen Lehr- und Lernformen wie dem Team-Kleingruppen-Modell, Freiarbeit u.a.m. darstellt. Die Kompetenz und Zuständigkeit leitet sich aus der Arbeit vor Ort ab und folgt nicht allein überlokal z. T. bezugsfremd festgelegten Lehrplänen und Richtlinien als durchzusetzender Ziele von Schule.

3) Arbeitskontrolle durch Professionalisierung: Die Arbeitskontrolle der Lehr- und Lernziele in der Schule kann ebenfalls zum einen durch stärkere Professionalisierung erreicht werden, d. h. lebenslanges Lernen gilt auch für LehrerInnen, verstärkte obligatorische Fortbildung schulin- und extern, zum andern ist eine weitere Kontrolle durch die unter 2) ausgeprochenen Kooperationsformen zwischen Lehrern gegeben. Gerade für den ökologisch-pädagogisch wirkenden Lehrer gilt, „daß die Spezialisierung . . . nicht einen bestimmten Rahmen überschreitet, d. h. hochgradiges Fachwissen darf nicht zu einer geringeren *Qualifikation auf dem Gebiet der Bewältigung allgemeiner sozialer Beziehungen führen.* Umgekehrt

darf ein hohes Engagement für soziale Lernprozesse nicht zu einer Vernachlässigung fachlicher Probleme führen" (ABELS 1977, S. 174). Die hier geforderte Kompetenz wird durch die schon beschriebenen neuen Kooperations- und Kommunikationsformen auf der horizontalen Ebene erleichtert.

Allgemein deutet dies darauf hin, daß die Beziehungen in der Organisation von der unpersönlichen Beamtenmentalität, der Neutralität in der Lehrerrolle, zu mehr persönlichen, authentischen Beziehungen führt.

4) Umstrukturierung und Demokratisierung der mittleren Verwaltungsebene: Die mittlere Verwaltungsebene der Schulaufsicht, der Schulverwaltung (Schulträger) und der Schulleitung ist im gleichen Maße zu demokratisieren. Ihre Kontrollfunktion nach unten ist ebenfalls zugunsten von Beratung und organisatorischer Hilfestellung zu ersetzen. Nach oben ist der Kommunikations- und Informationsfluß, der von oben nach unten und umgekehrt zu optimieren ist, um der flexiblen, innovativen Bildungsaufgabe von Schule in einer dynamischen Gesellschaft gerecht zu werden, zugunsten der Einflußnahmen von notwendigen Modifikationswünschen der unteren Ebene zu verwenden. „Der mittleren Ebene werden danach solche Instanzen zugeordnet, die

a) die Lehrer und Eltern beraten,

b) die allgemeinen formalen Anordnungen der Behördenspitze und der engeren Schulverwaltung für die konkreten, spezifischen Schulsituationen umformulieren und für die Verwirklichung in den einzelnen Schulen aufbereiten und

c) die traditionellen bürokratischen Aufgaben der Schulverwaltung im engeren Sinne gemäß den Weisungen der obersten Behördenspitze übernehmen.

Die Ämter mit den Aufgaben a) und b) erfüllen also in erster Linie Hilfsfunktionen für die Lehrertätigkeiten und entlasten Lehrer und Schulleiter von dem arbeitsstörenden Geschäft, die uniformen Anordnungen, Dienstanweisungen, vorweg und formal gehaltenen Inhalts- und Zielbestimmungen des Unterrichts in die pädagogische Praxis umzusetzen, wie dies in der heutigen „verwalteten Schule" der Fall ist. Der Konflikt zwischen situationsspezifischen Expertentätigkeit und den uniformen Verfahrensregeln wird nun auf der mittleren Ebene der Schulorganisation ausgetragen. Die Aufgaben der Schulleitung müssen zum Teil neu bestimmt und von der mittleren auf die Ebene der Schule verlagert werden ... Die Initiative geht von den Lehrern aus; die Kommunikation ist in erster Linie von ... unten nach oben organisiert. Die Schulaufsichtsbehörde – deren Abteilung für die ... (unten) aufgezählten Aufgaben besser *Schulberatungsbehörde* genannt werden sollte – hat gegenüber der oberen Ebene der Schulorganisation die Pflicht, die finanziellen Mittel und die nötigen organisatorischen Maßnahmen anzufordern und zu begründen" (LORENZ/PAUL 1978, S. 52/53).

Schulaufsichtsfunktion, Koordinierung der Lehrertätigkeit, Elternkontakt, Vertretung der Schule nach außen kann durch ein Schulleiterteam oder rollierende Schulleiterfunktion ersetzt werden, was zudem ihre spannungsinduzierte Rolle in den Lehrerbeziehungen partiell auflöst. Ihre Auswahl ist auf jeden Fall einer demokratischen Prinzipien folgenden Wahl zu unterziehen, um legitimiert zu sein. Dies bringt auch in diesem Bereich klassisch-bürokratischer Verfahrensweisen zur Bestimmung von Amtsinhabern durch ranghöhere Instanzen eine Dezentralisierung und Entlastung von Spannungen im informellen Beziehungsgefüge von Schule.

Fürstenau betont für diese Schaltstelle im Schulwesen: „solange diese ... Momente nicht ausdrückliche und wesentliche Bestandteile der Rolle der mittleren Schulaufsicht sind, fehlen dem Schulwesen die für eine gemischte Bürokratie erforderlichen Positionen mit Umschalt- und Vermittlungsfunktion, die die uniform-bürokratischen und die nicht-uniformen, professionellen Erfordernisse des Schulwesens auf mittlerer Ebene zueinander in Beziehung setzen" (FÜRSTENAU 1973, S. 345ff).

5) Innerschulische Mitbestimmungs- und Planungsgremien und Öffnung der Schule: Nicht nur die innerschulisch neu zu bestimmende Arbeits- und Kooperationsform der Konferenzen öffnet den Weg zu Demokratisierung und Ökologisierungschancen der Schule, sondern im Kontext des Schullebens (LASSAHN 1981) und der Öffnung von Schule (KM NRW 1988) versteht es sich von selbst, daß in der Schulkonferenz alle direkt am Schulleben beteiligten wie Lehrer, Eltern, Schüler, Hausmeister u.a.m. hier ihrer gemeinsamen Verantwortung für Schule gerecht werden können. Diese gemeinsame Konferenz verbessert nicht nur das Schulklima, sondern öffnet Schule für außerschulische Ideen und Erfahrungspotentiale und ist zugleich praktischer Anschauungsunterricht für Partizipation und Demokratie. Zudem kann hiermit die Scheu der Schule vor Öffentlichkeit positiv genutzt werden: „Die Distanz zur Öffentlichkeit, angeblich ein Schutz für erfolgreiche selbstverantwortete Erziehungsarbeit, kehrt sich nun gegen den Lehrer, dem damit wichtige Möglichkeiten der Kritik gegenüber identitätsgefährdenden Strukturen in der Schule genommen werden" (ABELS 1977, S. 155). In dieser Funktion geht ABELS sogar soweit, hierin ein Regulativ des bürokratischen Einflusses auf den Lehrer zu identifizieren „ohne Resonanz in der Öffentlichkeit ... bleibt der Lehrer bürokratischen Strukturen verhaftet" (ABELS 1977, S. 151/159).

6) Schulleben: Nicht nur die Authentizität von Lehrern ist gegen die Beamtenmentalität einzuklagen, Authentizität heißt auch, unterrichtliche Praxis interdisziplinär zu gestalten, aber auch in außerschulische Lebenszusammenhänge einzubinden (vgl. BUDDENSIEK 1991; LASSAHN 1981; LSW 1991, 1992).

7) Lerngruppenorganisation: Andere Formen des Lernens, die differenzierte und schülerorientierte Lernstituationen sein können, ruhen auf ei-

ner anderen Lerngruppe als der des gesamten Klassenverbandes in Frontalstellung des Lehrers auf (s. nächstes Kapitel, S. . . . ff.).

Weitreichende Reformierung von Schulstrukturen im Sinne des Human-Relation-Modells zeigt u.a. die Gesamtschule Hannover-Linden, die einen altersheterogenen Ansatz realisiert hat und dabei zu folgenden Strukturmerkmalen ihres Modells gelangte:

- „Vermeidung jeglicher Form von Leistungsdifferenzierung;
- Abbau von Leistungsbeurteilung, die auf Konkurrenz der Schüler untereinander abzielt;
- Einrichtung von heterogenen und stabilen Schülerkleingruppen, wobei als wichtigstes Kriterium der Zusammenhang der Arbeitsfähigkeit der Gruppe betrachtet werden muß;
- ein Lehrerteam, das nicht administrativ zusammengesetzt ist und für seine pädagogische Einheit in Eigenregie die gesamte Stundentafel abdeckt und sich auf einen pädagogischen Minimalkonsens einigt;
- Entscheidungskompetenz für dieses Lehrerteam;
- Überschaubarkeit der übergeordneten Lerngruppe, d. h. ein Lehrerteam sollte für nicht mehr als 60 Schüler zuständig sein;
- Aufhebung von geschlossenen Lehrplänen auf Jahrgangsebene;
- Aufhebung der Atomisierung des Lernens durch Aufhebung der Stundentafel, d. h. Aufhebung der Fächer-, Zeit- und Raumeinteilung“ (GGG 1989, S. 22, z.n. BUDDENSIEK 1991, S. 140/141).

Schon diese Aufzählung macht deutlich, wie weitreichend die Umsetzung dieses Modells ist und damit Ansprüchen ökologischen Lernens entspricht, indem es Veränderungen in den verschiedenen zusammenwirkenden Bereichen von Schule induziert, die isoliert weder sektoral gelöst werden, noch pädagogisch sinnvoll wirken können. Die Realisierung dessen verweist nun wieder zurück auf die Veränderung der Lehrerrolle und -kompetenz.

8) Schüler, Unterrichtsform und -inhalt: Unterrichtsform als differenzierte, schülerorientierte Lernsituationen kann im Sinne ökologischen Lernens in der Schule auf das Konzept des exemplarischen Lernens (Wagenschein) zurückgreifen. Einen relevanten Aspekt des exemplarischen Lernens macht von HENTIG deutlich, wenn er betont, daß der „überwältigende *Überhang des Wissens über das Handeln* aufgehoben werden [muß]. Schon die Kinder in den ersten Klassen wissen und können so viel mehr, als sie anzuwenden Gelegenheit haben“ (von HENTIG, 1973, S. 70). Die Relevanz und der Stellenwert exemplarischen Lernens innerhalb ökologischen Lernens, das Gegenstände und Wissenschaften erfahrbar macht und dort über das „Problem-Formulieren“ durch die Schüler und

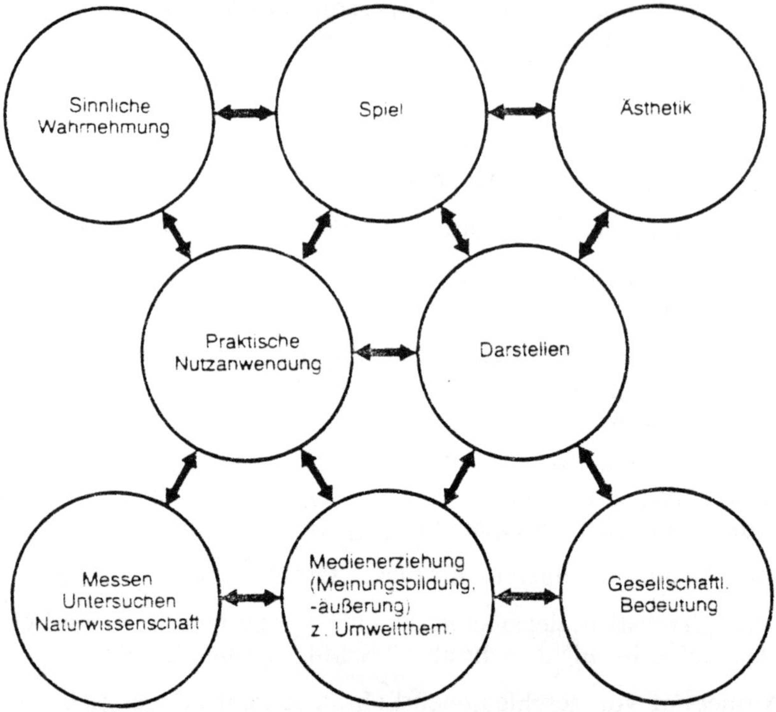

Abb. 20: Erfahrungsfelder für Planung von Unterricht (nach Rose 1992, S. 14)

das „Lernen-Lernen" einführt, und damit das wertlose, lebensferne und schnell verderbliche Wissen in den sektoralisierten, erfahrungslosen Schulfächern aufhebt. Gleichzeitig wird hierdurch die Chance jener Lernmotivation bereitet, die die extrinsische Motivation des Lernens für Noten und Zeugnisse dahingehend differenziert, daß durch Motivation an der Sache innerhalb von fach- und schulübergreifenden Projekten im Epochenunterricht und anderen Formen Schüler nun Motivationsstrukturen aufbauen, die für das Lernen des Lernens unerläßlich sind. Daß dies nur bei der Öffnung von Schule geschehen kann, leitet sich daraus ab, daß die in der Schule erlangte Handlungskompetenz über den schulischen Rahmen hinausragen soll (vgl. KM-NRW 1988; Bolscho u.a. 1980, S. 72) – dazu ist die Integration heute sog. außerschulischer Lernorte und Gegenstände notwendig (Buddensiek 1991, S. 233; Bölts 1989 S. 19ff). Dies aber läßt sich nur flexibel und dezentral realisieren – was nicht planlos heißt (!) – und ist insofern schuladministrativer Reglementierung nicht mehr zugänglich. „Wenn wir Handlungskompetenz bei Schülern anstreben, müssen wir diese Kompetenz über Unterrichtsverfahren anzubahnen versuchen, die dem Schüler sachbezogenes und möglichst selbständiges Lernen ermöglichen. Das gängige „Unterricht halten" prägt die Einstellungen und Verhaltensweisen des Lernenden" (Bolscho

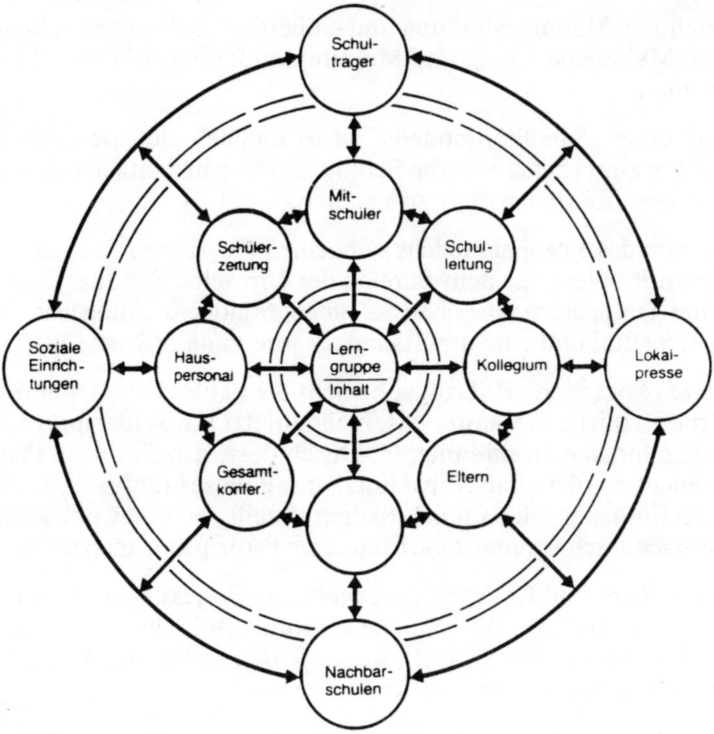

Abb. 21: Satellitenmodell (n. ROSE 1992, S. 15)

u.a. 1980, S. 80) durch die zur Gewohnheit gewordenen Habitualisierungsprozesse in einer verwalteten Schule, die dieses in bürokratisch-uniformen Organisationsstrukturen abfordert.

9) Unterrichtsplanung: Über die organisatorische Anlage von neuer Zeitbudgetierung, Team-Kleingruppen, integrierenden Konferenzen (partizipations- und entscheidungsorientiert) hinaus ist es wünschenswert, daß die LehrerInnen in ihren neuen Kooperationsformen ihre Unterrichtsplanung von der individuellen Vorbereitung zur Team-Vorbereitung modifizieren. Die Unterrichtsplanung muß fächer- und kollegenübergreifend gedacht und realisiert werden. Dazu erforderlich ist, daß die auf die Klasse, den Klassenraum bezogene „pädagogische Freiheit" zugunsten von Lehrerkooperation aufgegeben wird. Im Sinne ökologischer Planungs- und Lernprozesse heißt das, daß eine problemorientierte, thematisch-systematische und fachspezifisch-koodinierende Verknüpfung stattfindet (vgl. BOLSCHO u.a. 1980, S. 98). Mit Blick auf die Schulrealität von heute bedeutet dies, daß im Idealfall eine Lehrergruppe dies selbst in einem zu entwickelnden Projekt erprobt, um es von hier aus weiter auszudehnen.

ROSE verwendet die sieben Erfahrungsfelder von WINKEL u.a. (1990, S. 194 ff.) zur Erschließung von Unterricht und ergänzt diese um Medienerziehung, Meinungsbildung und -äußerung. Dabei geht es ROSE vor allem um Meinungsbildung und Meinungsäußerung zu umweltbezogenen Themen.

Mit Hilfe eines „Satellitenmodells“ ist es möglich, den Beteiligten die Öffnung des Unterrichts und die Schule als Ort ganzheitlich orientierter Mitwelterziehung transparent zu machen.

„Im Zentrum des Satellitenmodells steht eine Lerngruppe mit einem Inhalt bzw. einem Problem aus dem Bereich der Umwelterziehung. Durchlässigkeit und Transparenz (zwischen Satellitenpositionen) ermöglichen einen Informationsfluß und eine umfassende Vernetzung „ (ROSE 1992, S. 15).

Realisierte ökologische Pädagogik bezieht die ökologische Orientierung auf die menschliche Gesamtpraxis, nicht zuletzt um Widersprüche zwischen Einzelpraxen zu minimieren. Durch diese ganzheitliche Planung kann erreicht werden, daß Mitwelterziehung dieses umfassende Anliegen durch Einbezug aller am Schulleben Beteiligten – sowohl inner- als auch außerschulisch – durch diese frühzeitige Partizipation integrieren kann.

Dieses von Rose und Kollegen durchgeführte Projekt kann der Einstieg in weitere Projekt dieser Art sein, die sie zum schulischen Alltag werden läßt (vgl. UNGLAUBE 1989, S. 15ff), wenn sie den außerordentlichen Charakter von Projekttagen und -wochen verlieren.

Vergessen werden darf hierbei allerdings nicht, daß auch diese Unterrichtsform der Gefahr der Institutionalisierung unterliegt, so daß Projekte – wie Schule insgesamt –, wenn sie nicht der ständigen Innovation unterliegen, zu Verschulung tendieren, worin sie ihre eigene „Passivität“ und „Belehrungsform“ entwickeln (vgl. von HENTIG 1973, S. 26).

Unter organisationssoziologischer Perspektive deutet Fürstenau dies so: „Die bildende und erzieherische Dienstleistung, die die Schule bietet, kann unter den gegenwärtigen gesellschaftlichen und kulturellen Bedingungen nur professionell erbracht werden, und die Arbeit in der Schule muß sich auf Grund des schnellen kulturellen und gesellschaftlichen Wandels ständig für Neues offenhalten“ (FÜRSTENAU 1973, S. 350).

Der Mißstand einer verwalteten Schule, der das Eindringen ökologischer Inhalte und Strukturen in Schule behindert, muß sowohl von politischer und verwaltungsorganisatorischer Seite wie dem Selbstverständnis von LehrerInnen und allen am Schulleben Beteiligten getragen werden. Dazu erforderlich ist, daß die oben skizzierten Demokratisierungs-, Partizipations- und Öffnungsbemühungen der Schule zur Vernetzung dieser verschiedenen Praxen aggregiert werden müssen, die auch außerschulische Akteure beteiligt, so daß Schule mit diesen neuen Organisationsformen und Lerninhalten zu einer Gesamtpraxis führt, die die Bildung eines Mitweltbewußtseins in ihrer „Welt- und Lebensorientierung“ zur Folge hat.

3. Allgemein didaktischer Rahmen

3.1. Inhaltliche Zentrierung und didaktische Prinzipien

Ökologischem Lernen stehen erhebliche institutionelle Barrieren entgegen, die im vorangegangenen Kapitel systematisch analysiert worden sind.

Die Schule hat sich, bis auf gewisse deutliche Spuren der Reformpädagogik der zwanziger Jahre in der Primarstufe, nicht verändert. Neben radikalen Thesen der totalen Revolutionierung des Lernens gibt es eher zaghafte Versuche, über Reformierung ökologisches Lernen in der Schule möglich zu machen.

Nachdem fächerübergreifender Unterricht außer in der Primarstufe nicht durchgesetzt und die Einführung eines neuen Faches „Umwelterziehung" nicht legitimiert werden konnte, fanden Didaktiker das Konzept der Zentrierungs- und der Komplementärfächer.

„Neben Umwelterziehung in allen Fächern als Prinzip sollte durch konkrete Zuweisung von Zeit, Themen und Methoden in Zentrierungsfächern fächerübergreifende Umwelterziehung ermöglicht werden. – Zentrierungsfächer sollen in jedem Fall ein Fach aus dem naturwissenschaftlich-technischen und dem sprachlich-gesellschaftlichen Bereich sein. Die Fachlehrpläne sollten aufeinander abgestimmt werden. In Frage kommen zunächst vor allem Sachunterricht (in der Primarstufe) und Biologie/Geographie. Der Unterricht in den Zentrierungsfächern sollte durch komplementäre Gebiete aus Geschichte, Gestaltung, Mathematik, Chemie und Physik, Literatur ergänzt werden" (EULEFELD/KAPUNE 1978, S. 31).

Wir haben es hier mit einer typischen Unlösung eines Problems zu tun – während nämlich fächerübergreifendes Lernen und interdisziplinäres Lehren gefordert werden müssen, führt die Umgehungslösung mit Zentrierungs- und Komplementärfächern nur dazu, daß für gewisse Fächer eine höhere prozentuale Beschäftigung mit Umwelterziehung verlangt wird (vgl. Richtlinien für Umwelterziehung in Bayern, Tab. 1 S. 50 in diesem Band). Etwas günstiger sieht es beim Sachunterricht aus, in dem fächerübergreifendes Lernen ohnehin praktiziert werden soll (gleich nach dem Kindergarten können wir uns dies noch leisten, und die kleinen Kinder sind sowieso noch nicht zu analytischem Denken fähig). Jedoch fehlt jede Interdisziplinarität – da nur ein Lehrer vorgesehen ist und dieser nur sehr beschränkt interdisziplinär ausgebildet wird (für diese höhere Anforderung an ein Studium bieten wir eine 25%-Kürzung der Studienzeit, anstatt acht nur sechs Semester). Verlangen EULEFELD/KAPUNE (1978) mit Recht, daß sowohl je ein Fach aus dem naturwissenschaftlich-technischen als auch aus dem sprachlich-gesellschaftlichen Bereich zu den

Zentrierungsfächern gehören müssen, so wird dies für den Sachunterricht z.B. in Nordrhein-Westfalen unmöglich, weil der eine Lehrer entweder für den naturwissenschaftlich-technischen oder für den sozial-gesellschaftlichen Bereich ausgebildet wird. So bleibt es bei dem möglichen Prinzip Umwelterziehung, je nach Engagement des Lehrers, und weitgehend bei der Beschäftigung mit Umweltschutz. Recycling von Müll ist ein großes Thema, Vermeidung meist nur insoweit als es Verpackungen betrifft.[49]

Umweltschutz stellt die Produktion und das grundsätzliche Handeln und Denken des „zerstörerischen Menschen" nicht in Frage, – er fragt nur, wie unerwünschte Seiteneffekte verkleinert, verschoben, maskiert und – was meist nicht möglich ist –, aufgehoben, d.h. dann gegen andere eingetauscht werden können.

Um aus dem Umweglösungsversuch herauszukommen, brauchen wir einen zentralen organisatorisch ausgewiesenen Pflichtlernbereich.

Ökologische Pädagogik ist die einzige an der tatsächlichen und fundamentalen Zukunftssicherung der Menschheit auf diesem Planeten arbeitende Pädagogik; ökologisches Lernen die für das menschliche Fortbestehen relevante Lernform. Es geht um eine Ökologisierung der Pädagogik im ersten Schritt und der menschlichen Gesamtpraxis (im Sinne Benners 1987) im zweiten Schritt; nicht um eine neue zusätzliche Disziplin. Es geht deshalb auch um die Ökologisierung allen Lernens in allen inhaltlichen Bereichen, insoweit ist die Entscheidung der Vergangenheit, Umwelterziehung zum Prinzip schulischen Unterrichts zu machen, durchaus der richtige Weg. Was bis heute fehlt, sind Sicherungen und Sanktionen, das proklamierte Prinzip auch gegen Nachlässigkeit, Ignoranz und Borniertheit durchzusetzen. Hierzu bedarf es zunächst einer prinzipiell stringenteren Organisationsform.

Um vom Umweltschutz zur Mitwelterziehung (angewandte ökologische Pädagogik) zu kommen, bedarf es eines zentralen Lernbereichs, in dem das Lebenssystem unseres Planeten, der Mensch, sein Verhältnis zu dem Lebenssystem, seine Möglichkeiten und Zukunft in diesem Lebenssystem (nicht gemäß einer idealistischen Philosophie) sowie sein Handeln in diesem Lebenssystem im Mittelpunkt stehen; in dem das Mensch- und Weltbild, Ethik und Moral für alle verpflichtende Gegenstände sind; aus dem heraus die Fächer als spezialisierte Kurse begründet und auf Zeit ausgegliedert werden, und in den die Ergebnisse der Lernarbeit aus

49 Man dringt kaum soweit vor, daß z.B. die gesamte Chlorchemie nicht nur Unmengen Giftmüll als Abfall, sondern Giftprodukte, die wir nicht wirklich brauchen, produziert, d.h. die gesamte Chlorchemie ist letztlich ein ins Auge zu fassender Gegengestand der Vermeidung.

den Fächern zurückfließen müssen, und soweit in manchen Kursen ausschließlich analytisch-reduktionistisch gearbeitet wurde, die Lernergebnisse wieder oder noch einmal synthetisierend reflektiert werden.

Für die Primarstufe gibt es dafür bereits eine Organisationskategorie, den Sachunterricht.

In den ersten Phasen des intentionalen Lernens in der Schule ist Sachunterricht heute ein umfänglicher Inhaltskorb, aus dem viele Lernvorgänge angeregt, begründet und geleitet werden. Eine Ausweitung dieser Organisationskategorie und dieses Inhaltskorbes ist eine vordringliche Forderung ökologischer Pädagogik, und zwar, wie man dieser Zeit vielerorts beobachten kann, im Gegensatz zur Bildungspolitik (Sachunterricht wurde 1992 in einigen Ländern zeitlich und personell gekürzt). Es verspricht wenig Gutes für unsere Zukunft, wenn die Bildungspolitik (und nicht nur diese) entgegengesetzten Prinzipien als die ökologische Pädagogik folgt.

Sachunterricht wurde aus der Kritik am alten Gesamtunterricht und der Heimatkunde in den sechziger Jahren konstruiert. Über die inhaltliche Ausfüllung dieses Konstruktes besteht bis heute kein Konsens.

Es soll im Sachunterricht nicht nur um Sachen gehen. Sachlichkeit, Emotionalität und soziales Engagement sind Rahmenziele für diesen Lernbereich. Er sollte im Zentrum des Lernens stehen, wenn es darum geht, Bildung grundzulegen. – Für die Bildung des Menschen einer ökologisch wirtschaftenden Gesellschaft sind dabei Grundzüge einer ökologischen Pädagogik zu berücksichtigen.

Der Bezug kann weder ausschließlich noch gleichverteilt kind- oder wissenschaftsorientiert, er muß lebenssystem- und planetarisch orientiert sein. Dieser Orientierung haben sich die Kindorientierung und auch die fachwissenschaftliche Orientierung unterzuordnen. Ein geeigneter Name wäre „Welt- und Lebensorientierung" (vgl. Both 1990; Boes 1991).

Ihre Themata entwickelt die „Welt- und Lebensorientierung" aus dem Spannungsbogen: Planet (Erdkreis) und Freundeskreis (erweiterte Familie/Haushalt) des Kindes. Heimat sind beide.

Bildlich wird der blaue Planet aus der Weltraumsicht als unsere wunderbare Heimat in einem höchst menschenfeindlichen, schwarzen Weltall eingeführt, und er bleibt unser ständiger Begleiter.

Die Erhaltung eines menschenförderlichen Zustandes des Planeten ist oberstes Ziel.

Der chinesische Astronaut Taylor Gangjung Wang sagt nach seinem ersten Weltraumflug über sein Erleben beim Anblick der Erde:

„Ein chinesisches Märchen erzählt, daß einst wilde Männer ausgeschickt wurden, um einem schönen Mädchen etwas Böses anzutun. Als die

Männer aber sahen, wie schön das Mädchen war, waren sie so gerührt, daß sie seine Beschützer wurden. Ebenso erging es mir, als ich die Erde erblickte. Ich konnte sie nur noch lieben und bewahren“ (NDR 1990).

Wir brauchen in der Primarstufe und im Kindergarten Märchen, die uns unseren Planeten liebenswert machen; wir können nicht früh genug beginnen, emotionale Bezüge zu unserem Planeten grundzulegen. Eine Neubestimmung des Heimatbegriffes wird notwendig. Heimat ist nicht mehr primär als das Fremde ausschließende, sondern immer einschließend zu definieren. Die Grundlage für ein Heimatgefühl für unseren blauen Planeten (die alle einschließende Heimat) muß bereits früh, spätestens in der Primarstufe geschaffen werden.

Neben und nach der Emotionalität spielt der Weltraumblick auch eine bedeutende Rolle für die Erziehung zur Sachlichkeit, hier gleichbedeutend mit Abstand gewinnen von der anthropozentrischen Perspektive (Grundzug 1)[50].

In jeder möglichen Situation sollten wir anhand eines Bildes des blauen Planeten uns in eine Außenposition begeben – von außen auf die Welt schauen und zu unterschiedlichen Problemen die Außensicht verbalisieren. Probleme aus dieser Perspektive diskutieren, was schrittweise zum Abstand von der anthropozentrischen Perspektive führt, in der die Kinder nicht nur kulturell und wirtschaftlich, sondern auch entwicklungsbedingt verhaftet sind.

Die Verhältnisse Mensch-Natur, Ethik und Moral stehen im Zentrum ökologischer Pädagogik (Grundzüge 3, 4 und 5). – In der Primarstufe werden diese Bildungsinhalte durch Geschichten und die dialogische Auseinandersetzung mit deren Inhalten nahegebracht.

Die in der Grundschule üblichen Indianergeschichten müssen z.B. zu diesem Zweck das Mensch-Natur-Verhältnis der nomadischen Indianer, so wie wir sie aus deren Legenden und Selbstdarstellungen ihrer Kultur

50 Von Vertretern des Sachunterrichts wird immer wieder entgegengehalten, der Einstieg in eine planetarische Sicht sei für Primarstufenkinder nicht möglich, – sie könne nur in Ignoranz der Entwicklungspsychologie erfolgen, dies hieße Sekundarstoff in die Primarstufe pressen wollen. Wir alle müssen umlernen und können damit nicht früh genug beginnen.
Die in 72 Ländern berühmte Maus (Sendung mit der Maus) brachte 1992 ihr erstes Weltraum-Special; jede Menge Bildmaterial mit Weltraumsicht und noch mehr Verballhornungen in Form von Weltraum-Action gehören bereits zum zivilisatorischen Umfeld der Kinder im Primarschulalter. Emotional kann bereits zur Zeit der Anthropomorphisierungen und des magischen Weltbildes an einer positiven emotionalen Beziehung zum Planeten Erde gearbeitet werden. Mit dem Umbruch des kindlichen Weltbildes, dem Ende der Anthropomorphisierungen und der Aufweichung des magischen Weltbildes, kann und sollte der Einstieg in die planetarische Sicht beginnen.

kennen, voll widerspiegeln. Sie tun dies keineswegs, sind dagegen auf Abenteuertourismus und Action getrimmt, in gewissem Sinne müssen sie deshalb entkolonialisiert werden.

In gleicher Weise können auch Geschichten von anderen Völkern und aus anderen Kulturkreisen herangezogen werden.

In den Geschichten und Legenden lernen Primarstufenkinder bereits die weitreichende Bedeutung von Weltbildern kennen. In narrativen Situationen, z.B. des Aufeinandertreffens von Indianern und Europäern, werden sie für die Bedeutung des Verhältnisses Mensch-Natur für zukünftige Zeiten sensibilisiert. Es entstehen aus diesen Geschichten Gesprächssituationen, in denen Kinder dieser Altersgruppierung verständig solche grundlegenden Fragestellungen diskutieren können.

Verhaltensmaximen (d.h. auch Moralverständnis) können ebenfalls aus narrativen Situationen gemeinsam entwickelt werden. Mythen und Märchen können hier ein neues Bedeutungsfeld gewinnen, in dem nicht mehr in archaischer Form Gott und Teufel, sondern anthropozentrische Bedürfnisse und biozentrische Notwendigkeiten moralbegründend werden. Ein Konzept einer narrativen Didaktik ist bereits von EGAN entwickelt (vgl. EGAN 1986; SCHREIER 1991).

Es geht nicht mehr um das tradierte dichotome Merkmal Gut oder Böse, Gebot oder Verbot, sondern um ein Ja-Aber, um die Begrenztheit, um die Sensibilisierung für die Grenzen, die uns tausendfältig gesetzt sind. Eine gewaltige Aufgabe für die Pädagogik, die sie vielfältig abarbeiten muß.

Ökologische Pädagogik reicht in alle Lernbereiche und Fächer der Schule. Da es um die Rettung unserer Lebensgrundlage, um das Lebenssystem unseres Planeten geht, muß eine Wissenschaft, die sich mit dem Leben befaßt, Leitdisziplin des Lernbereichs „Welt- und Lebensorientierung“ werden.

Ökologische Biologie in ihrer synökologischen Perspektive sollte Zentrierungsfach von „Welt- und Lebensorientierung“ sein. Die Einführung in analytisch-naturwissenschaftliches Lernen, zentrales Thema eines wissenschaftsorientierten Sachunterrichts, darf den Lernbereich „Welt- und Lebensorientierung“ nicht dominieren.

Die sanfte Begegnung mit der Natur macht es notwendig, das „Pflegerische“ (vgl. WINKEL u.a. 1990) als Gegenposition zum „Ingenieur-Technischen“ zu einer zentralen pädagogischen Kategorie zu machen.

Das Ästhetische (trotz aller Probleme, die verschiedenen Ansätzen ästhetischer Bildung anhaften) als gewaltfreie und kontemplative anstelle einer ausbeuterischen Begegnung muß in diesem Zusammenhang als pädagogische Kategorie neu entdeckt und gepflegt werden (vgl. SCHNEIDER 1991a).

In einem nach ökologisch-pädagogischen Prinzipien gestalteten Schulgarten können alle zuletzt genannten Begegnungen realisiert werden. – Damit wird der Schulgarten zu einem zentralen Erfahrungsraum für „Welt- und Lebensorientierung“, darüber hinaus auch zu einem genauso bedeutsamen Bildungsort für die Sekundarstufen.

Da wir alle bis heute noch nicht genügend über das Lebenssystem unseres Planeten gelernt haben, um es tiefgreifend zu verstehen, und wir doch endgültig und ausschließlich in allen, auch unseren Kultur- und zivilisatorischen Möglichkeiten davon abhängen, muß eine ökologische Pädagogik fordern, das Fach Biologie auch in der Sekundarstufe durchgängig beizubehalten bzw. es in einen neu zu etablierenden Lernbereich einzubeziehen.

Kosmisch-biosphärische und kulturell-zivilisatorische/technologische Evolution und deren Beziehungen und Abhängigkeiten sind zusätzlich zum Fach „Biologie“ zentrale Bildungsgegenstände einer ökologischen Pädagogik, die einen festen Ort im Fächerkanon der Sekundarstufe brauchen.

Die Auseinandersetzung mit Weltbildern, den Problemen deren Pluralität auf unserem Planeten und dem rationalen Umgang mit dieser Pluralität, daraus abgeleitet die Pluralisierung der Ethiken einschließlich der Privatisierung unserer Moral, sind zentraler Bildungsinhalt einer ökologischen Pädagogik. Nach einer ganzheitlichen Begegnung im Lernbereich „Welt- und Lebensorientierung“ sollte in der Sekundarstufe ein eigener zentraler Lernbereich dies zur konstruktiven Wirkung bringen, er wäre nicht nur unter ökologischen, sondern auch unter demokratischen Gesichtspunkten für Bildung höchst bedeutsam.

Ein solcher synthetisierender Lernbereich unterrichtsorganisatorisch als neues Fach in den Sekundarstufen zwischen den sich überwiegend analytisch verstehenden tradierten Schulfächern könnte in Fortsetzung von „Welt- und Lebensorientierung“ in der Primarstufe das Arbeitsetikett „Mensch und Planet“ erhalten. Eine „Ständige Konferenz der Zentrierungsfächer“ als „Mensch und Planet-Arbeitskreis“ könnte zwischen den Fachkursen fächerübergreifendes Lernen in den Sekundarstufen etablieren. Dieser Zusammenschluß von zwei bis fünf LehrerInnen könnte auch der Motor für ein ausdifferenziertes Schulleben sein, wie es von PETERSEN schon vor 50 Jahren gefordert wurde. Gemeinsame, auf die Öffentlichkeit bezogene und öffentliche Arbeitsvorhaben, Veranstaltungen und Feiern sind für eine Mitwelterziehung als Praxis der ökologischen Pädagogik unverzichtbar.

3.2 Didaktische Zieldimensionen

Zur systematischen Entwicklung eines didaktischen Konzeptes für Unterricht ist zunächst die Präferenz unterschiedlicher Zielebenen zu klären. Für eine Mitwelterziehung sind die Präferenzen im Sinne der Grundzüge einer ökologischen Pädagogik neu zu ordnen. Mit den didaktischen Zieldimensionen sind ein Teil der pädagogischen Grundfragen verknüpft, die in diesem Zusammenhang aber nicht in der für Pädagogen notwendigen Breite entwickelt werden können.[51]

Sollen bei der didaktischen Arbeit die Lernpersonen ganz im Vordergrund stehen, so gewinnt Lernen ein enormes Gewicht und Lehren, bzw. Vermitteln, tritt in den Hintergrund:

Dimension: Schülerorientierung
In der Primarstufendiskussion wird diese Diskussion meist unmittelbar mit Kindgemäßheit verknüpft. Damit wird Schülerorientierung und die Dimension „Gegenwart" vermischt.

Soll die Lehre, die Vermittlung, im Vordergrund stehen, dann wird die Bildungsgutorientierung (Stofforientierung) dominant: In den letzten Jahrzehnten war in diesem Falle die

Dimension: Wissenschaftsorientierung zentrale Diskussionskategorie

„Wissenschaftsorientiertheit des Lernens, d.h. daß alle Bildungsinhalte in ihrer Bedingtheit und Bestimmtheit durch die Wissenschaften erkannt und entsprechend vermittelt werden" (Ballauff 1981, S. 245 und Kollegstufe NW 1972, S. 22). Endet die Wissenschaftsorientierung in einer Wissenschaftspropädeutik, dann tritt das Modell der Abbild-Didaktik in den Vordergrund. Diese folgt stringent der fachspezifischen Sachstruktur ihrer Wissenschaft „ohne Ansehen der Person" (Lernperson) alle didaktisch-methodischen Bemühungen erschöpfen sich dann in der geschickten pädagogischen Aufbereitung dieser Strukturen und der je fachspezifischen Inhalte.

Wird vor allem Mündigkeit der Heranwachsenden intendiert, dann tritt die
Dimension: Mündigkeit — Abstand — Kritik
in den Vordergrund. „Prinzip Kritik, d.h. alle Inhalte der fachlichen Lernziele sind mit Voraussetzungen, Implikationen und Konsequenzen zu lehren, so daß dem Lernenden die Möglichkeit des Widerspruchs gegen die ihm zugemutete Intensionalität offen bleibt" (Ballauff 1981, S. 245 und Kollegstufe NW 1972, S. 22).

51 Zu diesen Grundfragen siehe (Schurr 1975, de Haan 1985, Benner 1987)

Pädagogik sieht von jeher ihre Aufgabe darin, den Fortschritt der Gattung – „Konzentration . . . auf die Höherentwicklung der Menschheit“ (Benner 1987, S. 292) und innerhalb dieses Fortschritts immer mehr auch die Entfaltung des Individuums, dessen Selbstverwirklichung zu fördern.

Der gesamtgesellschaftliche Fortschritt, das Postulat der Höherentwicklung bedarf einer Ausrichtung auf Zukunft. Die Selbstverwirklichung des Individuums erfolgt in der Gegenwart.

Erziehung wird damit in doppelter Weise gebunden. Hieraus ergeben sich seit der Neuzeit zunehmend mehr Komplikationen. Seit Rousseau (vgl. 1762/1963) darf die Gegenwart nicht der Zukunft geopfert werden.

Dimension: Gegenwart – Bedürfnisse der Heranwachsenden

„Die pädagogische Einwirkung ist die Befriedigung des Daseins. Entweder liegt die Befriedigung unmittelbar in dem Moment oder in der Zustimmung. Die ganze Erziehung ist eine Reihe solcher befriedigender Momente, deren einer in den anderen übergeht“ (Schleiermacher, 1826/1957, S. 49).

Jedoch die Bedürfnislage der Heranwachsenden ist bezogen auf die Entfaltung der seiner Natur entsprechenden Möglichkeiten für ihn unklar. Der Heranwachsende weiß in der Regel nicht, was in der Gegenwart seiner natürlichen Bedürfnislage entspricht. Die Bedürfnisproduktion in einer Konsumgesellschaft entspricht dem, was dem System nützt (vgl. auch Fromm 1976, S. 17), sie ist weder auf Selbstverwirklichung noch auf Höherentwicklung der Menschheit, noch auf den Erhalt der eigenen Gattung ausgelegt, sondern lediglich auf Wachstum der Wirtschaft. Während Pädagogik mit Recht immer wieder die Instrumentalisierung[52] der Gegenwart in ihrer Praxis aufdeckte und geiselte (vgl. Schleiermacher, 1826/1957, S. 47 f.) wird diese Instrumentalisierung vom Markt, der Werbung, den Medien der Konsumgesellschaft an der Mehrheit konsequent und erfolgreich vollzogen und gleichzeitig wird damit die Zukunft fragwürdig.

Dimension: Zukunft – Verantwortung – Überleben der Menschheit

„Die pädagogisch Handelnden sind ‚Anwalt der Zukunft‘“ (Litt 1927, S. 12). Die Zukunft wird entweder als Prolongation der Gegenwart (vgl. Schleiermacher 1826/1957; Litt 1927) oder auch als „unendlich offen“ (Luhmann 1973, S. 20) gesehen.

52 Instrumentalisierung: Die Ziele der Pädagogik oder anderer Instanzen werden ohne Berücksichtigung der Bedürfnisse und dem Wohl der betroffenen Personen vorgeschrieben, damit werden letztere zu Objekten der Erziehung. Auf diese Weise können zwar unter bestimmten Bedingungen leistungsstarke Fachleute trainiert, aber keine selbst- und mitverantwortlichen Personen gebildet werden.

So gerät der pädagogisch Handelnde immer wieder in die Lage, für freie Gestaltung der Zukunft freisetzen zu wollen; – er bleibt aber dabei immer abhängig von der Gegenwart und den tradierten Konzepten und Vorstellungen. Es handelt sich hierbei um einen alten Grundkonflikt in der Pädagogik, den SCHLEIERMACHER (1826/1957) mit einem Kontinuitätsmodell zu lösen versuchte.

„Es mögen beide Zwecke der Erziehung zusammenfallen oder nicht, so ist doch jede pädagogische Einwirkung eine solche Ausfüllung eines Lebensmoments in dem zu erziehenden Subjekt, welche ihre Richtung zugleich auf die Zukunft berechnet und deren Wert in dem besteht, was in der Zukunft daraus hervorgehen soll . . . (S. 45) die Lebenstätigkeit, die ihre Beziehung auf die Zukunft hat muß . . . zugleich auch ihre Befriedigung in der Gegenwart haben, so ist auch jeder pädagogische Moment, der als solcher seine Beziehung auf die Zukunft hat, zugleich auch Befriedigung für den Menschen, wie er gerade ist“ (SCHLEIERMACHER 1826/1957, S. 48). SCHLEIERMACHER setzt die Kontinuität von Gegenwart und Zukunft als zwingend und die Entwicklung zum Guten als gegeben, damit wird die Fortschreibung des „Fortschritts“ propagiert.

Diese Kontinuität sichert gesellschaftliche und wirtschaftliche Stabilität – unter rein anthropozentrischer Perspektive – und nur auf Ausbeutung und Unterwerfung der Natur (mit der Natur als Nicht-Wert) im Denken und Wirtschaften angelegt, führt diese Kontinuität zum Ruin, zur Zerstörung der Lebensgrundlage für die Menschheit, zur Verunmöglichung von Zukunft. Die lineare Fortschreibung des Fortschritts und das Festhalten an Kontinuität ist bereits formal höchst problematisch, weil auf diese Weise die Konsequenzen grundlegender Irrtümer sich immer weiter und gegebenenfalls auch immer schneller vervielfältigen. Nicht daß Kontinuität ohne Wert in der Pädagogik wäre. Das Problem liegt in dem was kontinuiert wird. Derzeit ist, wie sich aus Grundzügen einer ökologischen Pädagogik ergibt, aufgrund unserer Vergangenheit im Lebenssystem unseres Planeten ein Bruch zwischen der Gegenwart und der Zukunft zwingend notwendig. Ökologische Pädagogik hat diesen Bruch vorzubereiten und zu fördern, sie muß ihn innerhalb der Pädagogik auch selbst vollziehen. Wenn Mitlebenlernen allgemeines Programm und in Praxis überführt ist, wenn ökologisch gebildete Personen (vgl. nächstes Kapitel) die Mehrheit bilden, dann wird ökologische Pädagogik auf eine neue Kontinuität setzen, die immer wieder kritisch hinterfragt und auf das Verhältnis Mensch : Lebenssystem unseres Planeten hin überprüft werden muß.

Die Frage der Präferenz der Zieldimensionen müssen unter Grundzügen einer ökologischen Pädagogik (oder allgemein in unserer Lage) neu bestimmt werden.

Die Dimension *Gegenwart* muß an die Notwendigkeiten menschenbegünstigender Bedingungen im Lebenssystem unseres Planeten gebunden werden, das heißt, die Dimension Zukunft der Gegenwart grundsätzlich vorgeordnet werden. Die bedingungslose Offenheit der Zukunft („unendlich offen“ Luhmann 1973, S. 20) muß als eine „schwindelnde Hoffnung“ (Bloch 1947/1979, S. 3) entlarvt und zu einem Un-Wert werden, wenn Mitleben möglich, Mitweltpädagogik realisiert werden soll.

Die in der Primarstufe seit Jahrzehnten andauernde Kontroverse zwischen Kindgemäßheit und Wissenschaftsorientierung kann abgeschlossen werden. Oberste Leitdimension ist Lebenssystemorientierung. Was die menschenförderlichen Bedingungen im Lebenssystem unseres Planeten und dessen Evolution fördert, ergibt Standards für die Zieldimensionen. Lebenssystemorientierung muß allen anderen vorgeordnet werden, wenn Zukunft wieder möglich werden bzw. möglich bleiben soll.

Bei der Dimension *Gegenwart – Bedürfnisse der Heranwachsenden* ist eine unmittelbare Rückbindung an die Leitdimension notwendig. – Die Befriedigung der Bedürfnisse der Lernpersonen müssen als möglicherweise durch falsche Wirtschaftsweisen geprägt je kritisch hinterfragt und an die Dimension Lebensweltorientierung rückgebunden werden. Sie sind zu verändern, deshalb kann dem Leitziel der Kindgemäßheit nicht länger in der Weise gefolgt werden, daß nur das, was ausgehend von der Bedürfnisstruktur der Heranwachsenden und der zivilisatorischen Umwelt in den Erfahrungshorizont der Kinder reicht, zum Inhalt von Lernprozessen gemacht und systematisiert werden. Auch in der Primarstufe müssen Standards vorgegeben und Kinder bereits mit Inhalten konfrontiert werden, die ohne dies noch nicht in ihrem Erfahrungshorizont aufgetaucht wären.

Welt- und Lebensorientierung (bisher Sachunterricht) als Zentrum des Primarstufenunterrichts ist

– lebenssystemorientiert, damit zukunftsbezogen,

– kindgemäß und damit gegenwartsbezogen,

– schülerorientiert, der Eigenständigkeit und Partizipationsforderungen wegen (vgl. neues Lernen).

Sie ist in diesem lebenssystemgebundenen ganzheitlichen Rahmen

– wissenschaftsorientiert, soweit letzteres zu einer besseren Systematisierung fachspezifischer und fächerübergreifender Erfahrungen führt.

Präferenz der didaktischen Zieldimensionen in einer ökologischen Pädagogik:

1. Lebenssystembezogenheit
   in diese geht die Dimension
   Zukunft-Verantwortung – Überleben der Menschheit ein;
2. Gegenwart – Bedürfnisse der Heranwachsenden in strenger Bindung an das Lebenssystem unseres Planeten (Mitleben/Antizipation);

3. Schülerorientierung (Partizipation);

4. Mündigkeit – Abstand – Kritik, insbesondere auf die kritische Hinterfragung des Verhältnisses Mensch-Lebenssystem und in Rückbindung an das letztere;

5. Wissenschaftsorientierung in einem komplexen Rahmen, indem analytisch reduktionistische Orientierung nur als beschränkte Methode für Erkenntnisgewinn und Systematisierung spezieller Erfahrungen kenntlich wird.

Aus dieser Präferenz didaktischer Zieldimensionen, die an den Grundzügen einer ökologischen Pädagogik ausgerichtet ist, ergeben sich eine Reihe didaktisch-unterrichtlicher Prinzipien, die teilweise in anderem Zusammenhang und mit anderen Zielpräferenzen schon entwickelt wurden, deren sich ökologische Pädagogik jedoch mit eigenen Zielsetzungen bedienen kann.

3.3 Didaktische Prinzipien

Didaktische Prinzipien für eine angewandte ökologische Pädagogik in der Schule sind aus den Grundzügen, Zielen und Notwendigkeiten einer ökologischen Pädagogik herzuleiten.

Ökologische Pädagogik setzt auf:

- Verstehenlernen,
- Relativierung der Egoismen,
- Normenbildung (vor allem auch der Rechtsnormen) aus der Verschränkung planetarisch/biozentrischer und anthropozentrischer Perspektiven (unter zunehmend breiterer Zurückdrängung der jetzt hypertrophen anthropozentrischen Sicht),
- hart einschränkende und zentral kontrollierte Rahmenbedingungen, die weitgehend durch Konsens legitimiert werden,
- Verständigung und Demokratie.

Um eine Weltdiktatur zur Rettung der menschenförderlichen Zustände im Lebenssystem unseres Planeten (nicht des Planeten) überhaupt zu etablieren, würde es einer planetarisch legitimierten faschistischen Pädagogik (analog der NS-Pädagogik) bedürfen.

Eine planetarisch legitimierte faschistische (diktatorische) Pädagogik reduziert den Menschen, das Individuum in menschenverachtender Weise.

Eine ökologische Pädagogik relativiert die Bedeutung des Menschen im Lebenssystem unseres Planeten, reduziert seine propagierten Möglichkeiten (in bezug auf Freiheit und Selbstverwirklichung) auf ein planetarisch verträgliches Maß unter der Forderung, nicht nur der Beibehaltung seiner Würde, sondern der Ausweitung dieses Konzeptes auf seine Mitlebewesen.

Nicht nur weil der Autor vielleicht ein besonderer Freund der Jena-Plan-Bewegung ist, sondern aufgrund von Übereinstimmung bereits zwischen Forderungen der Umwelterziehung und denjenigen von Peter PETERSEN und den Notwendigkeiten ökologischer Pädagogik, Ökologischem Lernen und Schule (vgl. S. 45 ff) ist bereits zweimal auf Peter PETERSEN verwiesen worden. Viele Reformansätze:

– zur „Selbsterziehung“ (M. MONTESSORI);

– zur „Freiheit und Kooperation in sozialer Verantwortlichkeit“ (C. FREINET),

– zur demokratischen Erziehung von der Projektmethode (DEWEY u.a.) bis zur Escuola Viva von LORENZO (vgl. van DICK),

– zur Schulgemeindearbeit (vgl. RÖDLER 1987) „Hamburger Gemeinschaftsschulen“

haben didaktische Prinzipien erprobt, die für ökologisches Lernen und Mitwelterziehung hilfreich sind.

Peter PETERSEN hat, von den Hamburger Gemeinschaftsschulen kommend, in der Jena-Plan-Schule ein Organisationskonzept vorgelegt, das grundsätzlich mit der Struktur einer öffentlichen, allgemeinen Schule vereinbar ist und das grundlegende didaktische Prinzipien auch für Mitwelterziehung bereitstellt.

Die Jena-Plan-Schule ist nach sieben zentralen Konzepten aufgebaut:

1. Schulleben und Schullebensgemeinschaft (Lernen aus dem Leben für das Leben im Miteinanderleben);

2. Schulgemeinde (Schüler, Lehrer, Eltern) als Möglichkeit für demokratische Entscheidungen;

3. Feiern im Dienste der Gemeinschaftsbildung und als Öffnung der Schule;

4. freie Vergesellschaftung der Kinder in altersheterogenen Stammgruppen;

5. Freies Arbeiten:
   5.1 im Gruppen- oder Gesamtunterricht der Stammgruppe
   5.2 in Wahlkursen
   5.3 in der Zentralpause (täglich mindestens 30 Minuten)
   5.4 bei Hausaufgaben
   5.5 in der Organisationseinheit „Freie Arbeit“ (mindestens zwei Stunden die Woche)

6. Kurse zur Sicherung des Mindestwissens
7. Arbeits- und Leistungsberichte statt Zensuren (keine Sitzenbleiber)

Die Lebensgemeinschaftsschule Peter PETERSENS (1926) folgt den Prinzipien:

1) des gemeinschaftlichen Zusammenarbeitens und -lebens (soziale und sittliche Erziehung)

   – nach dem Grundsatz der freien Vergesellschaftung der Kinder und Jugendlichen (was insbesondere im gruppenunterrichtlichen Lernen voll zum Tragen kommt, siehe weiter unten).

   „. . . Das einzige, was wir als Erwachsene hineintragen, ist dies: Wir halten auf gute und freundliche Formen des Umgangs mit Menschen und den Sachen in Räumen . . . Innerhalb dieser von Lehrer und Gruppen gemeinsam aufrecht erhaltenen guten Ordnung und des guten Benehmens kann sich alles echt menschliche Zu- und Gegeneinander voll zur Geltung bringen“ (PETERSEN 1930, S. 22).

   „Mitleben lernen“ ist ein Miteinanderleben über den rein menschlichen Bereich hinaus. Mitwelterziehung kann auf einen entsprechenden Mitwelttakt (gute Ordnung und gutes Benehmen) als äußeres Äquivalentes von Achtung und Verständnis nicht verzichten. Bei PETERSEN kommen dann inhaltliche Einmischungen hinzu (siehe Stoffplan zur Auswahl für den Gruppenunterricht). Die Sicherung der Grundzüge einer ökologischen Pädagogik wäre jetzt ein weiterer Rahmen, der gesetzt werden muß.

2) der Bewältigung von Lebensaufgaben als Inhalte.

3) des selbständigen Arbeitens in gesetztem Rahmen und auch ganz frei.

4) der gegenseitigen Belehrung (bzw. Beratung).

   Gemeinsames Eindringen in die Komplexität des Lebenssystems unseres Planeten, durch gegenseitiges einander beratendes Vorgehen, vertieftes Verständnis gewinnen, voneinander Abhängigsein erfahren und die Notwendigkeit gemeinsamen Handelns (z.B. auch Eintretens für Verbote) – das Lernen an Lebensaufgaben, die letztlich immer unser Verhältnis zu unserem Lebenssystem widerspiegeln und das Gemeinsame entwickeln von für die Gemeinschaft verbindlichen Handlungsnormen sind mit diesem Ansatz zu verwirklichen.

5) des neuen Unterrichts: des Unterrichtslebens „Welt problemhaltiger Kinder und Jugendlicher auf natürliche Weise zum Lernen anreizender Situationen“ (PETERSEN 1930, S. 95).

   „Alles und alles kommt darauf an, den Schulen in reinstem Maße solche Situationen zu schaffen, in denen das volle Selbst der Schüler in

Tätigkeit gesetzt wird. Denn das offenbart sich erst in echter Selbständigkeit nun eben dieses Selbst des Schülers“ (PETERSEN 1937, S. 32).

Nur auf diese Weise können die Forderungen der ökologischen Pädagogik nach Engagement und Verantwortlichkeit (Grundzug 5 und 6) entwickelt werden.

6) die koalierende Gruppe zur Durchsetzung zentral bedeutsamer Ziele.

„Die zur Gilde der Erzieher zusammengeschlossenen und zum Kampfe in die Erhaltung und Bereicherung ihrer inneren Freiheit für eine reine und ungetrübte Durchführung ihres Berufes entschlossene Erzieherschaft wird Hand in Hand mit den Familien . . . [und den Schülern] . . . [Mitwelterziehung] wahrmachen“ (PETERSEN 1924, S. 276).

PETERSEN vergaß hierbei noch die Schüler und hatte anstatt Mitwelterziehung „Volkserziehung“ im Text, welche heute im Sinne ökologischer Pädagogik durch Mitwelterziehung zu ersetzen ist.

7) des Lernens in Stammgruppen (jeweils Schüler dreier aufeinander folgender Jahrgänge).

„Das macht überhaupt erst ein Unterrichtsleben im Sinne des Jena-Plans möglich. Die drei Jahrgänge verhalten sich zueinander wie Lehrlinge, Gesellen und Meister . . .“ (DIETRICH 1986, S. 67).

Das Alters- und Bildungsgefälle begünstigt Kontinuität in der Entwicklung von Handlungs- und Denkmustern und Normbildungen auch im Sinne des Verschränkungsgrundsatzes ökologischer Pädagogik.

8) der Gruppenarbeit im Gesamt- bzw. Gruppenunterricht (mindestens 25% der Unterrichtszeit). Die Gruppenarbeit findet in der Form kleiner Einzelprojekte in den Stammgruppen Platz.

Die Schüler setzen sich nach eigener Wahl zu Tischgruppen von zwei bis sechs Schülern zusammen. Jede Gruppe nimmt sich für den Zeitraum einer Epoche ein Thema (aus einem zuvor vereinbarten Stoffplan). Schüler können zusätzlich zu diesem Stoffplan aus den aktuellen eigenen Bedürfnissen begründete Themen einbringen – für diese Themen wird ihnen dann eine bestimmte Epochenzeit zugestanden.

Der Stammgruppen-Gesamtunterricht könnte im Sinne einer ökologischen Pädagogik (ggfs. unter Einbeziehung verschiedener Fachlehrer als Berater) den geforderten zentralen Lernbereich „Welt- und Lebensorientierung“ (in der Primarstufe) und „Planet und Mensch“ (in den Sekundarstufen) unterrichtsorganisatorisch absichern.

Der „Kreis" stellt das Band der Gruppenaktivitäten und den zentralen Ort für das „bildende Gespräch". In ihm werden Projekte generiert und können Lernergebnisse in größere Zusammenhänge eingeordnet werden (vgl. PETERSEN 1930, S. 44 f).

9) der freien Hausaufgabenstellungen.

„Eine Beobachtung bei den Hausaufgaben zeigte mir, daß der Erwachsene hier manchmal von sich aus falsch sieht (wenn er meint, Übungsaufgaben als Hausarbeit stellen zu müssen). Besonders im dritten und vierten Schuljahr brachten Kinder Tagesarbeiten von ein bis zwei Seiten und erklärten, sie seien noch nicht fertig, sie würden noch vier bis fünf Seiten schreiben, ich möchte ihnen die andere Arbeit für den nächsten Tag erlassen. So kam ich dazu, für manche Tage der Woche die Art der Arbeit ganz frei zu lassen" (PETERSEN 1930, S. 37).

10) der besonderen „freien Arbeit" und

11) der Wahlkurse. Wahlkurse werden ausgehend vom Gesamtunterricht (Planet und Mensch) für Gruppen vorübergehend eingerichtet. Ihre Thematik entspricht dem speziellen Interesse dieser Gruppe.

Beide (freie Arbeit und Wahlkurse) werden teilweise Themata, die mit der ökologischen Krise verknüpft sind, behandeln – sie können zu Arbeitsgemeinschaften ausgebaut werden und zu Aktionsgruppen führen, die z.B. im Sinne von „Green-Teams"[53] außerhalb der Schule tätig werden.

12) der Übernahme von Patenschaften auch über die Stammgruppen hinweg und die Übernahme realer Pflichtverhältnisse und Verantwortlichkeiten in den Stammgruppen.

Auf die unmittelbare Ausrichtung unserer Schule bezogen, sorgen im Jena-Plan Kurse für die Sicherung des Mindestwissens, bei denen Einführungs- und Niveaukurse unterschieden werden.

Diese Kurse folgen den üblichen gesellschaftlichen Bedürfnissen, die lose verknüpft oder auch abgekoppelt vom zentralen Lernbereich (Planet und Mensch) schulisches Lernen sichern.

Als unterrichtsorganisatorisches Rahmenmodell läßt sich auch das in Gesamtschulen entwickelte „Team-Kleingruppen-Modell" (vgl. BRANDT/LIEBAU 1978; BAUMERT 1983) als Rahmen für die didaktische Umsetzung einer ökologischen Pädagogik heranziehen. Innerhalb die-

---

53 Informationen zu Green-Teams sind über: Greenpeace, Deichstr. 17, 2000 Hamburg 11 oder Greenpeace, Kinder- und Jugendredaktion, Vorsetzen 53, 2000 Hamburg 11, zu erhalten. (1991 gab es bereits über 500 Green-Teams in der Bundesrepublik Deutschland)

ses Rahmens können dann wiederum Prinzipien der Jena-Plan-Schule oder auch von FREINET eingesetzt werden. – Wenn ein Lehrer oder eine Lehrerin Grundzüge ökologischer Pädagogik in ihrer Klasse verwirklichen will und es keinen breiteren Konsens im Schulkollegium gibt, dann sind am konkretesten Anleihen bei der FREINET-Pädagogik (vgl. VASQUEZ u.a. 1971/1976; ZEHRFELD 1977; JÖRG 1981; FREINET 1945/1980) zu machen.

Der pädagogische Wille FREINETS ist charakterisierbar durch:

– den engagierten Versuch, selbst etwas zu tun, aber nicht bei der Praxis stehen zu bleiben, sondern über das Getane und die Gesamtsituation nachzudenken;

– die Kraft der Kooperation zu nutzen, sowohl in der Klasse als auch in der LehrerInnen-Gruppe wie darüber hinaus in der Gemeinde bzw. dem Stadtteil;

– den Reichtum, der sich aus den kleinen Beiträgen vieler einzelner zusammensetzt, sich entfalten zu lassen.

Daraus ergeben sich vier zentrale Zielebenen für schulisches Lernen:

1) Selbständigkeit und Selbstverantwortlichkeit,

2) Kooperation und gegenseitige Verantwortlichkeit,

3) freie Entfaltung der Persönlichkeit,

4) kritische Auseinandersetzung mit der Umwelt.

Zur Erreichung dieser Zielebenen hat FREINET ein großes Arsenal von Techniken (techniques freinet de l'ecole moderne – vgl. ZEHRFELD 1977) erarbeitet. Darunter sind didaktisch-methodische Ansätze zu verstehen, die nur Anregung für die Entwicklung je eigener didaktischer Vorgehensweisen sein wollen.

„... bieten wir den Lehrern ... Materialien und Arbeitstechniken ... an, die langzeitlich erprobt sind. Wir sagen ihnen: hier habt ihr, was wir mit diesen Materialien und Techniken gemacht haben, hier ist das, was wir erreicht haben, hier das, was noch nicht gut läuft ... Vielleicht könnt ihr es besser, und wir würden uns freuen, wenn ihr uns einerseits an eueren Erfahrungen und eueren Erfolgen teilnehmen lassen würdet" (n. ZEHRFELD 1977, S. 30).

Zur FREINET-Pädagogik gehört eine aktive LehrerInnen-Kooperative – die Arbeit ist offen:

„Die Absicht, im voraus die Gesellschaft definieren zu wollen, in der wir die Schüler später gern leben sehen würden, ist ein pädagogischer und historischer Unsinn" (FREINET 1945/1980, S. 116).

FREINET hat eine „Erziehung als Befreiung aus Ohnmacht" begründet – er war gegen Unterdrückung rein sozial und gesellschaftlich orientiert, ohne jede ökologische Ambition. Kritische Auseinandersetzung mit der Umwelt heißt bei ihm Auseinandersetzung mit der zivilisatorischen, sozialen und politischen Umwelt.

Jedoch ist seine Pädagogik unter Hinzuziehung neuer „Materialien" direkt im Sinne einer ökologischen Pädagogik anzuwenden, und sie ist offen, flexibel genug, entsprechend weiterentwickelt zu werden – über die Kooperativen der LehrerInnen in Zusammenarbeit mit SchülerInnen und Eltern.

IV Ökologische Bildung

1. Grundzüge einer ökologischen Bildung

Der Mensch zerstört aus Mißverständnissen (er versteht das Lebenssystem dieses Planeten kaum) aus Ignoranz und Borniertheit seine eigenen Lebensgrundlagen und die Zukunft seiner Nachfahren. Dies liegt an seiner Wahrnehmung, seinen Denkmustern, seinem Eigen- und Weltbild, seiner Unzulänglichkeit richtig handeln zu können und seiner un-wirksamen Moral.

Der Mensch hätte von diesem Lebenssystem hervorgebracht (wir sehen uns lieber als in dieses „geworfen"), und mit der Aufgabe sich darinnen realisieren zu müssen (die Arbeit der Freiheit) von Anfang an Lernmodelle gebraucht, die ihm dies Lebenssystem verstehen helfen und die ihm helfen in diesem, seine Aufgaben konstruktiv bewältigen zu können. Pädagogik hat nicht vermocht ihrer Aufgabe gerecht zu werden, die rechten Lernmodelle zur Verfügung zu stellen. Sie hat ihr Klientel „hinters Licht" geführt, sie hat ihre Zöglinge aus dem Lebenssystem hinausgeführt und unter Anleitung von Theologie und Philosophie immer wieder neue Aufgabeninterpretation für den Menschen entworfen, denn, daß ihm im Verhältnis zu anderen Lebewesen etwas zusätzlich aufgegeben ist (seine Sonderstellung), das war nicht zu verkennen, die fundamentale Aufgabe sich in dem Lebenssystem fördernd (nicht zerstörend) zu realisieren, die wurde mit maßgeblicher Hilfe der Pädagogik gründlich verstellt.

Von jeher vom pythagoräischen Menschenbild (der Emanzipation von der Herrschaft der Götter, des Olymps) angezogen, übernahm die Pädagogik begeistert das Menschenbild der Renaissance: „Die Welt ist wohl von Gott erschaffen worden, *aber der Mensch hat sie verwandelt und verbessert. Denn alles was uns umgibt ist unser eigenes Werk,* das Werk der Menschen: alle Wohnstätten, alle Schlösser, alle Gebäude auf der ganzen Welt":

Von uns sind die Gemälde,
Von uns sind die Skulpturen,
Von uns sind die Künste,
Von uns die Wissenschaften,

Von uns die Weisheitslehren,
Von uns sind alle Erfindungen,
Von uns sind alle verschiedenen, mannigfachen Gattungen von Sprachen und die Literatur und wenn wir über ihre Anwendung nachsinnen, fühlen wir uns umso mehr zu Bewunderungen und Erstaunen genötigt." (MANETTI, Gianozzo 1452, zit. n. RUHLOFF 1989, S. 15/16).

In seiner Schrift über die Würde und Exzellenz des Menschen sagt MANETTI (1425): „... so müssen wir erkennen und glauben, daß die Aufgabe des Menschen in der Erkenntnis und Beherrschung der Welt liegt, die mit allem, was wir auf diesem unermeßlichen Erdkreis erblicken, für ihn gemacht ist" (Zit. n. RUHLOFF 1989, S. 15). Das Menschenbild der Renaissance ist der Gipfel der anthropozentrischen Deutung , der Überbewertung des Menschen und der Weltvergeudung. RUHLOFF (1989) sieht eine große Nähe zwischen dem Menschenbild der Rennaissance und demjenigen der Postmoderne. Soweit er recht hat stand die Pädagogik, die auf die Postmoderne in der Gegenwart zugespitzte Bildungstheorie diametral zu einer ökologischen Pädagogik.

Das Lebenssystem unseres Planeten spielt im Denken der Humanisten keinerlei Rolle. „Die Spekulation über die Natur erschien den Humanisten als ein zweckloses Unterfangen, das nichts zur menschlichen Lebensführung beiträgt" (BUCK 1984, S.14).

Soweit Natur an Bedeutung für die menschliche Lebensführung gewinnt, kommt sie ebenfalls von uns (vgl. ALBERTUS MAGNUS 1260).

„Es gibt aber gewisse Stellen, die nicht den großen Nutzen oder des Ertrages wegen, sondern zum Vergnügen eingerichtet sind . . . Der Gesichtssinn nämlich wird durch nichts so angenehm entzückt wie durch den Anblick zarten und haarfeinen Grases (gramen) . . . um das Rasenstück herum Duftkräuter aller Art gepflanzt werden können . . . damit dort die Sinne Erquickung fänden . . ., daß die Blumen auch mit ihrer Vielfalt den Geruchssinn erquicken . . . soll eine ganz reine Quelle in die Mitte geleitet und in einem steinernen Becken aufgefangen werden, weil die Reinheit einer solchen viel zur Annehmlichkeit beiträgt" (Albertus Magnus 1260, zit. n. SCHNEIDER 1991b, S.11/12). – Neben der landwirtschaftlichen Nutzung und Ausbeutung gewinnt Natur einen Wert in ihrer architektonischen Schöpfung von Gärten und Parks.

Auch in der Aufklärung KANT'scher Prägung bleibt der Mensch das schlechthin Einzigartige, dem die Freiheit zugesprochen wird, die in der Schaffenskraft, seiner Schöpfereigenschaft begründet liegt. Natur ist nur über die transzendentale Ordnungskategorie der Kausalität erkennbar und sie wird eben darüber beherrschbar, ausbeutbar. – Die bürgerliche, europäische Pädagogik widmet sich der Ausgestaltung des Einzigartigen des Menschen – der Ausgestaltung seiner Freiheit, seiner individuellen Selbstverwirklichung.

Über die Aufklärung emanzipiert sich der Mensch nicht nur von den Göttern (vgl. Phytagoräischer Mensch, S. 62), sondern auch aus den Zwängen der Natur.

Die Überwindung der Aufklärung, z.B. durch die Frankfurter Schule (HORKHEIMER, ADORNO), als ‚Aufklärung der Aufklärung' propagiert, setzt nur die Beherrschung der Natur, die Emanzipation aus den Zwängen der Natur auf die Lösung aus den gesellschaftlichen Herrschaftsverhältnissen fort. In der emanzipatorischen oder kritischen Pädagogik ist kein Platz für einen Gedanken an das Lebenssystem unseres Planeten, es sei denn zur Erweiterung der Ausbeutung zum Zwecke der Ausweitung der Selbstverwirklichung der Individuen. Umwelterziehung setzt grundsätzlich diese Denkmuster der Pädagogik fort – sie fordert lediglich eine systematische Ausweitung des Umweltschutzes.

Ökologische Pädagogik wird erst mit dem Schatten der Zukunft in Gestalt einer ökologischen Katastrophe denkbar und damit sind ihre Grundzüge zu entwicklen.

Grundsätzlich ist ökologisches Denken in das Denken der Pädagogik aufzunehmen, es ist dem tradierten pädagogischen Denken entgegenzustellen.

Ist pädagogisches Denken anthropozentrisch fixiert, so ist ökologisches Denken primär biozentrisch bzw. planetarisch orientiert. Ökologisch pädagogisches Denken wird möglich, soweit eine Verschränkung der planetarischen mit der anthropozentrischen Perspektive gelingt. Wie im systematischen Teil dieses Bandes vielfach begründet, ist diese Verschränkung nicht nur eine interessante Denkfigur, sondern sie ist uns als Menschen (als Komponente des Lebenssystems unseres Planeten) aufgegeben – bei Strafe des Untergangs. Sie ist im Sinne BENNER's (1987) nicht nur für Pädagogik, sondern für die menschliche Gesamtpraxis (vgl. Abb 8, S. 65) notwendig. Wir haben keine Alternative. Da unsere Probleme im Lebenssystem unseres Planeten mit unserer Wahrnehmung und unseren Denkmustern beginnen und Pädagogik als Praxis zur Enkulturation, d.h. der kulturellen Ausprägung und Vermittlung von Wahrnehmungsweisen, Denkmustern, Mensch- und Weltbildern gesellschaftlich eingesetzt wurde, ist ökologisch-pädagogisches Denken und seine Entwicklung eine pädagogische Aufgabe und kann als der wichtigste Grundzug einer ökologischen Pädagogik angesehen werden.

1) Die Verschränkung der planetarisch/biozentrischen und der anthropozentrischen Perspektive

Pädagogik hat immer mit dem Menschen zu tun. Es gibt keine Pädagogik ohne Mensch. Sie ist immer auf den Menschen bezogen. Sie wurde deshalb aus der anthropozentrischen Perspektive begründet. Ökologisch, auch als Attribut der Pädagogik, bezieht sich im wissenschaftlichen

Sinne letztlich immer auf das Lebenssytem unseres Planeten. Ökologisch bezieht sich sprach- und kulturhistorisch aber auch auf ‚Oikos' (Herd, Haushalt), den engeren und unmittelbaren Lebensraum des Menschen.

Es ist somit in ökologisch, je nach Position des Begriffverwenders, bereits eine biozentrische oder anthropozentrische Interpretation angelegt.[54]

Durch Verschränkung beider Perspektiven werden neue Sichtweisen (Wahrnehmungsänderung), neue Denkmuster, – wird ein neues Verständnis, wird wiederum daraus ein neues Handeln und vor allem ein verändertes Wollen möglich. Hieran arbeitet eine ökologische Pädagogik.

Die Interpretation der Aufgabe des Menschen, die ihm aus seiner Sonderstellung erwächst, läuft in der tradierten Pädagogik auf Beherrschung, Ausbeutung und anthropozentrische Sinnverleihung der Natur hinaus.

a) Der Mensch wurde über die Natur erhoben, weil die Natur einen Herrn braucht. Der Mensch soll dazu bestimmt sein, in seiner Sonderstellung, über die Natur zu herrschen: „... füllet die Erde und machet sie Euch untertan und herrscht über die Fische ... die Vögel ... und über alles Getier" (A.T o.g. 1,1,28)

b) „... von Anfang an ist die Welt der Götter und Menschen wegen gemacht worden, und alles in ihr Befindliche ist zum Genusse der Menschen bereitet und ausgedacht worden" (Panitz 1974, S.67)

Eine planetarisch/biozentrische Interpretation der Aufgabe bezieht sich auf seine Leistung in der Evolution des Lebenssystems unseres Planeten:

Der Mensch wurde an den Rand des Stromes der Evolution gespült (Sonderstellung des Menschen), um von außerhalb (durch die von ihm entwickelte Kultur) in die Evolution des Lebenssystems dieses Planeten ein-

54 Ökologisch wird darüberhinaus oft mit systemisch gleichgesetzt, vernetztes Denken unter Berücksichtigung von Interaktionen erster bis n-ter Ordnung gilt dann als ökologisch. In diesem Sprachgebrauch kann es für alle Sozial- und Wirtschaftssysteme, für Industrieunternehmungen und Verwaltungskomplexe verwendet werden. In diesem Sinne sind ökologisch metatheoretische Ansätze von ökologisch objekttheoretischen Ansätzen zu unterscheiden (vgl. Kleber 1985: Ökologische Erziehungswissenschaft).
Die Verwendung der Begriffes Ökologisch als Werbeetikett soll hier nicht verschwiegen werden – es ist im Sinne ökologischer Pädagogik höchst problematisch, doch ist zu beachten, daß in unserer Konsumgesellschaft letztlich jeder Begriff über die Vereinnahmung durch die Konsumindustrie entwertet wird.

zugreifen, die, evolutionären Veränderungen extern zu beschleunigen und damit die Möglichkeit für eine neue andersartige Entwicklung zu schaffen.

Soweit wir als Zeuge das Wirken der Menschen beobachten können, scheint er diese Aufgabe, die er nie bewußt übernommen hat, voll zu erfüllen.

Unter Verschränkung der planetarisch/biozentrischen mit der anthropozentrischen Perspektive ergibt sich folgende Interpretation:

Der Mensch wurde an den Rand des Stromes der Evolution gespült und ihm damit aufgegeben, wenn er die Lebenschancen seiner Art wahren will, Wege zu finden, die in den Strom der Evolution zurück führen. Seine Aufgabe ist dann: Mitlebenlernen.

2) Globale, integrative nicht auf Konfrontation setzende Konzeptbildungen

Pädagogik ist von jeher als eine auf den Menschen bezogene ‚Mittlerwissenschaft' zwischen den Humanwissenschaften angesehen worden. Als eine solche benötigt sie Zusammenarbeit mit und Hilfe von Seiten der Nachbarwissenschaften in Form von Übernahme von Forschungsergebnissen und erklärenden Theorieansätzen. Sie bildet von daher unterschiedliche wissenschaftliche Daten und Denken integrierende Konzepte. Als ökologische Pädagogik benötigt sie aufgrund der Lebensystembezogenheit und der Notwendigkeit, die planetarische bzw. biozentrische Perspektive mit aufzunehmen, darüberhinaus zukünftig auch noch Hilfe von Seiten der Naturwissenschaften (insbesondere der Biologie und Chemie).

Als Mittlerwissenschaft zwischen einer Reihe von alten und neuen Nachbarwissenschaften und als eine auf Erziehung und Bildung, auf Entwicklung der nachwachsenden Generation, sowie deren Personwerdung angelegten Wissenschaft sind generell integrative Konzeptbildungen notwendig. Aufgrund der globalen Vernetzung des Lebenssystems unseres Planeten, auf das wir angewiesen sind und auf das sich ökologische Pädagogik grundsätzlich immer bezieht, indem sie Mitlebenlernen zu begründet hat, bedarf sie globaler integrativer Konzepte, um über Gruppen und Kulturen hinweg konsensfähig zu sein. Das Geschäft pädagogischer Praxis ist die Vermittlung in Pluralismen (von Weltbildern und Ethiken) immer im Rahmen der Notwendigkeiten des Lebenssystems unseres Planeten.

Wir haben nur diesen Planeten als unsere allen gemeinsame Heimat – wir sind auf dem besten Wege, diese unsere Heimat zu zerstören. Konfrontation kann unsere Probleme im Lebenssystem unseres Planeten nicht lösen oder aus der Welt schaffen. Pädagogik wird zwar die Probleme nicht lösen, dies kann auch nicht ihre Aufgabe sein – aber im

Sinne des Mitlebenlernens sind konfrontationsüberwindende Konzeptbildungen ein weiterer Grundzug ökologischer Pädagogik.

3) Konsequente kritische Hinterfragung des Verhältnisses Mensch: Lebenssystem

Über Jahrhunderte war das Verhältnis Mensch : Natur für die Pädagogik ein Unverhältnis. Es wurde nicht nur nicht hinterfragt, es wurde auf Minimalstes als Teil der Natur im Menschen reduziert, negiert, verschwiegen, ausgeklammert. Das nicht hinterfragte Verhältnis Mensch : Natur war durch Beherrschung, Eliminierung, Überwindung – durch Emanzipation aus den Zwängen der Natur gekennzeichnet. Der Mensch stand über und außerhalb der Natur – Natur hatte nur insoweit einen Wert, als sie für Kultur und in der Folge für Konsum nützlich gemacht werden konnte. Die Höherentwicklung der Menschheit über die Weiter- und Höherentwicklung der Kultur sind Gegenstand der tradierten Pädagogik. Das Verhältnis zur Natur reduziert sich auf deren Überwindung. In dieser Lebenssystemferne tradierte Pädagogik, eine lebenssystemzerstörende Kultur und die explosive Entwicklung der daraus hervorgehenden Zivilisation und Technik, sie produziert auf diese Weise die Probleme, die zur ökologischen Krise führen, mit!

Eine ökologische Pädagogik sieht den Menschen als integrierte Komponente des Lebenssystems unseres Planeten. Aus diesem Menschenbild und dem Bemühen es zu vermitteln, ist die konsequente Hinterfragung des Verhältnisses Mensch : Lebenssystem (Natur) ein weiterer Grundzug. In allen Beschäftigungen mit Kultur, Zivilisation, Technik, Wirtschaft und Gesellschaft führt die konsequente kritische Hinterfragung dieses Verhältnisses zur Neubewertung, zur Umwertung – sie wird zur Methode ökologischer Bildung.

4) Primat der Bewußtseinsbildung

Ein unserer Bewußtseinsbildung vorauslaufender ständig akzellerierender Aktionismus verursacht weitgehend die Probleme, die wir mit uns in der Welt haben (letzteres zeigt sich zunehmend prägnanter an unserm Freizeit- und Breitensportaktionismus).

Es wäre ganz und gar unangemessen und verhängnisvoll, wenn sich eine ökologische Pädagogik von der nicht abreißenden zerstörerischen Betriebsamkeit unserer westlichen Zivilisation vereinnahmen ließe. Wenn sie eine Aktionspädagogik sein wollte. Aufgrund des Tätigkeitsdranges als einer Grundausstattung des Menschen (homo faber) wird Tätigsein in der Pädagogik beim Lernen immer eine Rolle spielen. Doch kritische Hinterfragung der Arbeitschulbewegung, einer Pädagogik der Tat ist dringend notwendig. Die Aufgabe einer ökologischen Pädagogik in ihrer praktischen Anwendung besteht darin, Bedingungen im Menschen zu schaffen:

– das Lebenssystem, in das er gestellt ist, verstehen zu lernen;

– den blauen Planeten mit diesem Lebenssystem als seine definitiv einzige Heimat schätzen zu lernen;

– einen konstruktiven (nicht zerstörerischen) Platz in diesem Lebenssystem einnehmen zu wollen;

– Möglichkeiten hierzu zu erproben;

– verantwortlich zu denken und handeln zu wollen

Hierzu ist notwendig:

– einen Bildungsbegriff, in Bindung an das Lebenssystem des Planeten zu entwickeln;

– einen Bildungsbegriff der auf den anthropologischen und evolutioären Grundlagen des Menschen aufruht, zu entfalten.

Die Problematik des Aktionismus und des Austobens der Konstruktionswut und den kaum zu unterdrückenden ingenieurtechnischen Bedürfnissen des Menschen zeigt sich besonders prägnant an der Thematik des Schulgartens. Da werden große Teile des Geländes versiegelt, ein erheblicher Teil wird zu einer Dauerbaustelle, ein anderer Teil zu agrarischer Monokultur in Miniaturform (vgl. z.B. Mitzlaff 1991). Natur wird weitgehend eliminiert – alles unter der anerkannten pädagogischen Argumentation, den Bedürfnissen der Kinder und Heranwachsenden entgegenzukommen. Dabei könnte ein Schulgarten ein teilanaloges Abbild des Lebenssystems – ein kleines überschaubares Lernmodell für Mitlebenlernen – ein Biotop mit Mensch sein. Indem gefragt ist:

– sich auf „Sich-Entwickelndes" einzulassen

– Zurückhaltung in menschlicher Aktivität

– Nachdenklichkeit und behutsam Pflegerisches (vgl. Kleber 1993).

Primat der Bewußtseinsbildung heißt nicht, daß jede Aktion zu vermeiden sei. Gruppen in Klassen oder ganze Schulklassen können Aktionen durchführen (z.B. Green-Team-Aktionen).

Aufgabe ökologischer Pädagogik ist, diese Aktion im Sinne einer vertiefenden Bewußtseinsbildung zu begleiten. Ökologische Pädagogik darf es sich nicht zu leicht machen, indem sie versucht, mit noch mehr Aktion die Actionfilm- und Abenteuertourismus-Freizeit zu überbieten. Sie darf sich nicht darin erschöpfen, mit übertriebenem Aktionismus die Gunst der Jugend zu gewinnen und dabei die tiefeingeprägten Untugenden unserer Zivilisation zu verstärken. Sie hat die Aufgabe, die bei uns heute nicht sehr geschätzten Tugenden

– der Zurückhaltung

– des sich auf „Sich-Entwickelndes“ Einlassens

– des Gewährenlassens

– der Nachdenklichkeit und des behutsam Pflegerischen

– der kontemplativen Betrachtung

– des „Sich Bescheidens“ mit einer Nebenrolle

zu fördern. Sie kann nicht mit unserer derzeitigen Alltags- und Freizeitkultur pädagogische Situationen begründen, sie muß eine Gegenkultur entwickeln.

5) Eigenverantwortlichkeit im Rahmen von „Oikos“ (dem eigenen Herd, Lebens- und Wirkenskreis)

Fundamentales Lernen des Mitlebens im Lebenssystem betrifft zuallererst und in jedem Falle die grundlegende Erhaltung des individuellen Lebens: Ernährung, Kleidung, Wohnen, Verkehr (vergl. Jonas 1979 u. S. 117 ff. in diesem Band). Hierzu sind Bildungsbegriffe zu entwickeln, welche die grundlegende Erhaltung des Individuums ins Zentrum stellen, die nicht auf Ausbeutung zielen und im Sinne des Mitlebens im Lebenssystem zerstörerische Konsequenzen minimieren. Solche Bildungskategorien wurden von der Permakultur bereits vorgelegt.

a) Die *Idee des Menschen als Gärtner* – Wir sind in einen Garten (des Lebenssystems unseres Planeten) gesetzt; wir können nur in diesem Garten und nur von diesem Garten leben, und wir sind darauf angewiesen, diesen Garten in einem für uns zuträglichen Zustand zu erhalten, wenn wir leben (überleben) wollen. Jeder Mensch muß sich deshalb als allererstes zum „Gärtner“ bilden, falls er nicht ungebildet, d.h. ignorant, borniert, rücksichtslos und zerstörerisch bleiben will. Es ist hier allerdings auch die Frage zu stellen, ob die Menschheit, ob zukünftige Gesellschaften ihm letzteres weiterhin erlauben können und dürfen (Frage nach einer obligatortischen gesellschaftlichen Bildungsforderung!).

b) Das *Selbstversorgungsprinzip* – Wenn Eigenverantwortlichkeit für uns, unsere Gesellschaft, für die Menschheit und das Weiterbestehen eines für uns vorteilhaften Lebenssystems auf diesem Planeten bedeutsam ist, dann muß als erstes das Delegieren der Verantwortlichkeit an andere, an die Gesellschaft, an deren bürokratische Instanzen zurückgefahren werden. *Wir müssen die Verantwortung für unsere Versorgung selbst übernehmen.* Als allererstes und alltäglichstes können wir die Verantwortung für unsere Ernährung nicht länger an uns kaum noch bekannte Instanzen und multinationale Konzerne delegieren, die uns im Sinne des Agrobusiness auf die möglichst unökologischte und mitweltzerstörerischste Weise bequem – im Sinne des Mitlebens, aber völlig unverantwortlich – ernähren (vgl. S. 131 ff.). Dic Eigenverantwortlichkeit muß mit dem Alltäglichsten beginnen. – Sie führt dann unweigerlich zu Bürgerinitiativen, zu Verbraucher-Erzeuger-Gemeinschaften, zu Konsumveränderungen, zur Verkehrsreduzierung und veränderten Verkehrsgewohnheiten.

6) Globale Mitverantwortlichkeit als Fakt des unentrinnbaren Eingebundenseins in das Lebenssystem unseres Planeten und die „Oikumene" (den bewohnten Erdkreis).

Globale Mitverantwortlichkeit ist eine Weiterentwicklung der Eigenverantwortlichkeit im alltäglichen Lebensvollzug. Sie wird begründet:

– aus der Notwendigkeit, der globalen menschlichen Destruktionskapazität und der weltweiten Ignoranz und Borniertheit Einhalt zu gebieten;
– aus dem Verständnis unseres Lebenssystems und der Erkenntnis, daß dieses nur global in einem menschliches Leben begünstigenden Zustand gehalten werden kann;
– emotional aus der Achtung und der Verlustangst unserer einzigen, globalen Heimat.

Die konkreteste Begegnung mit diesem Grundzug einer ökologischen Pädagogik erfolgt über die Umweltängste (bzw. die Existenzängste aufgrund der ökologischen Krise) der Heranwachsenden. Hier wird das unentrinnbare Eingebundensein schicksalshaft evident. Dabei wird gleichzeitig einsichtig, daß diese Ängste zum Gegenstand einer ökologischen Pädagogik werden (in Zusammenarbeit mit Nachbarwisssenschaften selbstverständlich). Die existenzbedrohlichen Ängste lähmen direkt, aber noch mehr macht ihre Leugnung die notwendige Mitverantwortlichkeit unmöglich. Um diesen sechsten Grundzug wirksam werden zu lassen, ist es notwendig:

– das Leugnen der Existenzängste unmöglich zu machen, d.h. sie explizit zu machen und zu bearbeiten,
– die Existenzängste konstruktiv zu überwinden.

Die Berücksichtigung der sechs hier herausgearbeiteten Grundzüge für die Wahrnehmung im Denken und als Rahmenkonzept für eine zukünftige Bildung macht *Mitlebenlernen* möglich und führt zu einer Mitweltpädagogik zur angewandten ökologischen Pädagogik.

2. Zur Entwicklung eines ökologischen Bildungsbegriffes

Die Geschichte der Pädagogik in deutscher Geschichtsschreibung spiegelt die permanente Auseinandersetzung mit dem Konzept Bildung wider. Dies führte zu epochalen und übergreifenden Definitionsversuchen und einem extrem ausgeweiteten Begriffsfeld, in dem vielfältige Probleme aufgehoben sind und es auch nicht an terminologischen und sachlichen Widersprüchen fehlt. So kam es zu unterschiedlichen Bildungslehren. „. . . philosophische, die Menschwerdung des Menschen thematisierende Fragestellungen, vielfältig verbunden mit mystischen und theosophischen Spekulationen, mit anthropologischen und ontologischen Sätzen haben eine Fülle unterschiedlicher, schwerlich miteinander verträglicher Bildungslehren hervorgebracht" (WULF 1984, S. 65).

Die empirisch-analytische Erziehungwissenschaft wollte deshalb den Bildungsbegriff aufgeben und durch ein Strukturgitter von Komponenten („Reproduktion" –, „Sozialisation" –, „Individuation" – und „Qualifikation") ersetzen. Dabei blieben dann die Konzepte von Freiheit, Verantwortlichkeit und Liebe völlig ausgeklammert.

Die kritische Erziehungswissenschaft kritisiert den Bildungsbegriff ideologiekritisch als ein auf der Grundlage eines überholten „Humanismus" basierendes Konzept, das in seiner abstrakten Form die bestehenden gesellschaftlichen Verhältnisse legitimiert. Bildung kann so ihre ursprüngliche Aufgabe, die Verbesserung der gesellschaftlichen Verhältnisse, für die sie ins Werk gesetzt worden war, nicht mehr erfüllen.

MENZE stellt fest, daß es nichts nützt, „Bildung zu einem Unwort zu erklären und zu meinen, mit ihrer Tilgung auch die mit ihr angezeigten Fragen abgewiesen zu haben" (MENZE 1983).

Der Mensch ist bildungsbedürftig – er kann, nachdem er an den Rand des Evolutionsstromes in dem Lebenssystem dieses Planeten gespült wurde, aufgrund seiner Sonderstellung von Natur aus nichts anderes, als eine zerstörerische Komponente (ein Barbar) in diesem Lebenssysstem sein, – es sei denn, er bildet sich, d.h. er lernt mitleben, wo er doch alles dominieren kann. Dazu gehört Verantwortlichkeit, das Aushalten von Widersprüchen und Konflikten, Mitmenschlichkeit (vgl. LITT 1957) und die Überführung der Mitmenschlickeit in Mitkreatürlichkeit. Dazu gehört Freiheit zu Urteil und Kritik (WULF 1984) und Bindung an die gegebenen Verhältnisse des Lebenssystems unseres Planeten (d. h. gleichzeitig Widerstand gegen alle anderen bestehenden und vorgegebenen Verhältnisse).

Ökologische Bildung ist einerseits als ein Prozeß zu begreifen, in dem Persönlichkeitsstrukturen hervorgebracht werden, die Einsicht in die zukunftssichernden Möglichkeiten des menschlichen Lebens in seiner Mitwelt und die Übernahme von Verantwortlichkeiten sichern.

Ökologische Bildung ist andererseits ein „Anregen und In-Tätigkeit-Setzen aller Kräfte des Menschen" (MENZE 1980, S. 350), um das ihm in seiner Mitwelt aufgegebene Mitlebenlernen bewältigen zu können. Sie ist somit Ausbildung aller Vermögen, die eine individuelle Entfaltung in Bindung an das Lebenssystem unseres Planeten, insbesondere die Mitlebewesen, ermöglicht. Sie hat als zentrale Begriffe die Würde des Lebens[55] und die Verantwortlichkeit, damit die Notwendigkeit der Partizipation, die Bindung vor der Freiheit, die Emanzipation aus gesellschaflichen und wirtschaftlichen Zwängen (nicht aus basalen Zwängen der Natur) für ein verantwortliches Mitlebenwollen und -können.

Ökologische Bildung steht aufgrund der einseitigen Verherrlichung des Menschen in der Renaissance und Aufklärung gegen die humanistische Bildung, die in gewisser Hinsicht in einen „weltverschlingenden Anthropozentrimus" (BALLAUFF 1970, S. 36) mündete. Sie wird deshalb nicht biologistisch, sie gründet auf der Verschränkung der biozentrischen und der anthropozentrischen Perspektive.

Ökologische Bildung ist letztlich Selbstbildung. Sie steht dem Individuum damit frei. Sie kann aufgrund der schicksalhaften Eingebundenheit des Menschen in das Lebenssystem unseres Planeten und der das gesamte System betreffenden Konsequenzen nicht beliebig sein. Sie ist jedem Individuum verpflichtend aufgegeben (Aporie ökologischer Bildung).[56]

Die ökologisch gebildete Person tritt in allen Lebenslagen, vor allem auch in ihren Alltagsgeschäften, für die Förderung des menschenförderlichen Zustandes unseres Lebenssystems ein. Sie bemüht sich, ständig neu Mitleben zu lernen und zu praktizieren. Sie ist schrittweise zu immer weitergehendem Verzicht bereit. Sie ist der profilierte Bürger für eine ökologisch wirtschaftende Gesellschaft.

Ökologische Pädagogik ist keine ganz andere, zusätzliche Pädagogik. Sie sieht im Bildungsgeschäft sowohl der Reflexion von Praxis als auch der Praxis selbst nicht die Möglichkeit, zur individuellen und gesellschaftlichen Seite noch eine ökologische Seite hinzuzufügen und zusätzlich zur Theorie der Erziehung und der Bildung eine Theorie der ökologischen Pädagogik zu entwickeln (vgl. S. 66 ff.). Ökologische Pädagogik sieht die Notwendigkeit, die Prinzipien pädagogischer Fragestellungen (vgl. BENNER 1983) und die dazu gehörenden theoretischen Ansätze zu ökologisieren.

---

55 Die Würde der Giraffe wird nicht dadurch gemindert, daß letztere irgendwann von Löwen oder Hyänen gefressen wird. Würde ist eine Frage der Lebensgemäßheit, der Art- und Gattungsgerechtheit, und zwar auch für Pflanzen. Vegetarier zu sein, mag vernünftig sein – es löst nicht die Probleme, die Würde des Lebens einen realen Wert werden zu lassen.

56 Aporie: (griech. Weglosigkeit, Ratlosigkeit) in der Philosophie die logische Schwierigkeit, die dadurch erwächst, daß gegensätzliche Auffassungen dem gleichen Begriff oder Gedanken innewohnen. Aporien sind in der Philosophie keineswegs etwas Neues, so wurde schon von ARISTOTELES eine Aporetik für die systematische wissenschaftliche Behandlung von Aporien begründet.

	Individuelle Seite		Gesellschaftliche Seite	
	2) Aufforderung		3) Überführung	
Theorie einer ökologischen Erziehung	zur Selbsttätigkeit	*zur Rücksichtnahme und Zurückhaltung im Lebenssystem*	gesellschaftliche Determinanten in pädagogische Determinanten	*planetarisch/biologische (Lebenssystemdeterminanten) in pädagogische Determinanten*
	1) Bildsamkeit		4) Konzentration der menschlichen Gesamtpraxis	
Theorie einer ökologischen Bildung	Bildungsbedürfnis Möglichkeit der Freiheit	*Bildungsnotwendigkeit zum Mitleben im Lebenssystem*	auf die (Höher) Entwicklung der Menschheit	*auf die ökologische Aufgabe des Mitlebens (Hineinentwicklung der Menschheit)*
	Prinzip	*Ökologisierung*	Prinzip	*Ökologisierung*

Tab. 9: Ökologisierung der vier Prinzipien pädagogischer Fragestellungen (nach BENNER 1983, S. 292)

1. Prinzip: Der Mensch ist aufgrund seiner Sonderstellung in der Evolution unseres Lebenssystems bildungsbedürftig und bildsam.

Hierin sah die Pädagogik von jeher die Möglichkeit der Freiheit (Selbstverwirklichung und Emanzipation). Wie wir aus der menschlichen und evolutionären Geschichte unseres Planeten lernen können, reicht die Befriedigung des akuten Bildungsbedürfnisses nicht aus, ist die Bildsamkeit zwar eine Chance, die sich allerdings auch in einen Fluch verkehren kann.

Der falsch gebildete Mensch (von einer anthropozentrischen Pädagogik geführt), verliert jedes Maß, verbraucht nur für die Bequemlichkeit einer Überflußgesellschaft die Möglichkeiten seiner Enkel und zerstört systematisch seine eigene Lebensgrundlage – er ist im eigentlichen Sinne „der Barbar“, der (ökologisch) Ungebildete.

Ökologisierung: So kommt die Bildungsnotwendigkeit zum *Mitleben* im Lebenssystem unseres Planeten als ökologisch/humane Verpflichtung hinzu. Freiheit und Bindung, Verpflichtung und Selbstverwirklichung sind neu zu bestimmen.

2. Prinzip: Aufforderung zur Selbständigkeit

ist eine notwendige Folgerung des erstes Prinzips. Durch sie werden die Möglichkeiten zur Bildung, zur Freiheit erst aktiviert. Mittlerweile haben wir eine Aktivitäts-Anthropologie entwickelt, aus der ein „weltverschlingender Anthropozentrismus" (BALLAUFF 1970, S. 36, vgl. auch RIESEBERG 1992) erwuchs. Schon kleine Kinder sind von einer Konstruktions- oder Zerstörungswut besessen, die Produktionssteigerung menschlicher Arbeit und der darauf beruhende Verbrauch und die Verwüstung wird mit Aktionsfreizeit, Actionfilmen und Abenteuertourismus fortgesetzt und in Kürze wohl gar übertroffen. Wir konsumieren „Action" und „Action" zerstört unsere Welt (Mitwelt).

Ökologisierung: Das zweite Prinzip muß ergänzt werden durch Aufforderungen zur Rücksichtnahme und Zurückhaltung im Lebenssystem unseres Planeten.

3. Prinzip: Überführung gesellschaftlicher Determinanten in pädagogische Determinanten.

Die „Pädagogische Provinz" – ein gesellschaftlich- und politisch freier Raum als pädagogisches Idyll – mußte Utopie bleiben. Gesellschaftliche Determination der Entwicklung der Heranwachsenden und des Bildungsprozesses ist Faktum. Es verbessert die Situation für den Bildungsprozeß nicht, wenn Pädagogik dies beklagt und wenn Pädagogen sich frustriert oder schmollend zurückziehen. Es gilt den gesellschaftlichen Organisationsformen, dem Verbürokratisierungsdruck einen pädagogischen Druck (ständige Repädagogisierung von Schule und Unterricht) entgegenzusetzen. Es gilt aber auch, die Gesellschaft nicht von der Aufgabe selber erzieherisch zu sein, zu entlasten. Da gilt es Widerstand zu leisten gegen die Delegation aller erzieherischer Aufgaben an pädagogische Berufe, es gilt, von Pädagogen und Heranwachsenden konsequent die erzieherische Aufgabe von der Gesellschaft einzufordern.

Ökologisierung: In gleicher Weise gilt es einzufordern, daß die Gesellschaft ökologisch zu wirtschaften hat und daß nicht die Vermeidung einer drohenden ökologischen Katastrophe an die Umwelterziehung, an eine ökologische Pädagogik delegiert werden kann. Hiergegen hat ökologische Pädagogik Widerstand zu leisten. – Vor allem aber ist das 3. Prinzip generell zu ökologisieren. Während die „pädagogische Provinz" seit langem als eine Utopie, die auf „schwindelhafte Hoffnung" gründet (BLOCH 1947/1979, S. 3), erkannt wurde, haben die Pädagogen sich selbst von jeher in eine „pädagogisch-gesellschaftliche Provinz" begeben; – sie haben Natur ausgeschlossen, die Bedeutsamkeit des Lebenssystems unseres Planeten für die Zukunft der Menschheit, für die Zukunft jedweder Kultur negiert. Deshalb müssen noch vor der Überführung gesellschaftlicher Determinanten die Lebenssystemdeterminanten (planetarisch-biologische Determinanten) in pädagogische Determinanten überführt werden. – Damit wird Bildung zuallerst eine Bildung zum Mitleben im Lebenssystem. In diesem Rahmen erfolgt die Kritik und die Überführung der gesellschaftlichen Determinanten.

4. Prinzip: Konzentration der menschlichen Gesamtpraxis auf die Höherentwicklung der Menschheit.

Die hier behauptete und hoch gewertete Höherentwicklung der Menschheit war bisher zentrifugal aus dem Lebenssystem hinaus und hat sich aufgrund einer Reihe falscher Prämissen zwar als kulturell beachtlich, als zivilisatorisch höchst bequem, als technisch von höchster Veränderungskapazität, aber als für die Menschheit durchgängig lebensgefährlich erwiesen. Die Kultur entwickelte sich ihre eigenen Grundlagen, dem Lebenssystem dieses Planeten gegenüber ignorant und borniert, die Zivilisation entwickelte sich ausbeuterisch, die Zukunft verschwendend, die technische Veränderungskapazität als eine für unser Lebenssystem dominant destruktive Kapazität – deshalb ist das Konzept Höherentwicklung der Menschheit in seiner historischen Faktizität schärfster Kritik zu unterziehen und kann so nicht weiter akzeptiert werden.

Ökologisierung: Die Entwicklung der Menschheit (die bisher hinaus aus der Evolution unseres Lebenssystems ging) muß zukünftig eine Hineinentwicklung (zentripedal) werden. Dabei ist nicht nur die Würde des Menschen, sondern die Würde allen Lebens oberstes Ziel – sie kann überhuman (das Humane einschließend) als eine zentripedale Höherentwicklung aufgefaßt werden.

Nach der Ökologisierung der Prinzipien pädagogischer Fragestellungen entstehen systematische Ansätze für eine Theorie ökologischer Erziehung und eine Theorie ökologischer Bildung (vgl. Tab. 9).

In gleicher Weise wird auch eine Ökologisierung der Grundzüge von Erziehung und Unterricht nach BALLAUFF (1984) notwendig.

Tradierte (bürgerliche) Pädagogik (n. Ballhauff 1984)	***Ökologische Pädagogik***
1) Übung und Ertüchtigung - in Beziehung auf die geschichtlich erreichten kulturellen Aufgabendifferenzierung bei Verzicht und Zurückhaltung unmittelbarer Bedürfnisbefriedigung.	 - *in Beziehung auf die Notwendigkeiten des Lebenssystem unseres Planeten, bei kritischer Hinterfragung der geschichtlich erreichten kulturellen und gesellschaftlichen Situation und Praxis und Umwertung der kulturell zivilisatorischen Standards durch Verschränkung planetarischer und anthropozentrischer Perspektive*
2) Emanzipation - Freisetzung und Entbindung der Einzelnen von den fortlaufend sich einstellenden Voreingenommenheiten...., von den blind adoptierten kulturellen Sedimentierungen...zugunsten je eigener Prüfung und Erwägung ihres Sinns und ihrer Berechtigung	 - *Freisetzung und Bindung des Einzelnen Bindung im Sinne des Mitlebens (an das Lebenssystem fördernde Standards) Freisetzung, von den kulturellen Sedimentierungen, zivilisatorischen Begwemlichkeiten und wirtschaftlichen Zwängen (z.B. Wachstumsideologie und Konsumzwang)*
3) Partizipation - optimale individuelle Beteiligung an dem geschichtlich Erreichten Gedankenhorizont .... einschließlich der argumentativen Durchdringung der Differenzierungsbereiche von Kultur, .. die Zumutung, Begründung und Rechtfertigung von Fragestellungen und Praktiken mitzuvollziehen, anstatt sich bloß affirmativ und praktisch auf sie einzulassen.	 - *optimale individuelle faire Teilhabe in und an der Mitwelt unter der Beteiligung an dem geschichtlich erreichten Gedankenhorizont ... einschließlich der argumentativen Durchdringung der Differenzierungsbereiche von Kultur, ... die Zumutung, Begründung und Rechtfertigung von Fragestellungen und Praktiken mitzuvollziehen und auf den Denkrahmen der Verschränkung von planetarischer und anthropozentrischer Perspektive zu kritisieren, anstatt sich bloß affirmativ und praktisch auf sie einzulassen.*
4) Bildung, Erudition - die Abwendung von der bedenkenlosen primären Selbstsicht und der Zentrierung auf die Zwecke des Ichs oder der sozialen Eigengruppe zugunsten von Vernunftmaßgeblichkeit Selbst- und Fremdkritik, die Sensibilisierung für die fragwürdige Legitimität des kulturell für legitim Gehaltenen und in Institutionen auf Dauer Gestellten	 - *die Abwendung von der Optimierung der bedenkenlosen Ausbeutung des Lebenssystem unseres Planeten. Gewinnung von Einsicht in die zukunftsicherenden Möglichkeiten des menschlichen Lebens in seiner Mitwelt. Übernahme von Verantwortlichkeiten für die grundlegende Erhaltung des individuellen Lebens (Eigenveantwortlichkeit) unter Lebenssystem fördernden Standards und der globalen Mitverantwortlichkeit*

Tab. 10: Ökologisierung der Grundzüge von Erziehung und Unterricht (n. BALLAUF 1984, S. 340 f.)

Epilog

„Zur Lage der Welt 1992" heißt der Bericht des Wordwatch Instituts, der rechtzeitig – vor dem Gipfel von Rio de Janeiro 1992 – erschien. (Zwanzig Jahre nach der ersten weltweiten UNO-Umweltkonferenz in Stockholm). Die Lage wird wie folgt zusammenfassend beschrieben:

„Es geht um das schwer geschädigte Verhältnis der Menschheit zu ihrem „Haus Erde" und um die Dringlichkeit, es wiederherzustellen, bevor dauerhafterer und tragischerer Schaden angerichtet worden ist.

Wohl oder übel werden die neunziger Jahre ein entscheidendes Jahrzehnt für den Planeten und seine Bewohner. Ein kurzer Blick auf die gegenwärtigen ökologischen Tendenzen:

– Die schützende Ozonschicht in dichtbesiedelten Breiten der nördlichen Hemisphäre verdünnt sich doppelt so schnell, wie es Wissenschaftler noch vor wenigen Jahren erwarteten.

– Jeden Tag sind mindestens 140 Tier- und Pflanzenarten zum Aussterben verurteilt.

– Der Gehalt der Hitze einfangenden Kohlendioxide in der Atmosphäre ist heute um 26 Prozent höher als vor Beginn des Industriezeitalters und steigt weiter an.

– Die Erdoberfläche war 1990 wärmer als je seit Beginn der Messungen Mitte des 19. Jahrhunderts; sechs der sieben wärmsten gemessenen Jahre folgten nach 1980.

– Wälder schwinden um etwa 17 Mio. Hektar im Jahr – eine Fläche, die der Hälfte Finnlands entspricht.

– Die Weltbevölkerung wächst jedes Jahr um 92 Millionen Menschen, was ungefähr der Bevölkerung in Mexiko entspricht; von dieser Gesamtzahl leben 88 Millionen in Entwicklungsländern.

Angesichts dieses Ausmaßes des Wandels werden wir leicht dazu verleitet, den Ernst der ökologischen Gefahren zu leugnen und anzunehmen, wir könnten mit kleineren Korrekturen unseres gewohnten Handelns durchkommen. Wir wählen Politiker, die unseren Glauben bestätigen, die Welt sei grundsätzlich in Ordnung. Und wir überhören geflissentlich Worte wie die *Jose Lutzenbergers,* des brasilianischen Umweltministers[57], bei einer Festlichkeit in Washington: „Es ist unmöglich, dem ganzen Planeten ei-

---

57 Jose LUTZENBERGER wurde noch vor dem Gipfel vom mittlerweile schwerster Korruption und Unterschlagung angeklagten Präsidenten Brasiliens von seinen Verpflichtungen als Umweltsekretär Brasiliens entlassen.

nen solchen Reichtum zu bescheren, wie ihr ihn hier habt, wie ihn die Deutschen haben, wie ihn die Holländer haben . . . und wir müssen uns dieser Tatsache stellen."

Psychologie wird das Schicksal des Planeten ebenso bestimmen wie die Wissenschaft, denn die Tat fordert Überwindung der Verleugnung, die zu den paralysierendsten der menschlichen Reaktionen gehört. Zwar betrifft dies die meisten von uns zu einem gewissen Grad, doch Verleugnung greift besonders tief bei denjenigen mit einem Interesse an der Erhaltung des Status quo, einschließlich der politischen und unternehmerischen Führungskräfte, die mit ihrer Macht die globale Tagesordnung bestimmen können" (Postel 1992, S 9/10).

Der Bericht schließt mit der hoffnungsvollen Beschreibung der Möglichkeit des Startes einer ökologischen Revolution.

Hoffnung liegt auch auf dem Umwelt-Weltgipfel in Rio de Janeiro (Juni 1992). Der Bericht schließt mit den Sätzen:

„*Soll die ökologische Revolution Erfolg haben, braucht sie Unterstützung von viel mehr Leuten als heute. Zusätzlich zu den festgefügten Interessen muß sie auch menschliche Trägheit überwinden.* Bislang wurde die ökologische Revolution von der Gesellschaft fast wie ein Sportereignis betrachtet, wo Tausende auf den Bänken zuschauen, während ein bloße Handvoll Leute im Spielfeld aktiv versucht, das Ergebnis des Wettbewerbs zu beeinflussen. In diesem Fall hängt der Erfolg davon ab, daß die eingebildeten Begrenzungslinien, die die Zuschauer von den Teilnehmern trennen, ausradiert werden, damit wir alle mitmachen können. Die Rettung des Planeten ist kein Zuschauersport" (Brown 1992, S. 254).

Es ist weiser, eine Kerze anzuzünden, als sich über die Dunkelheit zu beschweren!

(alte chinesiche Weisheit)

Literatur

Abels, H.: Die Schule als soziale Organisation. In: G. Hartfiel/L. Kißler (Hg.): Soziologie der Erziehung. Freiburg 1977, S.145-176

ders.: Die Schule als Feld soziologischer Forschung. In: W. Twellmann (Hg.): HB Schule und Unterricht Bd.3. Düsseldorf 1981, S.268-290

Altes Testament (Dt. Übersetzung D.Martin Luthers). Stuttgart o.J.

Amery, C.: Das Ende der Vorsehung. Die gnadenlosen Folgen des Christentums. Reinbek bei Hamburg 1972/1982

ders.: Natur als Politik. Die ökologische Chance des Menschen. Reinbek bei Hamburg 1976/1980

Andresen, U.: Lernen in anderen Räumen. In: Pädagogik, 44.Jg., Heft 4, 1992, S.14-17

Arbeitsgruppe Oberkircher Lehrmittel (AOL): Das AOL Projekte-Buch. 250 Projekte und Ideen für eine lebendige Schule. Reinbek 1986

Auer, A.: Umweltethik. Ein Theologischer Beitrag zur ökologischen Diskussion. Düsseldorf 1984

Axelrod, R.: Die Evolution der Kooperation. München 1987

Ballauff, T.: Der Gedanke einer ‚allgemeinen Bildung' und sein Wandel bis zur Gegenwart. In: W. Twellmann (Hg.): HB Schule und Unterricht Bd. 4.1. Düsseldorf 1981, S.233-248

ders.: Systematische Pädagogik. Heidelberg 1970, 3.Aufl.

ders.: Funktionen der Schule. Köln 1984, 2.Aufl.

Baumert, J.: Gesamtschlule. In: E.G. Skiba/C. Wulf/K. Wünsche: Erziehung im Jugendalter – Sek.I. Stuttgart 1983, S.228-269

Beck, J.: SinnesWandel: Die Sinne und die Dinge im Unterricht. Frankfurt/M. 1989

Becker, E.: Die ökologische Krise im ökologischen Diskurs. In: E. Becker/W. Ruppert (Hg): Ökologische Pädagogik – pädagogische Ökologie. Frankfurt/M 1990, S.5-17

Becker, E./Ruppert, W. (Hg): Ökologische Pädagogik – pädagogische Ökologie. Frankfurt/M. 1987/1990

Becker, H.: Die verwaltete Schule. In: H. Becker (Hg.): Quantität und Qualität. Grundfragen der Bildungspolitik. Freiburg i.B. 1962, S.147-174

Beer, W./Haan, G. de (Hg): Ökopädagogik. Aufstehen gegen den Untergang der Natur. Weinheim 1984

Beickler, M./Pietsch, R.: Ökologischer Umbau einer Schule. In: Pädagogik, 44.Jg., Heft 4, 1992, S.10-13

Benjamin, W.: Illumination. Frankfurt/M. 1961

Benner, D.: Grundstrukturen pädagogischen Denkens und Handelns. In: D. Lenzen/K. Mollenhauer: Theorien und Grundbegriffe der Erziehung und Bildung. Stuttgart 1983, S. 283-300

ders.: Allgemeine Pädagogik. Weinheim 1991

Berger, P./Luckmann, Th.: Die gesellschaftliche Konstruktion der Wirklichkeit. Frankfurt/M. 1980

Birnbacher, D. (Hg.): Ökologie und Ethik. Stuttgart 1983

Bloch, E.: Das Prinzip Hoffnung. Frankfurt/M. 1947/1979, 6.Aufl.

ders.: Abschied von der Utopie? Vorträge (hrsg. von H.Gekle). Frankfurt 1980

BOES, A. W.: Jenaplan. Gestern und Heute. Assen (NL) 1991
BÖLTS, H.: Ökologisch-soziales Lernen im Lernorte-Netz. In: arbeiten+lernen/ Die Arbeitslehre, 10.Jg., Heft 62, 1989, S.19-22
BOLSCHO, D./EULEFELD, G./SEYBOLD, H.-J.: Umwelterziehung. Neue Aufgaben für die Schule. München 1980
BOTH, K.: Jenaplanschools in The Netherlands. Hoevelaken 1990
BOTKIN, J.W. u.a.: Das menschliche Dilemma. Wien 1979
BOURDIEU, P.: Zur Soziologie der symbolischen Formen. Frankfurt/M. 1983
BRANDT, H./LIEBAU, E.: Das Team-Kleingruppen-Modell. Ein Ansatz zur Pädagogisierung der Schule. München 1978
BRAUNSCHWEIG, A.: Die ökologische Buchhaltung als Instrument der städtischen Umweltpolitik. Grüsch 1988
ders.: Ökologische Buchhaltung. Anwendungsbereich: städtische Umweltpolitik. In: Wechselwirkung, 13.Jg., Nr.51, 1991, S.24-29
BROHMER, P.: Biologieunterricht unter Berücksichtigung von Rassekunde und Erbpflege. Osterwieck 1935
BROWN, L.R.: Start der ökologischen Revolution. In: Worldwatch Institute Report (Hg.): Zur Lage der Welt 1992. Daten für das Überleben unseres Planeten. Frankfurt/M. 1992, S.227-245
BUCK, A.: Die ‚studia humanitatis' im italienischen Humanismus. In: W. Reinhardt (Hg.): Humanismus im Bildungswesen des 15. und 16. Jahrhunderts. Weinheim 1984, S.11-24
BUDDENSIEK, W.: Wege zur Ökoschule. Lichtenau 1991
ders.: Auf dem Weg zur Öko-Schule. In: nds, 44.Jg., Heft 13/14, 1992, S.11-15
BUND: Die Entwicklung der Landwirtschaft im 20.Jahrhundert. (Landesverband Baden-Württemberg e.V.) o.O. o.J.
BUNDESREGIERUNG: Agrarbericht 1990
dies.: Agrarbericht 1991
dies.: Agrarbericht 1992

CALLENBACH, E.: Ökotopia. Berlin 1978
CAPRA, F. Das Tao der Physik. Die Konvergenz von westlicher Wissenschaft und östlicher Philosophie. Bern 1984
ders.: Wendezeit. Bausteine für ein neues Weltbild. Bern 1982/1991
ders.: Das neue Denken. Aufbruch zum neuen Bewußtsein. Bern 1987
CARSON, R.: Der stumme Frühling. München 1962/1987
CRAMER, M.: Zur Sozialpsychologie der Umweltzerstörung. In: A. Böhm/ A. Faas/H. Leggewie (Hg.): Angst allein genügt nicht. Weinheim 1989, S.31-55

DAUBER, H./SIMPFENDÖRFER, W. (Hg.): Eigener Haushalt und bewohnter Erdkreis: Ökologisches und ökumenisches Lernen in der „Einen Welt". Wuppertal 1981
DE BONO, E.: Teaching Thinking. Middesex (England) 1976/1980
ders.: Laterales Denken. Reinbek bei Hamburg 1971
DICK, L. von: Alternativ-Schulen. Informationen, Probleme, Erfahrungen. Reinbek bei Hamburg 1979
DIETRICH, T.: Die Pädagogik Peter Pertersens. Der Jena-Plan: Modell einer humanen Schule. Bad Heilbrunn 1986
DITFURTH, H. v.: So laß uns ein Apfelbäumchen pflanzen. Hamburg 1985
DULITZ, B./KATTMANN, U. u.a.: Bioethik. Fallstudien für den Unterricht. Stuttgart 1990

EGAN, K.: Teaching as Story Telling. London 1986
EIBL-EIBESFELDT, I.: Die Biologie des menschlichen Verhaltens. München 1984
ELLWEIN, TH.: Die verwaltete Schule. In: Das Argument, 6.Jg., Nr. 28-31, 1964, S.209-220
EULEFELD, G./KAPUNE, T. (Hg): Empfehlungen und Arbeitsdokumente zur Umwelterziehung – München. IPN/Kiel 1978

FEUERBORN, H.J.: Das Kernstück der deutschen Volksbildung: Die Biologie. In: Der Biologe, 4.Jg., Heft 4, 1935, S.99-105
FICHTE, J.G.: Reden an die deutsche Nation (1808). Werke Bd.5. Darmstadt 1962
FISCHER, W.: Schule als parapädagogische Organisation. Kastellaun 1978
FORKEL, J./LIEDTKE, A.: Anders essen als bisher. Reinbek bei Hamburg 1989
FÖRSTER, CH./HARTMANN, S./JENI-FAUL, I.: Ökologie und ihre biologischen Grundlagen. Datensammlung (Fernlehrgang). Tübingen 1986
FRASER-DARLING, F.: Man's responsibility for the environment. In: F.J. Ebling: Biology and ethics. London 1969, S. 119f
FREINET, C.: Die moderne französische Schule. Paderborn 1945/1980, 2.Aufl.
FREUD, S.: Das Ich und das Es. In: A. Freud (Hg.): Gesammelte Werke S.Freuds. London 1923/1948
FREUDENBERG, A./KRAUS, J.: Die ökologische Buchhaltung an der evangelischen Akademie Bad Boll. Materialien 4/83. Bad Boll 1983
FROMM, E.: Wege aus einer kranken Gesellschaft. Frankfurt/M. 1955/1982
ders.: Die Revolution der Hoffnung. (The Revolution of Hope). Stuttgart 1968/1991
ders.: Haben oder Sein. Stuttgart 1976
FÜRSTENAU, P.: Neuere Entwicklungen der Bürokratieforschung und das Schulwesen. Ein organisationssoziologischer Beitrag. In: G. Hartfiel/K. Holm (Hg.): Bildung und Erziehung in der Industriegesellschaft. Opladen 1973, S.336-352

GENGLE, D.: Neoschamanismus in den 80er Jahren. In: R. Lutz (Hg.): Öko-Logbuch. Weinheim 1983, S.144-150
GLOBAL 2000: The Global 2000 Report to the President. Frankfurt/M. 1981
GOETHE, J.W.: „Wilhelm Meisters Lehrjahre“ Bd.4. Gütersloh 1954, S.125-716
ders.: „Wilhelm Meisters Wanderjahre“ Bd.5. Gütersloh 1954, S.5-356
GÖPFERT, H.: Naturbezogene Pädagogik. Weinheim 1988
GREGG, A.: A Medical Aspekt of The Population Problem. In: Science, Vo. 121, 1955, S.681
GREISENEGGER, I./KATZMANN, W./PITTER, K. (Hg.): Umweltspürnasen (Serie: Wald – Wasser – Boden u.a.). Wien 1987-1992

HAAN, G. de: Die falsche Natürlichkeit. In: Ökopäd, Heft 3, 1982, S.32-38
ders.: Natur und Bildung. Weinheim 1985
ders.: Ökologie-Handbuch Grundschule. Weinheim 1989
HAECKEL, E.: Generelle Morphologie der Organismen. Bd.2: Allgemeine Entwicklungsgeschichte der Organismen. Berlin 1866
HÄFNER, M.: Umweltschutz. Das öko-Testbuch zur Eigeninitiative. Niedernhausen 1987
HARDIN, G.: The Tragedy of the Commens. The population problem has no technical solution; it requires a fundamental extension of morality. In: Science, No. 162, 1968, S. 1243-1248
HARTFIEL, G./HOLM, K.(Hg.): Bildung und Erziehung in der Industriegesellschaft. Opladen 1973

Hartfiel, G.: Einführung in Hauptprobleme der pädagogischen Soziologie. In: G. Hartfiel/K. Holm (Hg.): Bildung und Erziehung in der Industriegesellschaft. Opladen 1973, S. 9-61

Hartmann, S.: Ökologie und ihre biologischen Grundlagen. Wasser und Abwasser. (Fernlehrgang Heft 8). Tübingen 1984

Haug, W.F.: Warenästhetik, Sexualität und Herrschaft. Frankfurt/M. 1972

Hawken, P.: Der Zauber von Findhorn. Ein Bericht. München 1975/1985

Hedewig, R./Stichmann, W.: Biologieunterricht und Ethik. Köln 1988

Hengstenberg, H.E.: Grundlegung der Ethik. Stuttgart 1969

Hentig, H. von: Das Leben mit der Kunst. In: Deutscher Bildungsrat (Hg.): Lernziele Gesamtschule. Stuttgart 1969, S.29-31

ders.: Magier oder Magister? Über die Einheit der Wissenschaft im Verständigungsprozeß. Stuttgart 1972

ders.: Schule als Erfahrungsraum? Stuttgart 1973

Herbart, F.: Umriß pädagogischer Vorlesungen. Schriften (hrsg. von W.Asmus) Bd.3. Düsseldorf 1965

Herrlitz, H.-G.: Schule – Schultheorie. In: Ch.Wulf (Hg.): Wörterbuch der Erziehung. München 1984, S.506-509

Herrmann, K.: Pflügen, Säen, Ernten. Landarbeit und Landtechnik in der Geschichte. Reinbek 1985

Hofstadter, D.R.: Metamagikum. Kann sich in einer Welt voller Egoisten kooperatives Verhalten entwickeln? In: Spektrum der Wissenschaft, Heft 8, 1983, S. 8-14

Howard, A. Sir: Mein landwirtschaftliches Testament. München 1979

Illich, I.: Die Entschulung der Gesellschaft. Reinbek bei Hamburg 1973

Institut Für Ökologische Forschung Und Bildung (Hg.): Kommentierte Umweltspieleliste. (Hafenweg 26, 4400 Münster) o.J.

Jaeggi, U.: Institution – Organisation. In: Ch.Wulf (Hg.): Wörterbuch der Erziehung. München 1984, S.308-313

Jonas, H.: Das Prinzip Verantwortung. Versuch einer Ethik für technologische Zivilisation. Frankfurt/M. 1979

Jörg, H.: Praxis der Freinet-Pädagogik. Übersetzung und Bearbeitung des Buches von Freinet, C.: Les techniques Freinet de l'école moderne (Paris 1964). Paderborn 1981

Jungk, R.: Menschenleben. Der Aufstand gegen das Unerträgliche. München 1983

Jürgens, H.W.: Strategien der Bevölkerungsplanung. In: H. von Nussbaum (Hg.): Die Zukunft des Wachstums. Düsseldorf 1973, S.205-215

Kadlec, E.: Realistische Ethik. Verhaltenstheorie und Moral der Arterhaltung. Berlin 1976

Kahl, R.: Lob der Unübersichtlichkeit. Schülerorte – Lehrerräume. In: Pädagogik, 44.Jg., Heft 4, 1992, S.30-33

Kant, I.: Kritik der reinen Vernunft (1781). In: Die drei Kritiken. Stuttgart 1956

Kattmann, U.: Bezugspunkt Mensch. Köln 1980

Kern, P./Wittig, H.-G.: Der „Lernbericht" des Club of Rome. In: Zeitschrift für Pädagogik, 27.Jg., Heft 1, 1981, S.127-138

Kleber, E.W.: Ökologische Pädagogik oder Umwelterziehung? In: W.Twellmann (Hg.): Handbuch Schule und Unterricht. Bd.7.2 (Gesellschaft/Umwelt). Düsseldorf 1985, S.1194-1210,

ders.: Schulgarten-Handbuch (Anwendung der Grundzüge ökologischer Pädagogik). Weinheim 1993
ders.: Diagnostik in pädagogischen Handlungsfeldern. Weinheim 1992
Koch, K.-H.: Zur Ökologie der Schulbauten. In: W. Twellmann (Hg.): HB Schule und Unterricht Bd. 3. Düsseldorf 1981, S.493-507
ders.: Architektur und Umwelt. In: J. Calließ/R.E. Lob (Hg.): HB Praxis der Umwelt- und Friedenserziehung Bd.1. Düsseldorf 1987, S.104-116
ders.: Pädagogik und Architektur. Zur Gestaltung eines humanen Schulgebäudes. In: Pädagogik, 44.Jg., Heft 4, 1992, S.6-8
Kollegstufe-NW: Strukturförderung im Bildungswesen des Landes Nordrhein-Westfalen Heft 17. o.O. 1972
Kozdon, B.: Schule und Computer. Chancen, Risiken, Gegengewichte. In: Katholische Bildung, Heft 1, 1988, S.28-40
Kultusminister NRW (Hg.): Rahmenkonzept. Gestaltung des Schullebens und Öffnung von Schule. Düsseldorf 1988
Kultusministerkonferenz (KMK): Umwelt und Unterricht. Bonn 1981
Kükelhaus, H.: Unmenschliche Architektur. Köln 1978
ders.: Organismus und Technik. Frankfurt 1979

Landesinstitut Für Schule Und Weiterbildung (LSW)(Hg.): „Von Bachpaten, Mädchenförderung, Ulenspiegel u.a." – Anregungen und Beiträge zur Gestaltung des Schullebens und Öffnung von Schule. Soest 1991
dass.: Lernen verändert sich – Schulen entwickeln sich. Soest 1992, 4.Aufl.
Lassahn, R.: Schulleben. In: W. Twellmann (Hg.): HB Schule und Unterricht Bd.2. Düsseldorf 1981, S.343-352
Le Roy, L.G.: Natur ausschalten – Natur einschalten. Stuttgart 1983
Liebig, J. v.: Chemische Briefe. München 1967/1878
Litt, T.: Führen und Wachsenlassen. Leipzig 1927
ders.: Naturwissenschaft und Menschenbild. Heidelberg 1952
ders.: Technisches Denken und Menschenbild. Heidelberg 1957
Lloyd, W.F.: Two Lectures on the Checks to Population. In: G. Hardin (Hg.): Population, Evolution, and Birth Control. San Francisco 1964 (Orig.: Oxford Univ. Press, Oxford (England) 1833)
Lorenz, W./Paul, G.: Die Schulbürokratie und die Deformation der Lehrerrolle. In: Ch. Lohmann(Hg.): Schule als soziale Organisation. Bad Heilbrunn/Obb. 1978, S.41-57
Lovelock, J.E.: Das Gaia-Prinzip. Die Biographie unseres Planeten. (engl.: The Ages of Gaia, 1989) Zürich 1991
ders.: Unsere Erde wird überleben. GAIA – Eine optimistische Ökologie (engl. GAIA – A new look at life on Earth, 1979). München 1982
Lovins, A.B.: Sanfte Energie (engl. Soft Energy Paths). Reinbek 1977/1978
Luhmann, N.: Zweckbegriff und Systemrationalität. Frankfurt 1973
Lutz, R.: Die sanfte Wende. München 1984
Lutzenberger, J./Schwarzkopff, M.: Giftige Ernte. Tödlicher Irrweg der Agrarchemie. Beispiel: Brasilien. Greven 1990, 2. Aufl.

Mackie, J.L.: Cooperation, competition and moral philosophy. In: A.M.Colman (Hg.): Cooperation and competition in humans and animals. Wokingham, Van Nostrand Reinhold 1982, S.271-284
Mc Luhan, T.C.: Touch The Earth. A Self-Portrait of Indian Existence. New York 1971

MACY, J.: Mut in der Bedrohung. München 1986
MAURER, R.: Ökologische Ethik. In: W.Beer/G. de Haan: Ökopädagogik. Weinheim 1984, S.57-68
MEADOWS, D. u.a.: Die Grenzen des Wachstums. Bericht des Club of Rome zur Lage der Menschheit. Stuttgart 1972/1974
MEINERZHAGEN, A. (Hg.): „Bäume und Vögel gibt es auch nicht mehr". Kinder schreiben über ihre Zukunft. Hamburg 1988
MENZE, C.: Bildung und Bildungswesen – Aufsätze zu ihrer Theorie und ihrer Geschichte. Hildesheim 1980
MERKBLATT 26 der Biologischen Bundesanstalt für Land- und Forstwirtschaft: Bekämpfung mit insektiziden Spritz-Stäube- und Bodenbehandlungsmitteln. 1963
MERTENS, G.: Umwelterziehung. Eine Grundlegung ihrer Ziele. Paderborn 1991, 2. Aufl.
MESAROVIC, M./PESTEL, E.: Menschheit am Wendepunkt. Bericht an den Club of Rome zur Weltlage. Stuttgart 1974
MEYER, R./MÜLLER, M.: Environment. In: G. Rexilius/S. Grubitzsch(Hg.): Psychologische Grundbegriffe. Reinbek bei Hamburg 1984, S.272-281
MEYER-ABICH, K.-M.: Menschliche Wahrnehmung der natürlichen Mitwelt. In: J. Calließ/E.R. Lob (Hg.) Praxis der Umwelt- und Friedenserziehung. Bd.1. Düsseldorf 1987, S.42-50,
MEYER-BUCK, H.: Einfluß von Architektur auf den Menschen. In: Senatsverwaltung für Schule ..(Hg.): Schule als ökologischer Lernort. Berlin 1990, S.62-73
MIKELSKIS, H.: Ökologisches Lernen in der Schule? In: W. Beer/G.de Haan (Hg.): Ökopädagogik. Weinheim 1984, S.134-144
MITSCHERLICH, A.: Die Unwirtlichkeit unserer Städte. Frankfurt 1972
MITZLAFF, H.: Heimat und Umwelt. In: H. Gesing/R. Lob (Hg.): Umwelterziehung in der Primarstufe: Grundlinien eines umfassenden Bildungskonzepts. Heinsberg 1991, S.129-174
MOLLISON, B.: Permaculture: designers' manual. Tyalgum (Australia) 1988
MOLLISON, B.: Permakultur. Landwirtschaft und Siedlungen in Harmonie mit der Natur. o.O. 1978/1984
MÜLLER, A.M.K.: Die präparierte Zeit. Der Mensch in der Krise seiner eigenen Zielsetzung. Stuttgart 1972
MÜLLER, R.: Zur Ethik von Gesamtsystemen. Zehn Thesen. In: G.-K. Kaltenbrunner (Hg.): Überleben und Ethik. Die Notwendigkeit, bescheiden zu werden. Freiburg 1976, S.55-76,
MÜLLER, H.: Praktische Anleitung zum organisch-biologischen Gartenbau. Großhöchstetten 1972, 5.Aufl.
MUNKER, J.: Die Welt in 100 Jahren. Wie Kinder die Zukunft sehen. Ein Bilderbuch für Erwachsene. Göttingen 1985
MYNAREK, M.: Ökologische Religion. München 1986

NDR: Die Erde in unserer Hand (Film von P. Schlesinger und E. Lauer) Hamburg 1990
NEUHÄUSLER, A.: Grundbegriffe der philosophischen Sprache. München 1963
NUSSBAUM, H. von.: Die Zukunft des Wachstums. Düsseldorf 1973

OPWIS, K./SPADA, E.: Der Effekt verschiedener Verhaltensstrategien auf die Erhaltung der Umwelt. In: H. Spada/K. Opwis/J. Donnen (Hg.): Die Allmende-Klemme: Ein umweltpsychologisches Dilemma (Forschungsbericht Nr.22). Freiburg 1985

OTTO, G.: Ästhetische Erziehung. In: Ch.Wulf (Hg.): Wörterbuch der Erziehung. München 1984, S.10-13
OTTO, K.: Ökologisches Bauen – Standort. In: Grünes Bauen. Technologie und Politik 18 (hrsg. von F. Duve). Hamburg 1983, S.30-46

PANITZ, H. (Hg.): Stoische Weisheit. Münster 1974
PASSMORE, J.: Den Unrat beseitigen. Überlegungen zur ökologischen Mode. In: D. Birnbacher: Ökologie und Ethik. Stuttgart 1980, S. 207-247,
PATZIG, G.: Ökologische Ethik. In: H.Markl (Hg.): Natur und Geschichte. Oldenbourg 1983, S.329-347
PETERSEN, P.: Allgemeine Erziehungswissenschaft Bd.1. Berlin 1924/1962
ders.: Die Neueuropäische Erziehungsbewegung. Weimar 1926
ders.: Der kleine Jenaplan (1927). Braunschweig 1952
ders.: Schulleben und Unterricht einer freien allgemeinen Volksschule nach den Grundsätzen neuer Erziehung. Weimar 1930
ders.: Die Praxis der Schulen nach dem Jena-Plan. Weimar 1934
ders.: Pädagogik der Gegenwart. Weinheim 1937, 2.Aufl.
PFRIEM, R.: Ökologisch-ökonomische Bewertung in der Stadtentwicklung Bd.2 (Reihe: Ökologie und Ökonomie in der Stadt. Bausteine zur Humanökologie. Deutsches Institut für Fernstudien an der Universität Tübingen). Tübingen 1991
PORTMANN, A.: Naturschutz wird Menschenschutz. Zürich 1971
POSTEL, S.: Die Verleugnung im entscheidenden Jahrzehnt. In: WORLD-WATCH INSTITUTE REPORT (Hg.): Zur Lage der Welt 1992. Daten für das Überleben unseres Planeten. Frankfurt/M. 1992, S.9-17
PREUSS, S.: Umweltkatastrophe Mensch. Über unsere Grenzen und Möglichkeiten, ökologisch bewußt zu handeln. Heidelberg 1991
PRIEBE, H.: Die subventionierte Naturzerstörung. München 1990

REICHARDT, R.: Prolegomena zu einer humanökologischen Ethik. In: H. Knötig (Hg.): Internationale Tagung für Humanökologie Bd.2. St. Saphorin 1976, S.529-540
REIMER, E.: Schafft die Schule ab! Befreiung aus der Lernmaschine. Reinbek bei Hamburg 1972
RICHTER, H.E.: Zur Psychologie des Friedens. Reinbek 1984
RICHTLINIEN und Lehrpläne für die Grundschule in Nordrhein-Westfalen: Sachunterricht. (hrsg. vom KM NRW) Düsseldorf 1985
RICHTLINIEN für Umwelterziehung an den bayerischen Schulen. (Bekanntmachung der Bayerischen Staatsministerien für Unterricht und Kultus und Wissenschaft und Kunst; KWMBI I Nr.12/1990) 1990
RIESEBERG, H.J.: Verbrauchte Welt. Frankfurt/M. 1991
ders.: Interview mit P. Winterberg. In: In Zukunft: Trau keinem Wissenschaftler. Der „Zauberlehrling“ Wissenschaft und die globalen Umweltprobleme – alles außer Kontrolle? (Sendung am 05.06.1992/West 3/20.45-21.30Uhr)
ROCK, M./SENFT, J.: Umwelterziehung im Katholischen Religionsunterricht. In: J. Calließ/R.E. Lob (Hg.): Praxis der Umwelt- und Friedenserziehung Bd.2. Düsseldorf 1987, S. 300-318
RÖDLER, K.: Vergessene Alternativschulen. Geschichte und Praxis der Hamburger Gemeinschaftsschulen 1919 – 1933. München 1987
ROSE, J.: Kollegiumsaufgabe Umwelterziehung. In: Grundschule, 24.Jg., Heft 3, 1992, S.14-16

ROUSSEAU, J.J.: Emile oder über die Erziehung (1762). Paderborn 1963, 3.Aufl.
RUHLOFF, J.: Renaissance-Humanismus. In: J. Ruhloff(Hg.): Renaissance Humanismus. Wuppertal 1986, S.9-24
ders.: Renaissance, Humanismus, Bildungstheorie der Gegenwart. Einführende Bemerkungen zum Problem und zur Intention der Studien. In: J. Ruhloff (Hg.): Renaissance Humanismus. Essen 1989, S.9-41
ders.: Kulturbegegnung als Herausforderung an Bildung und Erziehung. In: Zeitschrift für Pädagogik, 38.Jg., 1992, S.345-356
RUMPF, H.: Schuladministration und Lernorganisation. In: Ch. Lohmann (Hg.): Schule als soziale Organisation. Bad Heilbrunn/Obb. 1978, S.57-78
RUSCH, H.P.: Bodenfruchtbarkeit. Heidelberg 1968
RUSSELL, P.: The Awakening Earth. The Global Brain. London 1982/1984

SAINT-EXUPERY, A. de: Der Kleine Prinz. Paris 1946, Düsseldorf 1991 45.Aufl.
SATRE, J.P.: Das Sein und das Nichts. Paris 1943, Hamburg 1952
SCHEILKE, CH.TH.: Einleitendes Votum. Die ökologische Buchhaltung an der evangelischen Akademie Bad Boll. In: M. Pluskwa (Hg.): Ökologie und Pädagogik. Neue Qualitäten in der Ausserschulischen Jugendpädagogik? Loccumer Protokolle 60/84. Loccum 1987, S.218-230
SCHLEIERMACHER, F.E.D.: Die Vorlesungen aus dem Jahre 1826. Päd. Schriften Bd.1 (hrsg. von E. Weniger). Düsseldorf 1957
SCHMACK, E.: Chancen der Umwelterziehung. Düsseldorf 1982
SCHNEIDER, G.: Die Bedeutung des Naturschönen für die Umwelterziehung. In: H. Gesing/R.Lob (Hg.): Umwelterziehung in der Primarstufe: Grundlinien eines umfassenden Bildungskonzepts. Heinsberg 1991a., S.90-128
ders.: Zur ästhetischen Theorie des Gartens. – Zwischen Naturschönem und Kunstschönem. (Vortrag am Philosophischen Institut RWTH Aachen) 1991b.
SCHRECK, H.: „Schulbau seit 1990". Eine Bewertung aus ökologischer Sicht. In: Senatsverwaltung für Schule .. (Hg.): Schule als ökologischer Lernort. Berlin 1990, S.120-142
SCHREIER, H.: Umweltethik. In: H. Gesing/R.E. Lob(Hg.): Umwelterziehung in der Primarstufe. Heinsfeld 1991, S.64-89
ders.: Das Erlebnis des Landes... Ökologie und Ethik im Sachunterricht. In: Grundschule, 24.Jg., Heft 3, 1992, S.35-40
SCHULZE, TH.: Ökologie. In: D. Lenzen (Hg.): Enzyklopädie Erziehungswissenschaft Bd.1. Stuttgart 1983, S.262-282
SCHUMACHER, E.F.: Die Rückkehr zum menschlichen Maß. Small is beautiful. Reinbek 1973/1975
SCHWEITZER, A.: Ehrfurcht vor dem Leben (1923). Freundesausgabe zu seinem 80.Geburtstag. Bern 1984
ders.: Kultur und Ethik (1934). München 1972
SENATSVERWALTUNG FÜR SCHULE, BERUFSBILDUNG UND SPORT (Hg.): Schule als ökologischer Lernort. Berlin 1990
SESMOU, KH.: FAO: An Insider's View. In: The Ecologist, 21.Jg., No.2, 1991, S. 47-56
SHIVA, V.: The Failure of the Green Revolution: A Case Study of the Punjab. In: The Ecologist, 21.Jg., No. 2, 1991, S.57-60
SPADA, H./OPWIS, K./DONNEN, J.: Die Allmende Klemme : Ein umweltpsychologisches soziales Dilemma (Forschungsbericht Nr. 22). Freiburg 1985
SPADA, H./ERNST, A.M.: Wissen, Motivation und Verhalten in einem ökologisch-sozialen Dilemma. In: K.Pawlik/K.-H.Stapf (Hg.): Umwelt und Verhalten. Bern 1992

STAMMER, O.: Bürokratie. In: W. Bernsdorf (Hg.): Wörterbuch der Soziologie. Stuttgart 1969, S.148-153

STEINER, R.: Geisteswissenschaftliche Grundlagen zum Gedeihen der Landwirtschaft. Dornach 1924

STREICH, J.: Global 1990: Zwischenbilanz der Umweltstudie „Global 2000“. Hamburg 1989

STREY, G.: Umweltethik und Evolution. Göttingen 1989

TAPPE, U./WIEGMANN, U.: Institution. In: G. Rexilius/S. Grubitzsch (Hg.): Psychologische Grundbegriffe. Reinbek bei Hamburg 1984, S.494-498

TEUTSCH, G.M.: Soziologie und Ethik der Lebewesen. Eine Materialsammlung. Bern 1975

TIETZEL, M. (Hg.): Die Energiekrise: Fünf Jahre danach. Bonn 1978

TINBERGEN, J. (Hg): Wir haben nur eine Zukunft. Der RIO-Bericht an den Club of Rome. Opladen 1977

TREML, A.K. (Hg.): Entwicklungspädagogik. Frankfurt/M. 1980

ders.: Erziehung und Evolution. Zur Kritik der Gesellschafts- und Erziehungstheorie von Niklas Luhmann. In: Bildung und Erziehung, 34. Jg., Heft 4, 1981a., S.434-445

ders.: Lernen oder Untergehen? Kritische Anmerkungen zum Lernbericht des Club of Rome. In: Zeitschrift für Pädagogik, 27.Jg., Heft 1, 1981b., S.139-143

ders.: Welche Erziehung brauchen wir für einen anderen Fortschritt? In: E. Becker/W. Ruppert (Hg.): Ökologische Pädagogik – pädagogische Ökologie. Frankfurt/M. 1987, S.49-71

TROMMER, G.: Natur im Kopf. Hannover 1990

TWELLMANN, W./JENDOWIAK, H.-W./KREUZER, K.J./HANSEL, T.: Die Schule in der Spannung von Expressivität und Reduktivität: Elemente einer Theorie. In: W. Twellmann (Hg.): HB Schule und Unterricht Bd.1. Düsseldorf 1981, S.58-73

UEXKÜLL, J. v.: Die Lebenslehre. Potsdam 1930

ULICH, D.: Pädagogische Interaktion: Theorien erzieherischen Handelns und sozialen Lernens. Weinheim 1976

UNESCO-Kommissionen der BRD u.a. (Hg.): Zwischenstaatliche Konferenz über Umwelterziehung: ... UNESCO-Konferenzbericht Nr.4. München 1979

UNGLAUBE, H.: Bei jeder Gelegenheit – Umwelterziehung im Schulalltag. In: Die Grundschulzeitschrift, 3.Jg., Heft 26, 1989, S.15ff

UNTERBRUNNER, U.: Umweltangst – Umwelterziehung. Linz 1991

VASQUEZ, A./QURY, F. u.a.: Vorschläge für die Arbeit im Klassenzimmer – die Freinet-Pädagogik. Reinbek bei Hamburg 1971/1976

VERBEEK, B.: Die Anthropologie der Umweltzerstörung. Darmstadt 1990

VOGEL, CH.: Gibt es eine natürliche Moral? Oder: wie widernatürlich ist unsere Ethik? In: H. Meier (Hg.): Die Herausforderung der Evolutionsbiologie. München 1988/1989, S.193-220

ders.: Evolution und Moral. In: H. Maier-Leibnitz (Hg.): Zeugen des Wissen. Mainz 1986, S. 467-507

VOGEL, P.: Die bürokratische Schule. Unterricht als Verwaltungshandeln und der pädagogische Auftrag der Schule. Kastellaun 1977

VOGTMANN, H. (Hg.): Ökologische Landwirtschaft - Landbau mit Zukunft. Karlsruhe 1991

WEBER, M.: Wirtschaft und Gesellschaft. Grundriss der Verstehenden Soziologie. Tübingen 1972

WERBER, B./STÄUDEL, L.: Ökologische Schulerkundung. (Soznat) Marburg 1990

WILSON, E.O.: Biologie als Schicksal. Die soziobiologischen Grundlagen menschlichen Verhaltens. Berlin 1978/1980

WINKEL, G. u.a.: Leitlinien der Natur- und Umwelterziehung. Hannover 1990

WORLDWATCH INSTITUTE REPORT (Hg.): Zur Lage der Welt 1992. Daten für das Überleben unseres Planeten. Frankfurt/M. 1992

WULF, Ch.(Hg.): Wörterbuch der Erziehung. München 1984, 6.Aufl.

ZEHETMAIR, H.: Die neuen Richtlinien-Impulse für Bayerns Schulen. In: Schulreport, Heft 5/6, 1990, S.9-11

ZEHRFELD, K.: Freinet in der Praxis. Zum Stand gegenwärtiger Freinet-Pädagogik: Unterricht und Lehrerkooperation. Weinheim 1977

ZEISEL, J./KOTSCHATE, P.: Ökologisch orientierte Haustechnik. Möglichkeiten ihrer Anwendung im Schulbau. In: Senatsverwaltung für Schule .. (Hg.): Schule als ökologischer Lernort. Berlin 1990, S.142-168

ZENTRALSTELLE FÜR UMWELTERZIEHUNG (ZUE): Informationen 11. Essen 1982

ZINNECKER, J.: Unterrichtsforschung. In: Ch. Wulf (Hg.): Wörterbuch der Erziehung. München 1984, S. 598-605